Lapa, *Cidade* da Música

Micael Herschmann

Lapa, *Cidade* da Música

Desafios e perspectivas para o crescimento do Rio de Janeiro e da indústria da música independente nacional

*m*auad X

Copyright @ by Micael Herschmann, 2007

Direitos desta edição reservados à
MAUAD Editora Ltda.
Rua Joaquim Silva, 98, 5º andar
Lapa — Rio de Janeiro — RJ — CEP: 20241-110
Tel.: (21) 3479.7422 — Fax: (21) 3479.7400
www.mauad.com.br

Ilustração da Capa:
Rubens Gerchman

Revisão:
Sandra Pássaro

Ensaio Fotográfico:
Antonio Fatorelli e Victa de Carvalho

Projeto Gráfico:
Núcleo de Arte/Mauad Editora

CIP-BRASIL. CATALOGAÇÃO-NA-FONTE
SINDICATO NACIONAL DOS EDITORES DE LIVROS, RJ.

H454L

Herschmann, Micael, 1964-

Lapa, *cidade* da música : desafios e perspectivas para o crescimento do Rio de Janeiro e da indústria da música independente nacional / Micael Herschmann. - Rio de Janeiro : Mauad X, 2007.

Inclui bibliografia

ISBN 978-85-7478-225-6

1. Música popular - Rio de Janeiro (RJ). 2. Música popular - Lapa (Rio de Janeiro, RJ). 3. Indústria cultural - Rio de Janeiro (RJ). 4. Música - Brasil - Comercialização. I. Título.

07-2305   CDD: 780.981
                                                             CDU: 781.7(81)

À Anna Maria, que sempre me contagiou com seus princípios, poesia e amor ao trabalho. Sou profundamente grato por seu apoio incondicional à minha trajetória.

À minha pequena Sofia, na esperança de que este livro – ainda que de forma modestíssima – contribua para o seu futuro, ajudando a assentar as bases de um mundo mais equilibrado.

À Renata, minha grande companheira, com quem compartilho intensamente a minha paixão pela música.

Sumário

Prefácio — 9

Apresentação — 11

Introdução — 15

Parte I – Cidade da Música — 31
Capítulo 1: O circuito cultural do samba e do choro da Lapa — **33**

Parte II – Desafios e perspectivas para a Indústria da Música — 69
Capítulo 2: A indústria da música num contexto de rápidas mudanças — **71**
Capítulo 3: Crise das *majors* e oportunidades para as *indies*? — **101**

Parte III – Pesquisa e Políticas Públicas — 143
Capítulo 4: Uma nova agenda de pesquisa –
analisando a produção da cultura e a cultura da produção — **145**
Capítulo 5: Repensando as políticas públicas dirigidas ao
campo da comunicação e da cultura — **179**

Considerações finais — 203
Circuitos culturais *independentes* e desenvolvimento local sustentável — **205**

Agradecimentos — 209

Lista de siglas — 211

Fontes — 213

Prefácio

Samba / Choro e desenvolvimento

*André Urani**

Para que o novo mundo sem fronteiras que se delineia possa parecer menos desafiador, para enxergarmos as novas oportunidades que nele surgem, é preciso que tenhamos a ousadia de entrar nele de cabeça erguida, mostrando o que temos de melhor.

Custamos a nos dar conta disto: perdemos muito tempo ressentidos, com queixas estéreis, nostálgicos de uma época que nunca foi tão boa assim (ou, pelo menos, não para a maioria) e que já não podia mais continuar – simplesmente porque a roda da História andou. País jovem que somos, tivemos a maior dificuldade de virar a página; de entender que, para sermos bem-sucedidos, desta vez, devemos adotar uma outra postura: buscando fomentar e potencializar as nossas "vocações" regionais, inclusive as culturais. Estamos sendo chamados, em outras palavras, a assumirmos nossa(s) identidade(s).

É bem verdade que o discurso oficial que acompanhou estas transformações não ajudou muito: não é assim, de uma hora para outra que se consegue fazer a transição entre um modelo de sociedade em que tudo é tutelado pelo aparato estatal para outro, em que as identidades coletivas são chamadas a aflorar. O mercado não pode resolver tudo sozinho, até porque ele não funciona no vácuo: é uma construção política, historicamente determinada. O conjunto de regras e convenções que funcionam numa determinada hora corre o sério risco de não funcionar em outra. Ficamos presos, assim, numa armadilha mental tola, como se não tivéssemos escolha entre o voltar a fazer coisas que já não faziam sentido nenhum e o não fazer nada, esperando para ver como as coisas irão se ajustar.

---

* Economista da Universidade Federal do Rio de Janeiro (UFRJ) e diretor executivo do Instituto de Estudos do Trabalho e Sociedade (IETS)

Lapa, cidade da música, de Micael Herschmann, tenta nos tirar deste marasmo. É um livro apaixonado pelo Rio e pela nossa cultura, ousado, mas não por isso menos documentado e rigoroso, seja na análise histórica (tanto para entender o momento atual da economia mundial quanto para mergulhar em nossas "raízes") ou teórica, que leva o autor a aproximar a teoria da comunicação a teorias econômicas que, muitas vezes, têm a maior dificuldade de dialogar entre si. Ele desmascara o cinismo *fake* de determinadas opções políticas que ainda nos aprisionam e clama por maiores investimentos em nosso autoconhecimento e por uma nova forma de fazer políticas públicas – saindo do território da queixa e apontando novos caminhos. Prato cheio para alimentar o debate sobre a *reinvenção* do Rio, que se faz tão necessário.

Enganam-se aqueles que acham que o livro seja voltado apenas para os cariocas, ou para os aficcionados pelo samba e pelo choro. Analisam-se nesta publicação inúmeros tópicos importantes para todos os que se interessam pelo debate atual sobre desenvolvimento e que buscam compreender melhor a dinâmica da indústria cultural – em particular a da música – no Brasil e no mundo. Esta publicação tem muito a ensinar a um segmento expressivo de leitores que certamente saborearão cada capítulo, em sua diversidade em relação aos demais. E, evidentemente, o conjunto da obra, em sua admirável coerência.

Espero que o público possa desfrutar do prazer da leitura deste livro e se engajar nesta *luta*: a da construção de um Rio de Janeiro e de um Brasil que tenham efetivamente a "nossa cara".

Apresentação

O título deste livro revela de imediato certa indignação com as políticas públicas (em especial, as culturais) que de modo geral vêm sendo implementadas no Brasil e que estão caracterizadas – apesar do fortalecimento da democracia no país nas últimas décadas – pelo autoritarismo tecnocrático, isto é, por políticas que, em geral, não são o resultado de uma consulta democrática à sociedade. Na realidade, o que ocorre freqüentemente no país é a aplicação de medidas exógenas que tendem a dificultar a mobilização e atuação dos "atores sociais"[1] e, em última instância, o próprio processo de integração e adensamento dos territórios.

Quando realizava esta pesquisa entre 2005 e 2006, as autoridades municipais do Rio de Janeiro anunciavam a criação da Cidade da Música da Barra da Tijuca, dedicada basicamente à música clássica, claramente o resultado de uma decisão tomada por técnicos em gabinetes fechados em parceria com grandes grupos privados do país. Esta decisão não era propriamente um atendimento a demandas evidentes da sociedade carioca. Longe de acreditar que o Rio de Janeiro não deva ter um centro dedicado à música clássica (não é de forma alguma uma crítica à iniciativa de criação de um espaço para a música erudita), contudo, percebe-se que, mais uma vez, não se levaram em conta as tradições e hábitos culturais locais que nitidamente apontam o bairro da Lapa, no Centro do Rio, como uma espécie de "cidade da música de coração" dos cariocas (e quiçá de alguns brasileiros). A situação traz indignação quando se sabe que o investimento no setor cultural sempre foi tradicionalmente limitado no país e que, certamente, a implementação de um projeto pode significar o abandono do apoio a outras regiões e atividades culturais locais.

Como terei a oportunidade de discutir neste livro, esta fascinante *cidade da música* que está localizada no bairro da Lapa (e arredores) se construiu ao longo dos últimos anos, diferentemente de outros importantes centros que aglutinaram atividades

---

[1] Bourdieu enfatiza que os atores sociais estão inseridos espacialmente em determinados campos sociais – a posse de grandezas de certos capitais (cultural, social, econômico, político, artístico, esportivo etc.) e os interesses e disposições internas de cada ator social condicionam seu posicionamento espacial – e na luta social. Este autor afirma que para o ator social tentar ocupar um espaço é necessário que ele conheça as regras do jogo dentro do campo social (Bourdieu, 1987). Gostaria de ressaltar que se empregou o conceito de *atores sociais* (ou atores) neste livro para designar todos os indivíduos envolvidos direta e indiretamente – com maior ou menor protagonismo – com o "campo" das políticas públicas, da música ou, mais especificamente, com o do samba e o choro.

associadas à música brasileira do país, como o Pelourinho (em Salvador, Bahia) e o Reviver (em São Luís, Maranhão) pela vontade e iniciativa dos indivíduos. E, por isso mesmo, trata-se de uma experiência única no Brasil que deve atrair a atenção e o interesse de autoridades, empresários, especialistas, músicos e do público em geral que aprecia a música brasileira e que eventualmente se vê preocupado com a diversidade cultural e com os rumos da produção local/nacional.

Após um período em que vinha analisando o papel da *comunicação* e da *cultura* na alavancagem do Desenvolvimento Local Sustentável[2] dos territórios, tendo como base empírica estudos de caso que realizei com alguns setores produtivos do Estado do Rio de Janeiro,[3] decidi retomar um objeto de estudo com o qual já havia trabalhado anteriormente na minha tese de doutorado.[4] Naquela oportunidade, pude atestar uma grande vitalidade da indústria fonográfica independente do Rio de Janeiro, e ao mesmo tempo a presença de sérios obstáculos na articulação e integração de significativos segmentos sociais (locais) com o mercado. De modo geral, constatei não só uma dificuldade em se gerar sustentabilidade nesse setor produtivo no Estado do Rio de Janeiro, mas também, em alguma medida, uma "miopia" dos gestores de cultura que atuavam em importantes órgãos do Estado (tanto na esfera municipal quanto na estadual ou federal), ou melhor, uma dificuldade desses gestores em perceber a real importância socioeconômica e política de se apoiarem esses (pequenos) artistas e empreendedores culturais dessa região do país. Infelizmente, para um grande número deles, a cultura continua representando um *gasto* e não uma *oportunidade* de crescimento das regiões e de solução de problemas sociais.

Este trabalho representa, portanto, não só uma continuidade na minha trajetória de pesquisador dedicado a estudar música e filiado aos estudos culturais, mas também uma relativa guinada nas minhas reflexões como investigador desse campo. Esta mudança está fundamentada na certeza da importância de se retomar o legado dos estudos britânicos, notabilizados por Stuart Hall (2003), Edward P. Thompson (1987), Richard Hoggart (1972) e Raymond Williams (1980), isto é, no reconhecimento da necessidade de os estudos culturais alargarem sua agenda de pesquisa, contemplando temas tradicionalmente tratados pela economia política da comunicação. Este livro teve como norte as obras realizadas nos anos 1990 por Hall e Du Gay sobre *produção*

---

[2] Trata-se de um processo endógeno de mudança, que leva ao dinamismo econômico e à melhoria da qualidade de vida da população em pequenas unidades territoriais e agrupamentos humanos. Em outras palavras, está associado a um processo de crescimento econômico equilibrado do território e enfatiza a inclusão social (e é de natureza endógena), no qual os fatores locais de tipo produtivo, social e cultural são decisivos (Buarque, 2002; Guimarães e Martin, 2001).

[3] Estas investigações contaram com apoio do Conselho Nacional de Desenvolvimento Científico e Tecnológico (CNPq) e do Serviço Brasileiro de Apoio à Micro e à Pequena Empresa do Rio de Janeiro (Sebrae/RJ).

[4] Na tese de doutorado avaliei a conformação nos anos 1990, no Rio de Janeiro e em São Paulo, de um circuito cultural marginal/alternativo associado a gêneros musicais como o funk e o hip-hop (mais detalhes, ver Herschmann, 2000).

cultural e *cultura da produção* (Du Gay, 1997; Du Gay e outros, 1997) e por Negus sobre a cultura das empresas transnacionais da música (Negus, 2005). Entretanto, cabe ressaltar que este livro traz ainda uma iniciativa relativamente inédita nos estudos de comunicação: analisar a importância, hoje, da articulação entre produção (cultural) e território, avaliando especialmente a capacidade dos fatores comunicacionais e culturais em gerar Desenvolvimento Local Sustentável (DLS) para as regiões.

Parto do pressuposto de que esse tipo de reflexão crítica que, em alguma medida, busquei desenvolver neste trabalho possa subsidiar a elaboração de: a) políticas culturais mais democráticas (que colaborarão, entre outras coisas, para a preservação e a dinamização do pluralismo cultural local); b) e políticas de desenvolvimento (dada a importância da comunicação e da cultura hoje) que podem auxiliar no desenvolvimento regional sustentável e na ampliação da cidadania.

Assim, esta reflexão teve como foco a análise do papel estratégico dos fatores comunicacionais e culturais no contexto de desenvolvimento e consolidação da "sociedade da informação ou em rede" (Castells, 1999), caracterizada pela intensificação da presença das indústrias culturais na vida social. Procurei avaliar a importância infraestrutural desses fatores, sua capacidade de subsidiar o desenvolvimento sustentável e a ampliação da cidadania em um determinado território, tendo como objeto de investigação uma das principais indústrias do Estado do Rio de Janeiro: a da música e, em especial, seus circuitos independentes. O objetivo final era não só repensar o momento atual e bastante conturbado vivido pela grande indústria da música em nível local e global, mas também, principalmente, as alternativas e os obstáculos vividos pelo circuito cultural do samba e do choro, no bairro da Lapa e cercanias. A idéia foi avaliar as perspectivas que esta experiência pode sugerir aos olhares atentos, críticos e comprometidos com a busca de um crescimento equilibrado das regiões brasileiras.[5] Em um momento em que o desafio de fazer o país "crescer" equilibradamente se tornou uma "obsessão" para intelectuais, lideranças e autoridades, este livro pretende dar sua contribuição ao desenvolvimento de políticas públicas mais efetivas e democráticas.

Tendo em vista a importância estratégica da economia da comunicação e cultura e, de modo geral, das "indústrias culturais",[6] cabe indagar: como elaborar políticas públicas que não sejam paliativas, exógenas, se não conhecemos em profundidade a dinâmica da indústria da música ou mesmo das indústrias culturais no Brasil?

---

[5] Infelizmente, o Brasil faz parte do grupo dos 10% dos países mais desiguais do mundo. Vários especialistas em desenvolvimento acreditam que a prática de políticas públicas que implantassem medidas que combinassem a busca do crescimento econômico com a redução da desigualdade e o combate à pobreza ajudaria a reverter este quadro (Barros e Carvalho, 2004, p. 437).

[6] Para alguns autores, as indústrias culturais incluiriam: a edição impressa e multimídia, a produção cinematográfica e audiovisual, a indústria fonográfica, o artesanato e o desenho. Em alguns países, o conceito se estende à arquitetura, artes plásticas, artes do espetáculo, esportes, manufatura de instrumentos musicais, publicidade e turismo cultural (para mais detalhes a respeito do conceito, ver Bustamante e Zallo, 1988; Gusmán e Cardenas, 2003; Albornoz, 2005b).

Introdução

Pode parecer óbvio, mas o grande desafio para a indústria musical sempre foi o de descobrir formas de obtenção de lucros com a música. Frith ressalta que a música é imaterial por natureza e que os atores sociais ligados a esta atividade, ao longo da história – desde os primeiros músicos ambulantes que cantavam em troca de um prato de comida quente até os ganhos obtidos hoje com os *ringtones*[7] ou com a música comercializada pela internet –, sempre se esforçaram por encontrar formas de transformar essa experiência intangível, auditiva e limitada no tempo em algo que poderia ser comprado e vendido (Frith, 2006a, p. 53).

Se, por um lado, constantemente nos deparamos com matérias jornalísticas que nos lembram que há uma crise da indústria da música, por outro, é possível constatar sem muito esforço que a música – *ao vivo* e *gravada* – está onipresente no cotidiano da sociedade contemporânea. Autores como Burnett identificam a forte presença de uma produção transnacional da música, que, apesar de todas as dificuldades enfrentadas hoje, consegue atingir uma grande audiência em todos os continentes, convertendo essa indústria hoje em uma espécie de "*jukebox* global" (Burnett, 1996, p. 2).

Hoje em dia resulta difícil pensar uma atividade, talvez à exceção de dormir, que não se realize enquanto se escuta música, seja uma música eleita por nós mesmos ou imposta pelos outros. (...) O século XX trouxe uma extraordinária e verdadeira explosão da música (Frith, 2006a, p. 66).

Atualmente, a música gravada, em especial, acentuou sua capilaridade na vida social, e crescentemente vem sendo veiculada nos mais diferentes suportes analógicos e digitais, sendo comercializada não apenas como produto final, mas também como insumo para composição de mercadorias ou na forma de produtos e serviços que são oferecidos direta e indiretamente aos consumidores. Podemos constatar isso na abrangência do mercado musical, não só o mais tradicional, como o dos concertos, dos cursos de música, da sonoplastia e das trilhas sonoras (tão vitais para os produtos

---

[7] Desde 2003, os *ringtones* vêm sendo largamente consumidos pelos usuários do sistema de telefonia celular. Ele se constitui em um som que é acionado pelo telefone quando uma chamada está sendo feita ao aparelho. Muitos usuários consideram significativo personalizar o sinal de chamada de seus celulares.

audiovisuais), das emissoras de rádio, do vinil, do K-7, do CDs, mas também os novos tipos de mercados emergentes hoje, como o dos CD-ROMs, dos DVDs, dos *ringtones* e dos MP3s (que vêm crescentemente sendo comercializados pela internet).

Evidentemente, as expressões musicais – especialmente as da "música popular"[8] – estão intensamente ligadas à maneira como percebemos a realidade que nos cerca. Se a música eletrônica, por exemplo, tem forte preponderância hoje, deveríamos nos perguntar o que este dado tem a nos revelar sobre o mundo atual. Como argumenta Max Weber, a música é a forma de arte mais racional e, simultaneamente, mais irracional, existindo no pensamento, na sensibilidade e em formas culturais diferenciadas (Weber, 1995).

Assim, parte-se do pressuposto de que a música produzida no Brasil e, de modo geral, no mundo globalizado apresenta-se hoje como uma das mais importantes expressões socioculturais, cruzando fronteiras e aproximando indivíduos e segmentos sociais, reafirmando-se, crescentemente, como uma das principais indústrias de entretenimento e cultura. O notável incremento dos processos comunicacionais (especialmente os interativos) e a forte presença dos ritmos eletrônicos e das tecnologias digitais vêm ampliando o conjunto de questões que demandam uma cuidadosa análise por parte dos estudiosos da área de comunicação.

A música, como lembrava Caetano Veloso no filme *Doces Bárbaros*, referindo-se ao lugar de destaque do rock nos anos 1960/1970, é o "ritmo do nosso tempo". Alguns autores já se referiram ao século XX como o século do cinema (Rebollo e Dias, 1995; Eco, 1991; Deleuze, 1985; Hobsbawn, 1996). Sim, mas... e a música? Adorno a considerava uma "entidade histórico-social", um produto que reflete a cultura, a história, a vida social de uma determinada época (Adorno, 2000). Ao que tudo indica, sua real importância simbólica na conformação da sociedade contemporânea ainda está por ser analisada. Como enfatiza Frith, as canções e os sons que se fabricam e que comercializam não são só parte de uma memória coletiva, tendo contribuído para a construção de identidades nacionais, étnicas e sexuais, mas também têm sido utilizadas com fins políticos e/ou propagandísticos, podendo mobilizar públicos para se arrecadarem fundos para "lutas" contra a miséria e pobreza, a opressão e a degradação do meio ambiente (Frith, 2006a).

Quando desenvolvia minha investigação sobre o funk e o hip-hop nos anos 1990, constatei a relevância deste objeto de estudo para entender a dinâmica da sociedade atual (Herschmann, 1997; 2000). Há alguns anos, por exemplo, pude atestar que as

---

[8] Se historicamente o termo significava "música do povo", atualmente não existe uma definição exata ou simples. Isso tem levado alguns autores a evitar tratar da sua definição e a adotar a compreensão da maioria – o senso comum – como parâmetro. Uma definição satisfatória de música popular deveria abarcar tanto as suas características musicais como as socioeconômicas. A música popular consiste em um híbrido de tradições, estilos e influências musicais e também em um produto econômico, que muitos consumidores investem de um significado ideológico. No núcleo da maioria dos tipos de música popular há uma tensão muito forte entre a criatividade do ato de fazer música e a natureza comercial do conjunto da produção (Negus, 2005; Schuker, 2005).

expressões musicais que pesquisava se constituíam em uma espécie de "trilha sonora do Brasil contemporâneo", ou melhor, poderia afirmar que, em virtude do grande destaque alcançado por elas no debate sociopolítico, ambas eram fundamentais para entender as tensões e a violência urbana no país daquele período. Em certo sentido, o destaque alcançado pelo circuito cultural do samba e do choro na Lapa, no Rio de Janeiro, deveria mobilizar intensamente os pesquisadores e as autoridades a desenvolver uma reflexão. Como sugere o cantor Chico Buarque, ao menos, deveriam "apurar o ouvido".

> (...) dissemina-se além da raiz. E não apenas a partir de uma nova geração que faz a Lapa (carioca) "voltar a ser Lapa/ ponto central do mapa" (...) Ouça bem, apure o ouvido: em todas as latitudes da música produzida no Brasil tem mais samba [e choro], já prenunciava o mestre Chico Buarque (Souza, 2003, p. 18-19).

Nesse novo *revival* de tradicionais gêneros musicais "nacionais", a grande novidade é o sucesso alcançado pelo choro, que, na sua associação com o samba, vem rompendo fronteiras e ganhando novos espaços:

> O choro neste início de milênio ganhou novas cores. Não é mais domínio exclusivo de funcionários públicos e de músicos intuitivos. Hoje, aprende-se choro nas oficinas, nos conservatórios e até nas universidades. São inúmeras pesquisas descortinando o seu universo, possibilitando uma melhor compreensão de seu legado em nossa cultura (Diniz, p. 2003, p. 57).

Parte-se aqui justamente do pressuposto de que é possível identificar, na trajetória de sucesso da música na Lapa, pistas capazes de nos fazerem refletir sobre a importância da indústria da música brasileira (especialmente quando examinamos o caminho percorrido pelas pequenas e médias empresas do setor) para o desenvolvimento local sustentável de diferentes regiões do país. Em um momento em que o desafio de fazer o país "crescer" aparece como uma verdadeira "obsessão" para as novas gerações – especialmente para os atores comprometidos com os interesses sociais – nesta virada de milênio, este livro busca dar sua contribuição para a reelaboração de políticas públicas mais efetivas e democráticas.

Este livro certamente não interessará àqueles que buscam interpretações reducionistas e "receitas fáceis" em um mundo contemporâneo marcado por uma grande complexidade. A estes faço a advertência de que nada encontrarão aqui. Ele na verdade se dirige, por um lado, a estudantes (de graduação e pós-graduação), pesquisadores, autoridades, jornalistas e especialistas interessados em se aprofundar em temas relativos às indústrias culturais; à indústria da música; ao samba e ao choro; às políticas públicas dirigidas ao setor cultural e/ou ao desenvolvimento local. E por outro lado, dirige-se também ao público em geral que se interessa por compreender mais as razões da crise da indústria da música nacional/internacional e o grande sucesso da "cidade da música" do Rio de Janeiro, ou melhor, àqueles que querem entender um pouco mais sobre o êxito do circuito cultural independente do samba e choro da Lapa.

A indústria da música no Rio de Janeiro

Apesar de ser uma importante atividade econômica para o Estado do Rio e para o país, a indústria da música no Rio de Janeiro ainda não foi devidamente avaliada. Em geral, os dados divulgados por fundações, agências, consultores e pelo próprio Ministério da Cultura (MinC) sugerem que o fluxo econômico da cultura no país geraria algo em torno de 1% do Produto Interno Bruto (PIB).[9] Segundo a *Revista Marketing Cultural*, em 2003, a cultura teria movimentado cerca de sete bilhões de reais por ano (www.marketingcultural.com.br) e, de acordo com uma investigação realizada em 1998 pela Fundação João Pinheiro – já um tanto defasada pelo tempo transcorrido mas com alguns dados interessantes gerados pela economia da cultura –, para cada milhão de reais investidos, criavam-se 160 postos de trabalho diretos e indiretos e, até meados da década de 1990, calculava-se que no setor cultural havia 510 mil pessoas trabalhando (76,7% no setor privado e 9,7% no setor público).[10]

A verdade é que, apesar de existirem alguns dados que operam como parâmetro para os investigadores e gestores, a carência de informação é ainda enorme. Além disso, os dados referentes à cultura continuam muito mesclados com os dados de outros setores da economia nos Sistemas de Contas Nacionais.[11]

Os poucos dados de que o MinC dispõe revelam que a indústria da música (juntamente com a de cinema e a de televisão) geraria uma parte percentualmente significativa da riqueza prduzida pela cultura no Brasil. Segundo dados divulgados pela Internacional Federation of Phonographic Industry (www.ifpi.org), em 2005, o Brasil era o décimo mercado mundial e responsável por 1% das vendas de produtos fonográficos no mundo, totalizando aproximadamente 265,4 milhões de dólares no período (IFPI, 2006). Quando analisamos a importância dessa indústria no Estado do Rio de Janeiro,

---

[9] Como ressalta Gusmán Cárdenas, "(...) a importância de qualquer setor pode ser medida através de agregados macroeconômicos usualmente utilizados como indicadores globais de todo o sistema econômico: o produto interno bruto (PIB), renda *per capita*, população empregada, gastos realizados pelo setor público, demanda agregada, etc. Entre os indicadores disponíveis, o PIB se destaca por ser o que melhor representa a atividade econômica do ponto de vista coletivo e é aquele que é mais empregado para medir o crescimento de um país" (Gusmán Cárdenas, 2003, p. 16).

[10] Pesquisa realizada e divulgada pela Fundação João Pinheiro em 1998 (disponível em: <http://www.cultura.gov.br>).

[11] Para uma compreensão da importância do Sistema de Contas Nacionais e da Conta Satélite, ver o texto apresentado por Paula Pobrete Maureira (2004) no II Encontro Internacional sobre Diversidade Cultural – As indústrias culturais na globalização, realizado em Buenos Aires, em setembro de 2004.

os números são também bastante expressivos. De acordo com os resultados de uma pesquisa feita pela Secretaria de Desenvolvimento Econômico do Estado elaborada a respeito do PIB cultural, as atividades desenvolvidas pelas indústrias culturais representam mais de 3,8% da riqueza gerada no Estado do Rio de Janeiro (Prestes e Cavalcanti, 2002).[12]

Em geral, reconhece-se parcialmente o potencial da diversidade cultural como fator de agregação de valor e que se traduz em produtos que, por trazerem inovação, têm, em alguma medida, grande aceitação no mercado transnacional do mundo globalizado, ávido por consumir o *outro* na forma de produtos exóticos e/ou de novidades. Em outras palavras, a cultura representa uma fonte importantíssima de riqueza num mundo globalizado. Assim, nota-se que as diferentes regiões do globo, conscientes disso, vêm buscando identificar vocações locais, de modo a concretizar expressões da cultura local em produtos e serviços (Harrison e Huntington, 2002). Isso é bastante claro quando avaliamos a forte demanda externa por música brasileira como uma modalidade da *world music* ou na relevância mundial da indústria de turismo para a sustentabilidade de alguns centros urbanos.

Entretanto, muitas vezes não se percebe que os fatores culturais são vetores cruciais não apenas na ponta do processo (na forma de produto ou serviço), mas do processo em si, e que agregam valor quando as organizações e os agentes sociais buscam investir no universo simbólico que está associado a sua produção. Com isso, eles abrem oportunidade para que processos de identificação e/ou mobilização do consumidor se produzam de maneira mais efetiva.[13]

Com a alta competitividade e a globalização, todos os produtos e serviços estão passando por um processo de "comoditização",[14] isto é, as empresas oferecem produtos e serviços emparelhados e numa faixa de preço muito similar, daí a necessidade de encontrarem modos de sedução e/ou mobilização de seus públicos. Não basta baixar preços, fazer promoções, instituir programas de fidelidade, aplicar recursos em pes-

---

[12] Em outros estados, como, por exemplo, o da Bahia, há estimativas que indicam que o PIB cultural gira em torno de 4,4% (Braga, 2003, p. 53).

[13] Zallo ressalta a importância estratégica da cultura e das indústrias culturais que, segundo ele, seriam parte da infra-estrutura. Criticando os estudos marxistas tradicionais, ressalta que "(...) não são aparelhos ideológicos, se não entidades econômicas que tanto têm um papel diretamente econômico como criadores de valor através da produção de mercadorias e trocas, como também um papel econômico indireto, através da publicidade, na criação de valor agregado que atinge outros setores da produção (...)" (Zallo, 1988, p. 11). Agregaria, portanto, valor a outros produtos e serviços elaborados em uma determinada região ou por uma grande empresa.

[14] Como é notório as *commodities* – que em geral são bens extraídos diretamente da natureza e que não passam por uma intensa transformação (no máximo são realizados com esses bens algum beneficiamento) – são mercadorias, em geral, de baixo valor no mercado se comparados com bens industrializados ou serviços. O "processo de comoditização" diria respeito à perda de valor que qualquer produto ou serviço pode sofrer hoje. A internet, por exemplo, constitui-se na maior força de comoditização do planeta, pois permite ao consumidor comparar preços, tipos de produtos e serviços, o que amplifica ainda mais a competitividade entre as empresas (Pine e Gilmore, 2001, p. 11).

quisa e inovação, efetuar *downsizing*, é preciso, a todo custo, seduzir, encantar consumidores, de modo a mobilizá-los. Como teremos a oportunidade de tratar neste livro, a crise, por exemplo, experimentada pela grande indústria da música hoje em todo o mundo refere-se a uma perda de legitimidade. Segundo alguns autores, a pirataria, bastante disseminada no mundo inteiro (especialmente depois da popularização do MP3), é de certa forma uma "resposta" de um público que não quer pagar o preço exigido pelas *majors*, através de um *trust* velado já estabelecido há algumas décadas no mundo inteiro.

A música, como outros produtos, portanto, parece ter perdido *valor*, e a indústria até o momento tenta de alguma forma reagir a esta situação e sair da "crise", adotando estratégias agressivas de intensa repressão aos sites *peer to peer* (P2P), que oferecem trocas e *downloads* gratuitos de música, e ao mercado ilegal de venda de CDs, aliados ao emprego de ferramentas de controle de circulação e reprodução dos fonogramas oferecidas pelas novas tecnologias (Gallego, 2005; Leyshon e outros, 2005).

No ambiente de alta competitividade atual, alguns pequenos empreendedores e, em geral, as grandes corporações vêm investindo em estratégias de marketing e publicidade, como, por exemplo, em repertórios simbólicos específicos relacionados à sua marca, pois sabem que cativarão e produzirão identificação com seu público. Ao mesmo tempo, podem apoiar produções culturais de determinada região e, com isso, melhorar a imagem perante a população daquele território. Ou, ainda, atrelar ao consumo de mercadorias a produção de *experiências* – de escapismo, fruição ou imersão – capazes de mobilizar o imaginário dos indivíduos.[15]

Assim, mais do que nunca a indústria cultural de uma determinada localidade é crucial para o desenvolvimento de um território, não apenas pelo que ela representa para o setor produtivo em si, mas tambem pelo que esta indústria pode agregar de valor ao restante da produção regional/nacional. Podemos, por exemplo, mensurar a importância da indústria do cinema de Hollywood, mas como avaliar o que ela representa do ponto de vista simbólico – em processos de agregação de valor a diferentes cadeias produtivas – para a economia norte-americana como um todo? Neste sentido, poderíamos também nos perguntar: o que representam a indústria fonográfica ou a de televisão nacionais para o Brasil?

Apesar do enorme potencial produtivo, o Rio de Janeiro está longe de se constituir numa espécie de "estado da Califórnia tupiniquim". Ao contrário, no Rio, ao longo

---

[15] Traduzindo isso em exemplos: o marketing cultural pode ser um caminho, mesmo para empresas que têm produtos difíceis de serem espetacularizados, tais como a Petrobras (maior empresa estatal brasileira e que atua no setor petrolífero), que vende *commodities*, mas tem sua imagem associada à produção cultural do país. Outra estratégia é fazer um trabalho sobre a marca, como a empresa Nike, que opera suas campanhas de publicidade sobre as sensações que os consumidores terão ao usar os produtos e não sobre o produto em si (Pine e Gilmore, 2001).

das últimas décadas (desde que deixou de ser capital federal), é possível atestar facilmente políticas públicas equivocadas que não valorizam o bem mais precioso produzido ali – a cultura –, e, em razão disso e das crises vividas pelo país, a região vem mostrando sinais de decadência. O resultado é que não só a região vem perdendo seu protagonismo no setor cultural para São Paulo (o Rio já foi, por exemplo, um importante centro publicitário e sede das maiores empresas do setor editorial), como também o país vem jogando pela janela a oportunidade de alavancar-se no cenário mundial. O Brasil – tal como outros países latino-americanos –, em vez de exportador significativo de produtos culturais, figura como mercado de consumo de produtos globalizados (Canclini, 1999b; Roncagliolo, 2003).

Diante desse quadro, há uma série de medidas a serem tomadas em caráter emergencial hoje, e que devem procurar produzir resultados em duas frentes: a) na primeira, o fato de a produção no mundo globalizado estar concentrada e internacionalizada e oferecer sérios riscos ao pluralismo e à democracia exige que as autoridades locais efetivem medidas de *regulação* para controlar a atuação dos grandes conglomerados de comunicação e de cultura; b) na segunda, é fundamental que os atores sociais envolvidos busquem desenvolver políticas que possam incentivar as empresas locais do setor cultural, para que propiciem a criação e a integração de circuitos independentes que valorizem os interesses e a "cultura local"[16] do território.

É preciso identificar os riscos e debilidades, mas também reconhecer as possibilidades – ainda que limitadas – abertas pela globalização e pela difusão das novas tecnologias digitais. Ou seja, é necessário reconhecer que há algumas oportunidades para a produção local e que isso decorre especialmente dos aspectos culturais.

Assim, uma das reações possíveis à homogeneização global por parte dos atores seria um movimento na busca de afirmação de uma identidade territorial – o desenvolvimento de uma *cultura da proximidade* –, do fortalecimento de laços entre empreendedores locais e demandas locais que poderiam compensar um pouco a forte presença dos grandes conglomerados internacionais. Ao mesmo tempo, é possível afirmar também que hoje se tornou mais possível que a produção local/minoritária atinja a um público e se articule às culturas de diferentes localidades (Zallo, 2005a).

Yúdice enfatiza que devemos tomar cuidado ao tomar os localismos e a homogeneização cultural como uma oposição. No mundo globalizado, o sistema de comercialização e consumo não pode ser explicado apenas a partir dessas categorias. Na realidade, o capitalismo se renova e consolida articulando ambos os aspectos (Yúdice, 1999, p. 233). Basta lembrarmos quanto espaço no mercado a música local

---

[16] A cultura local representa hoje uma fonte de riqueza no mundo globalizado; a chance de produzir processos de identificação, engajamento do consumidor e entendê-la abre possibilidades de se identificarem potencialidades e vocações regionais (Harrison e Huntington, 2002).

ganha quando coloca uma roupagem internacional e é comercializada como *world music*. Não é à toa que David Byrne, Ry Cooder e Paul Simon – entre outros grandes artistas – se interessam tanto em mediar a entrada de repertórios de música latino-americana no mercado dos Estados Unidos e da Europa.

O estudo de caso que apresento neste livro, do circuito da indústria da música "independente" presente na Lapa, bairro do Centro do Rio de Janeiro, permite analisar o potencial e os limites das oportunidades que se abrem às forças e interesses locais no mundo atual. Ao mesmo tempo, possibilita repensar em que medida a cultura também conforma a indústria e a produção (Negus, 2005), isto é, tento avaliar o peso da "cultura da produção" na indústria da música (Du Gay, 1997).

A esta altura, cabe salientar que estou empregando aqui de forma "difusa" a noção de *independente* associada a este circuito cultural ou às pequenas gravadoras. Em geral, esta noção é bastante imprecisa para designar parte da produção do universo da música no país e no exterior. Alguns autores romantizam e de certa forma exageram na imprecisão do termo, referindo-se ao universo *indie* como um "estado mental":

> (...) o *indie* é um estado mental, não é um som particular ou uma atitude concreta. Uma banda de garotos brancos de classe média que grava para uma multinacional pode ter o mesmo valor contestatório que uma banda *hardcore* rigorosamente anticorporativa: a validade de uma proposta se mede exclusivamente em função de seus valores estéticos, por seu significado pontual em um momento concreto, em um contexto histórico e cultural bem determinado (Blanquez e Freire, 2004, p. 12-13).

Como ressalta Frith (1981), o termo *independente* teve origem nos Estados Unidos, onde há uma longa tradição de pequenos empreendimentos fonográficos. Naquele país, os independentes ou pequenos selos fonográficos – também chamados de *indies* – têm construído uma trajetória no mercado caracterizada por registrar e comercializar gêneros musicais geralmente relegados a uma condição marginal pelas grandes empresas, também chamadas de *majors*.[17] Com efeito, o termo independente é largamente utilizado no contexto norte-americano para designar pequenas empresas fonográficas que possuem meios mais autônomos de produção, distribuição e consumo. Uma variação significativa da noção de independente emergiu também na Inglaterra, associada ao movimento punk. De fato, a produção mais autônoma desse país tem uma história que remonta às décadas de 1950 e 1960, mas foi especialmente na

---

[17] Adotamos no livro as denominações *indies* e *majors* para designar respectivamente as gravadoras pequenas/independentes ou selos fonográficos em contraposição às grandes companhias transnacionais do disco. Trata-se, de fato, de termos que estão amplamente difundidos no universo da música e são empregados com naturalidade ali.

década seguinte, com o movimento punk, que efetivamente se transformou atitude política em produção fonográfica. Com o tempo, essas experiências nesses países anglo-saxões terminaram por elaborar mercados com alguma especificidade, dedicados principalmente às produções independentes, com a criação de veículos de comunicação especializados, pontos de venda e espaços culturais que não atuavam exatamente dentro da lógica do *mainstream* do mercado fonográfico. No contexto brasileiro, essas experiências se tornaram modelos que foram seguidos e mencionados como referência não apenas por aqueles atores que defendiam o mercado nacional ou independente, mas também por aqueles que criticavam a forte presença das indústrias culturais. Foram também tomadas como referência para este debate no país as polêmicas e críticas produzidas pelos movimentos que emergiram a partir da Contracultura no Brasil dos anos 1970 e que problematizavam, entre outras coisas, os significados e os usos das noções de "alternativo" e "independente" (Pereira, 1993; Hollanda, 1981).

Evidentemente, é possível identificar no mercado fonográfico nacional atual algumas pequenas empresas que poderiam ser classificadas como independentes e outras nem tanto. Poderíamos excluir desta categoria, portanto, a maioria dos pequenos selos que atua de forma terceirizada ou que estabelece parcerias mais freqüentes com as *majors*. Entretanto, ao estabelecer uma tipologia tão detalhada para o universo das independentes, poderíamos também produzir algumas dificuldades para compreender o universo das *indies*.

Primeiramente, porque o terreno das estratégias e da "ideologia" empregada pelos donos das gravadoras parece ser muito mais movediço e nebuloso do que tendemos a acreditar à primeira vista. Ao adotar aqui uma proposta de conceituação mais difusa, viso evitar justamente o risco de "engessar" uma realidade e a dinâmica bastante complexa e fluída do mercado fonográfico brasileiro e mundial. Diferentemente de se apostar na redefinição de fronteiras e/ou na criação de uma tipologia, optei aqui por considerar *independentes* todas as produções das pequenas empresas fonográficas e dos circuitos culturais que não são promovidas *exclusivamente* pelas *majors*[18].

Em segundo lugar, porque o termo independente tende a sugerir uma oposição enganosa entre o universo das *majors* e *indies*. Nem nos Estados Unidos e nem na Inglaterra essa oposição efetivamente se concretizou de forma absoluta ou pura. Se analisarmos com cuidado a trajetória do mercado da música constataremos, muito mais do que uma oposição, uma dinâmica que sugere não só tensões, mas também inúmeras articulações recorrentes entre *indies* e *majors* (De Marchi, 2005; Vicente, 2006). De fato, boa parte das iniciativas realizadas pelas empresas independentes ocorre, em alguma medida, de forma articulada com as grandes gravadoras, mas nem

---

[18] Yúdice propõe também interpretar a grande heterogeneidade das *indies* de forma similar (Yúdice, 2007).

por isso vem deixando de produzir uma dinâmica bastante típica do mercado independente. O que algumas *indies* e *majors* ganham com este tipo de articulação? Por um lado, as pequenas gravadoras buscam ampliar sua competitividade no mercado e, por outro, as grandes empresas fonográficas procuram incorporar o "capital cultural" que as *indies* podem oferecer (Bourdieu, 1991; Shucker, 2005; Thornton, 1996).[19] A Associação Brasileira de Música Independente (ABMI), por exemplo, que é a principal associação da música independente do Brasil, não exclui os selos ou as pequenas e médias empresas fonográficas que trabalham sistematicamente de forma articulada com as *majors*. Por que excluí-las, então, conceitualmente, deste universo independente se, ao que tudo indica, elas enfrentam as mesmas dificuldades e estão reunidas, freqüentemente, sob a mesma bandeira nas suas reivindicações e ações?

O desenvolvimento local sustentado gerado pela música no bairro da Lapa

Como já mencionamos nas páginas iniciais deste livro, em 2004, autoridades do Rio de Janeiro anunciaram a criação da Cidade da Música, na Barra da Tijuca, dedicada à música clássica, ao lado de um conjunto de iniciativas que pretendiam dinamizar o bairro em maior expansão e crescimento nessa cidade (que, aliás, vem sofrendo grande pressão por parte da especulação imobiliária). Ao mesmo tempo, nos últimos anos, a imprensa não pára de alardear o grande sucesso alcançado pela região da Lapa (Cezimbra e Neves, 2004; Caldeira, 2005; Castelo Branco, 2005; Almeida e outros, 2006) – com as atividades das casas de espetáculo, dos restaurantes e do turismo –, descrevendo este êxito como conseqüência direta da consolidação de um circuito cultural de samba e de choro. Aliás, estes gêneros musicais estão profundamente consolidados na cultura daquela região – também chamada pelos indivíduos que ali atuam de "Centro do Rio Antigo" – que está circunscrita a partes de algumas localidades históricas do Centro do Rio, como Lapa, Praça Tiradentes e Cinelândia.

---

[19] Para Thornton, este "capital" seria o conjunto de valores e códigos compartilhados por indivíduos ou grupos sociais. Os atores sociais partilham de um mesmo vocabulário e de valores e conhecimentos mediante os quais se distinguem do resto dos grupos sociais (Thornton, 1996).

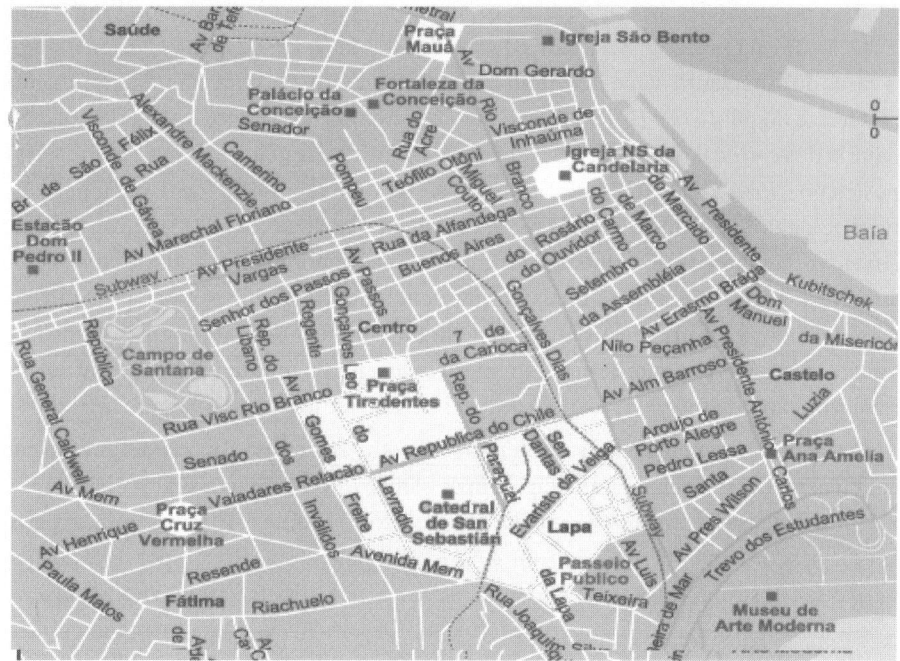

Fonte: Yahoo Travel (http://travel.yahoo.com/p-travelguide-77416map_of_rio_de_janeiro-i)

Diferentemente de outras localidades em que se produziu desenvolvimento local a partir da atividade da música como o Pelourinho (em Salvador, Bahia) e, em menor escala, o bairro de Reviver (em São Luís, Maranhão), o sucesso dessa microrregião foi alcançado sem uma participação mais efetiva do Estado, a partir da articulação espontânea dos empresários locais que gravitam em torno da Associação Comercial do Centro do Rio Antigo (Accra) e de lideranças importantes. Hoje, esses empreendedores culturais estão mais organizados e articulados a algumas instituições públicas (que estão mais inclinadas a apoiá-los), como o Serviço Brasileiro de Apoio às Micro e Pequenas Empresas (Sebrae) e Senac (Serviço Nacional de Aprendizagem Comercial). Inclusive, atualmente, não só está se procurando desenvolver na microrregião uma cultura associativista mais efetiva com esses atores, mas também vem se consolidando com este grupo de pequenas empresas um "pólo"[20] cultural (www.sebrae.com.br).

Localizada no Centro do Rio, em torno dos Arcos da Lapa, no centro histórico mais importante da cidade, esta microrregião, apesar de todo seu passado glorioso relacionado com a música (Andrade, 1998; Lustosa, 2001) e de algumas iniciativas

---

[20] Um pólo se constituiria em um aglomerado de empresas de um ou mais setores de uma cadeia produtiva de uma determinada localidade.

esparsas por parte das autoridades locais, experimentava – desde os anos 1980 – uma sensação de estagnação.[21] Só a partir de meados dos anos 1990 é que voltaram a surgir as casas de espetáculo – que investem em samba e choro – e, com elas, foi retornando o interesse do público.[22] Hoje, a Lapa, ou o Centro do Rio Antigo, é considerada pela maioria dos cariocas a *verdadeira* "cidade da música", a região onde mais se "respira" música no Rio (Cazes, 1998), constituindo-se em uma referência local, nacional e até internacional.[23] Segundo dados de um levantamento realizado em 2004, há ali mais de 116 estabelecimentos do setor musical, teatral, gastronômico, antiquário, turístico e comercial de modo geral, os quais atraíam em média 110 mil pessoas por semana, gerando uma economia de aproximadamente 14,5 milhões de reais por mês. Tudo isso vem fascinando um público segmentado, de classe média, com alto nível de escolarização e de informação, pois utiliza internet, rádio e jornais (Data-UFF, 2004).

O que chama a atenção nessa experiência é como os atores/empreendedores locais e os consumidores se engajaram em torno do samba e do choro, conseguindo se "aglomerar" e "adensar", em alguma medida, um território (Fujita e Thisse, 2002). A partir de uma pesquisa que foi realizada em 2003 e 2004 pelo Data-UFF[24] é possível constatar que se construiu nessa localidade um nicho de mercado de grande vitalidade, embora à margem da grande indústria da música. Desenvolveu-se um mercado cultural que não utiliza propriamente importantes mídias tradicionais e massivas – como a tevê e o rádio – para a sua promoção, mas, basicamente, a internet na mobilização dos consumidores,[25] a publicidade boca a boca e algumas matérias de mídia impressa

---

[21] O sucesso é tanto que está ocorrendo uma valorização dos imóveis em torno desta região, isto é, a revitalização de uma localidade que era vista apenas como um apêndice das atividades comerciais e financeiras que eram realizadas no Centro do Rio de Janeiro. Um dos principais empresários da região, Plínio Fróes, afirma que, ao longo das últimas décadas, ocorreram algumas iniciativas, como o Corredor Cultural e o Rio Cidade, em que o Estado fez alguns investimentos no reembelezamento e recuperação do casario e do mobiliário urbano, mas efetivamente essa zona, até o momento, vem encontrando dificuldades de ser incorporada estrategicamente ao planejamento urbano (entrevista concedida em agosto de 2005).

[22] Segundo Carlos Tiago Cesário Alvim, o Emporium Brasil, coordenado pelo crítico e produtor musical Lefê, é considerado pelos atores sociais locais como um marco na revitalização da Lapa (entrevista concedida em agosto de 2005). Cabe ressaltar que no Centro do Rio Antigo não se toca exclusivamente samba e choro (é possível encontrar rock, rap reggae e até música eletrônica), mas a maioria das casas noturnas trabalha com esses dois gêneros musicais de grande tradição de forma integrada (sobre a construção de gêneros musicais cf. também Negus, 2005).

[23] Há inúmeros documentários, como, por exemplo, o intitulado *Brasileirinho*, de Mika Kaurismäki (2005), que estão sendo realizados por equipes de cinema e de televisão estrangeiros que tomam essa região como referência emblemática, uma locação para as filmagens.

[24] Nesta pesquisa foram realizados: questionários e entrevistas com os atores e autoridades envolvidos direta e indiretamente com as atividades produtivas da região; um mapeamento de dados referentes à economia do Centro do Rio e da bibliografia disponível sobre a região; e um levantamento de informações sobre os hábitos de consumo e sobre os usos das ferramentas de comunicação.

[25] Sites como, por exemplo, a Agenda Samba & Choro, disponível em <http://www.samba-choro.com.br> e Lá na Lapa, disponível em <http://www.lanalapa.com.br>, têm grande visitação diária e são referências importantes para os consumidores.

dadas espontaneamente pelos jornalistas. Ao mesmo tempo, ao analisar este estudo de caso, é possível perceber que a questão da identidade local, a cultura local, é um vetor importante, que agrega valor ao conjunto das atividades que são realizadas na região. O ato de ir assistir a um show ao vivo (e/ou dançar) com músicas que são consideradas de "raiz", genuinamente nacionais, é encarado como um fator fundamental pelos consumidores em tempos de globalização, é como se renovassem o seu *compromisso* com a cultura local, promovessem, ainda que de forma pontual e através do consumo, a sua reterritorialização (Pereira, 1995; Ortiz, 1994; Canclini, 1997; Hall, 1997).

Zallo (1998) ressalta que a indústria da *música gravada* se desenvolveu tanto que, em determinado momento, passou a usar a *música ao vivo* como forma de promover a música gravada, invertendo a situação de destaque da música ao vivo, até então, central para a atividade musical. É possível afirmar que hoje a música ao vivo está recuperando um pouco do terreno que havia perdido para a música gravada, ou seja, a música ao vivo está ocupando um lugar menos periférico. E em algumas situações encontradas na indústria da música, especialmente envolvendo as *indies*, os fonogramas gravados é que vêm se tornando um complemento, uma forma de reconhecer e rememorar uma experiência vivida. Pode-se considerar que parte dos consumidores mobilizados e que todos os fins de semana vão ao Centro do Rio Antigo na realidade buscam vivenciar ali "experiências" (Pine e Gilmore, 2001) que giram em torno desses estilos musicais – samba e choro – considerados, por eles mesmos, como "autênticos" (Frith, 1998; Canclini, 1997; Hall, 1997).

> A gente verificou numa pesquisa que é isso que nosso público quer: cultura nacional, ou seja, samba e choro. E esse público não pára de crescer. Aqui no RioScenarium, que é minha casa de maior sucesso, sentimos isso: abrimos o segundo andar, depois um terceiro andar e um salão anexo. O brasileiro tem se voltado para as suas raízes, voltou-se para a sua música. A maioria das pessoas se voltou para a sua identidade, passando a freqüentar a Lapa (...) (Plínio Fróes, liderança da Accra e proprietário das casas de espetáculo RioScenarium e Mangue Seco. Entrevista ao autor).

> Na verdade, acho que o grande sucesso alcançado pela Lapa deve muito à questão da identidade. Não é um simples modismo. Tudo se produziu de maneira muito espontânea (...) Veja o choro, por exemplo. O choro é um clássico brasileiro. Você pega um Pixinguinha: é um clássico. E isso estava jogado fora, tinha saído da moda. A moda é o que as gravadoras ditam e dizem que dará certo. Dá certo porque se massifica muito, mas tem o "pessoal cabeça", que está à procura da sua identidade, que procura a "cultura verdadeira" do seu país (...) e que necessita dela para promover sua auto-estima. Esse público vai encontrar isso hoje na Lapa e arredores (Angela Leal, liderança da Accra, atriz e proprietária do Teatro Rival. Entrevista ao autor).

Na análise desse estudo de caso, é possível atestar também o volume e a diversidade de músicas gravadas de samba e choro. O público consumidor não é massivo, inclusive há um grande número de CDs que, evidentemente, não vendem mais do que cinco mil cópias em média (Data-UFF, 2004). Sendo assim, não há praticamente pirataria ou *downloads* gratuitos, pois não compensa comercialmente se produzir para um público tão reduzido. Além disso, em média, o preço de venda desses CDs é 10% mais barato que os colocados no mercado pelas grandes gravadoras. Entretanto, as *indies* e os empresários/produtores culturais enfrentam dificuldades para distribuir a música gravada e, assim, seus discos são vendidos em pontos de venda alternativos (diretamente pelos artistas ou donos de casas de espetáculo) ou em novos bares e cafeterias de luxo (que possuem livraria e lojas de CDs), enfim, em locais de venda que estão se tornando uma febre nas principais cidades de todo o mundo. Em outras palavras, a partir da cultura local conseguiu-se não só alavancar a economia e gerar, entre outras coisas, inúmeros empregos, mas também conformar uma indústria da música regional, ou seja, a partir da cultura vem se conformando uma produção musical (gravada) bastante diversificada e que gira em torno da música ao vivo exibida nessa localidade.

Evidentemente, a experiência da Lapa não resolve os inúmeros impasses da indústria da música no Brasil (e no exterior): não altera o regime de acumulação do capital, os inúmeros postos de trabalho perdidos no setor nos últimos anos; não obstaculariza a intensa internacionalização e a concentração empresarial ou mesmo a forte polarização da grande indústria sobre as *indies*; e nem os riscos de se prejudicar significativamente a diversidade cultural com os impactos da globalização.

O estudo de caso do circuito samba e choro na Lapa é de alcance bastante limitado, é um nicho bastante restrito em cuja *canibalização* a grande indústria, talvez por isso mesmo, não se interessa em investir de forma mais efetiva, como já fez com outros estilos musicais como a Bossa Nova, MPB e o Rock Brasil, em outros momentos da história da indústria da música no Brasil. Contudo, essa experiência indica que é possível realizar um trabalho de adensamento dos territórios, isto é, de que há a possibilidade de se implementarem políticas culturais que podem gerar algum benefício aos atores locais.

Roteiro de um *mapa noturno*

Apesar de este trabalho aparentemente se concentrar mais na análise do seu *corpus* empírico – de estar preocupado com a urgência de se encontrarem "soluções" –, ele não deixa de realizar o intento de trazer uma renovação teórico-metodológica. Se, por um lado, "espelha-se" no trabalho que vem sendo realizado pelos estudos culturais britânicos nos últimos anos, por outro, busca promover uma renovação e uma interpretação comprometidas com a realidade local, incorporando de forma mais efetiva a contribuição dos estudos de economia política da comunicação. Além disso, incorpora também, de forma crítica, a literatura que vem se dedicando a trabalhar com Pequenas e Médias Empresas (PMEs),[26] analisando a problemática do desenvolvimento local sustentável.

Assim, reconheço a dependência da comunidade científica local em relação aos grandes centros e procuro não reproduzir equívocos rotineiros, adotando uma postura crítica em relação à importação de teorias[27].

> (...) o caráter dependente da ciência na América Latina também é reforçado por uma ideologia que desvincula teoria e prática, colocando sob suspeita o trabalho teórico que se realiza nos centros científicos locais. Dentro da própria comunidade científica, fazer teoria passa a ser visto por intelectuais conservadores como um luxo reservado aos países ricos, competindo a nós aplicar e consumir. Segundo os mais liberais, o problema da importação de teorias seria resolvido formulando critérios de nível – importar o melhor e mais aperfeiçoado. Mesmo intelectuais críticos passam a negar ou a ter escassa preocupação com questões teóricas porque os problemas "reais" e a urgência de soluções não dão direito nem tempo ao trabalho teórico (Lopes, 2003, p. 45).

Martín-Barbero ressalta que é grave o fato de que um segmento expressivo dos pesquisadores latino-americanos não se dedica à renovação teórica.

> (...) a teoria é um dos espaços-chave da dependência. Imediatamente, através da crença em sua neutralidade-universalidade ou na tendência a viver das modas, a buscar as ferramentas teóricas não a partir de processos sociais que vivemos, mas partir de um compulsivo reflexo de estar atualizado. Mas a dependência não consiste em assumir teorias produzidas "fora", dependente mesmo é a concepção de ciência, de trabalho científico e sua função na sociedade. Como em outros campos, aqui também o grave é que sejam exógenos não os produtos, mas as próprias estruturas de produção (Martín-Barbero, 1984, p. 25).

Assim, a questão-chave para os pesquisadores locais é encontrar meios de manter o *controle orgânico* dos componentes da investigação científica. O objetivo seria criar condições para a construção de teorias e de técnicas em estreita relação com a pesquisa empírica e o entorno social, isto é, que se realizassem investigações comprometidas com as problemáticas específicas desses países. Lopes, entretanto, ressalta que

---

[26] Adotou-se aqui a sigla PMEs para designar as pequenas e médias empresas, tão presentes na realidade brasileira.

[27] Aproveito para informar ao leitor que boa parte da bibliografia utilizada aqui estava em língua estrangeira e, portanto, várias das passagens selecionadas neste livro foram traduzidas pelo próprio autor.

"(...) a concepção de autonomia científica nada tem a ver, em conseqüência, com nenhuma atitude xenófoba ou ingenuamente 'nacionalista'" (Lopes, 2003, p. 46).

Com o compromisso de tentar fazer um "mapa noturno" (Martín-Barbero, 2004) e, por assim dizer, uma *produção científica orgânica*, o percurso deste livro foi, em linhas gerais, o seguinte.

Na Apresentação e na Introdução, procuro situar o leitor sobre a relevância socioeconômica deste estudo de caso – o circuito cultural independente do samba e choro – para países em desenvolvimento como o Brasil. Na primeira parte, apresento e analiso a dinâmica do circuito cultural do samba e choro da Lapa em todas as suas etapas: produção, representações, consumo, distribuição/circulação e regulação. Além de analisar os motivos que poderiam explicar o crescimento e sucesso da Lapa, buscou-se também, neste capítulo 1, avaliar os riscos e as oportunidades que se abrem aos circuitos culturais "independentes" no mundo globalizado.

Na segunda parte – ao longo dos dois capítulos que a compõem –, trabalho propriamente com o universo da música. Ao longo do capítulo 2, analiso de forma sintética a trajetória da indústria da música, não só problematizando a relação desta com a cultura da música e com os meios de comunicação, mas também avaliando a sua lógica de funcionamento e sustentabilidade nos territórios. No capítulo 3, analiso a indústria da música num plano local e global, buscando repensar e historicizar sua tão divulgada crise e a emergência do comércio *on-line* e de *indies* mais organizadas em torno de associações.

E, finalmente, na terceira parte – de caráter mais propositivo –, não só apresento (no capítulo 4) o marco teórico deste livro e as razões que levaram à ampliação da agenda de pesquisas deste trabalho, mas também realizo (no capítulo 5 e nas Considerações Finais): a) um balanço das políticas públicas dedicadas às indústrias culturais que foram elaboradas no Brasil e nos países latinos/ibero-americanos nas últimas décadas; b) desenvolvo algumas reflexões visando subsidiar a construção de políticas públicas mais democráticas que sejam capazes de se renovar e promover de forma mais efetiva o desenvolvimento sustentável regional.

Parte I

Cidade da Música

Capítulo 1

O circuito cultural do samba e do choro da Lapa[28]

Neste capítulo analisarei – de forma breve – a trajetória da Lapa e arredores (Rio Antigo) que nos permitirá compreender como essa região se tornou uma importante "cidade da música" do país, um lugar emblemático no imaginário social dos brasileiros e estrangeiros, tal como o Pão de Açúcar, o Corcovado ou o Maracanã. Em virtude da atuação dos atores sociais locais e de sua capacidade empreendedora e associativa, esta zona do Centro do Rio vem experimentando nos últimos anos um ciclo de crescimento econômico e ocupando espaços significativos no cenário midiático.

O chamado "Rio Antigo" é freqüentado toda semana por mais de 100 mil pessoas que esperam – em cerca de aproximadamente 120 estabelecimentos, em sua maioria gastronômico-turístico-culturais – consumir uma "experiência de raiz", construindo sua identidade e memória local e/ou nacional. Essa área da cidade tem oferecido aos visitantes uma experiência musical de alto valor agregado em *tempos de crise* dessa indústria.

Lefê de Almeida, um dos pioneiros e responsáveis pela revitalização recente do bairro da Lapa, comenta o que o motivou a investir ali:

> A Lapa estava toda lá. Prontinha, mas ninguém aproveitava: os Arcos, os casarios, os antiquários, etc. Adorava ir ao restaurante Capela. Sempre fui bem tratado lá, tinha inclusive o privilégio de escolher o lugar para sentar na sexta-feira à noite. (...) Sempre freqüentei a Lapa desde 1975. De tanto freqüentá-la, resolvi fundar e organizar a produção musical nos Arcos da Velha. Na verdade, revitalizar a Lapa sempre foi um sonho meu. (...) Eu convivi com o Mário Lago, inclusive,

---

[28] Alguns dos argumentos presentes neste capítulo (nas partes deste capítulo, intituladas: "Identidade local/nacional e memória gerada pela música de raiz" e "Consumo de música como resistência cultural") foram desenvolvidos em outros artigos sobre o circuito cultural do samba e choro, realizados em parceria com Felipe Trotta, entre 2006 e 2007.

ele foi meu parceiro de samba, de copo, de mesa de botequim... Foi com ele que aprendi a amar a Lapa. Eu tive o prazer e o orgulho de conviver com Mário Lago, de freqüentar a casa dele. (...) Uma vez uma jornalista chegou para entrevistá-lo sobre a Lapa, ele disse "sobre a Lapa de ontem eu posso falar, mas sobre a Lapa de hoje quem fala é o Lefê". (...) Nos anos 1990, chamei meu sobrinho, o Tiago Alvim (atualmente dono do Carioca da Gema) para trabalhar comigo no Arcos da Velha e depois trabalhamos juntos ainda no Emporium 100 e no Carioca da Gema. (...) A Lapa estava lá com tudo, mas só começou a revitalizar-se com a música, mais especificamente com o choro e o samba. A música brasileira, a carioca, é dançada demais. Pode não parecer, mas o choro também é superdançante. Lá no Carioca da Gema eu tinha vários projetos que eram feitos para que as pessoas se sentassem, ouvissem e dançassem. Era este o conceito. Eu quase sempre promovia shows que misturavam samba com choro. Nos shows que organizava tocaram músicos como Wilson Moreira, Nelson Sargento, Roberto Silva, Teixeira Buarque, Marcos Sacramento, Alexandre Maionese e muitos outros artistas de grande talento. (...) Acho que sempre tive bons músicos na minha mão porque sempre os tratei bem. Eu sou produtor musical: minha matéria-prima é o músico, ou a música. O músico tem que ser bem tratado porque senão eu não faço. Como produtor, recuso-me a chamar gente para trabalhar comigo para ser mal-pago, maltratado ou correr risco de nem receber. Sempre mantive esta política, e as casas noturnas onde atuei viviam lotadas. No terceiro mês de Carioca da Gema, por exemplo, já havia três mil pessoas lá. Quando eu saí de lá, a média era de cinco mil. (...) A Lapa é importantíssima cultural e economicamente para o Rio. (...) A Lapa gerou emprego e renda, proporcionou um aumento de arrecadação para o município. Todo mundo ganhou com a revitalização da Lapa... Até o ambulante que vende o churrasquinho nas esquina do bairro. (Lefê de Almeida, produtor musical das lendárias casas de espetáculo Arco da Velha e Emporium 100 do bairro da Lapa. Entrevista ao autor.)

Como veremos a seguir, desde a segunda metade dos anos de 1990, esta localidade está vivenciando um novo "círculo virtuoso" por iniciativa basicamente das lideranças locais, após passar décadas de relativo abandono (não contou até bem pouco tempo com uma atuação efetiva do Estado). Assim, buscando compreender a relevância atual desse circuito cultural independente do samba e do choro da Lapa, analisarei as representações, identidades, produção, consumo e possibilidades de regulação ali existentes (Du Gay et al., 1997) e que são fatores importantes na dinâmica deste circuito.

Representações e imaginário social da Lapa: ontem e hoje

Foi num cabaré da Lapa / Que eu conheci você / Fumando cigarro / Entornando champagne no seu *soirée* / Dançamos um samba / Trocamos um tango por uma palestra / Só saímos de lá / Meia hora depois de descer a orquestra (*Dama do Cabaré*, Noel Rosa).

Quem nunca ouviu Brasileirinho, Tico-Tico no Fubá ou Noites Cariocas? Quem nunca cantarolou "meu coração, não sei por quê, bate feliz, quando te vê"? Quem não passou perto de um bar ou foi a uma festa [na Lapa] onde ouviu violão, cavaquinho, flauta, pandeiro, clarinete ou bandolim? Se você já ouviu esse som, deve saber seu nome: choro (...) é hora de mergulhar na história do nosso gênero musical mais perene (Diniz, 2003, p. 11).

Quando tomo como base para as reflexões desenvolvidas neste capítulo as representações veiculadas pelos atores na mídia, em publicações e através de depoimentos concedidos em entrevistas e questionários, estou considerando as mesmas, tal como sugere Chartier (1990), como "instituições sociais", na medida em que é possível atestar que são importantes referências na construção do "real", são produtoras de ordenamento a orientar a ação dos agentes sociais (Ribeiro, 2005). Assim, ao analisar essas narrativas que fazem referência ao universo do circuito do samba e do choro da Lapa e à indústria da música local/internacional busco compreender como as narrativas e práticas sociais constroem o "mundo como representação" (Chartier, 1990). Ou melhor, buscamos avaliar a capacidade dos atores sociais – sejam eles músicos, público consumidor ou críticos e especialistas –, através de seus discursos, em normatizar e "(re)fundar" (Orlandi, 1993) novos sentidos e significados que colocam estes gêneros musicais num lugar de destaque na cultura nacional.

Como veremos a seguir, as representações veiculadas na Lapa – ontem e hoje – fazem referência a uma "tradição" (Hobsbawn e Ranger, 1984) da região como local onde a boemia sempre se reuniu na cidade e como espaço da música nacional e "de raiz". Chama a atenção a capacidade desses dois gêneros musicais para se legitimarem como expressões culturais "genuínas", "autênticas", isto é, impressiona a enorme capacidade dos atores sociais em "construir" no âmbito sociocultural a "naturalização" do samba e do choro na cultura brasileira, fazendo-os alcançar uma condição canônica. Aliás, não é só o samba e o choro que se *naturalizam* no *panteão* nacional, mas também o bairro da Lapa, e, "por tabela", a própria cidade do Rio de Janeiro. As narrativas da maioria dos atores sociais lançam mão do passado para legitimar o presente, para explicar o seu sucesso, as razões de a localidade seguir girando em torno de músicas emblemáticas na sociedade brasileira (Pereira, 1995; Trotta, 2006).

A história e as representações do bairro da Lapa e arredores estão associadas à vida boêmia e musical da cidade e mesmo do país. Não é sem razão que vários escritores, intelectuais e músicos fazem referência a ela como uma espécie de "Montmartre carioca" (Martins, 1936) ou "Nova Orleans tupiniquim".

> (...) Contam-se nos dedos as cidades no mundo que podem ser reconhecidas pela música... São pouquíssimas. Você pode pensar em Sevilha na música flamenca, em Nova Orleans no som do Jazz, em Buenos Aires no tango e o Rio você liga imediatamente ao samba e choro. (...) No poder público há inúmeras pessoas totalmente despreparadas, porque não conhecem a história da Lapa e da cidade, não sabem dar valor a esse patrimônio que a gente tem no Rio até hoje. E que faz da música do Rio e do Brasil, mas principalmente do Rio, um dos produtos de exportação melhor recebidos lá fora (Mauricio Carrilho, músico e proprietário da Acari Records, gravadora especializada em samba e choro. Entrevista ao autor).

Desde o período imperial podemos encontrar referências deste tipo em relação à Lapa e a esta parte do Centro do Rio:

> O viaduto dos arcos parecia um grande gato sonolento. Mas era uma sombra enorme que se elevava na noite, o único belo monumento da minha cidade sem tradições, e os vagabundos urinavam irreverentemente em suas bases porque não sabiam (...) que a alma da cidade estava enterrada ali. Lapa triste. Um, dois, três cabarezinhos degenerados se estorcem, se requebram, suam, quase morrem de histerismo, e a vida continua mais triste. Lapa vagabunda. Os choferes cantam samba batendo baixinho nas portas dos automóveis. Lapa imperial. As prostitutas passeiam... É verdade, ali eu gastara os meus anos melhores. Ali, pode-se dizer, eu vivera (...) (Martins, 1936, p. 35).

É como se a microrregião da Lapa materializasse uma versão *não nômade* do conceito de *soundscape* que foi notabilizada por Chambers para analisar a experiência promovida pela invenção do *walkman* (Chambers, 1993): nessa localidade, de alguma forma, os indivíduos vivenciariam uma experiência urbana (é bem verdade que restrita àquela localidade), mas intensamente marcada pela sonoridade.[29] É como

---

[29] Neste livro me apropriei do termo notabilizado por Chambers (1993) para explicar a experiência nômade dos indivíduos com a popularização do uso do *walkman*. O termo "*soundscape*" é entendido aqui como um ambiente ou uma paisagem marcados pela sonoridade. No caso da Lapa, há uma particularidade: constrói-se uma experiência restrita à Lapa (praticamente não nômade ou limitadamente nômade, circunscrita à circulação na localidade). Ou seja, apesar de a música ter um peso bastante significativo, a paisagem histórica do entorno (a arquitetura do Centro do Rio) também agrega algum valor à experiência vivida ali pelos consumidores ao freqüentarem a Lapa.

se os freqüentadores da Lapa consumissem uma espécie de "parque temático de raiz" nesta localidade, tivessem acesso ali a uma experiência de imersão e fruição de alto valor agregado em que a música ao vivo e a paisagem arquitetônica do Rio Antigo são ingredientes fundamentais.

Ao longo do século XX o bairro passou por vários ciclos em que a vida boêmia foi combatida ou incentivada, mas sempre manteve em alguma medida uma ligação com o universo da música. Segundo narrativas de alguns cronistas e historiadores, quando, por exemplo, o samba de Bendito Lacerda e Heriveto Martins conquistou foliões no carnaval de 1950, a Lapa boêmia, da malandragem, tão decantada na obra musical de Noel Rosa e Wilson Baptista, em certo sentido, já havia virado uma recordação para a maioria da população da cidade (DaMatta, 1978; Matos, 2005).

> [A Lapa] (...) rendera-se a duas pesadas realidades que, vindas da década anterior, a atropelaram nos anos 1940 ao estilo dos rolos compressores, o Estado Novo e a Segunda Guerra Mundial. O regime getulista fechou-lhe os prostíbulos, numa cruzada moralista executada sob o comando de um coronel de artilharia, o chefe de polícia Alcides Gonçalves Etchegoyen. Promoveu uma caçada aos malandros e às prostitutas. Vasculhava pensões, cabarés, clubes, casas de jogos. Queria dar a impressão de que tinha a obsessão da ética do trabalho. A Segunda Guerra infestou a área de marinheiros louros com os bolsos a explodir de dólares. (...) [Esses marinheiros passaram a freqüentar] os bares e cabarés. E neles se instalou a modernização das vitrolas automáticas, imensas (...). A proliferação desses engenhos expulsou as orquestras e pequenos conjuntos que faziam a música ao vivo – violinos, violoncelos e pianos a tocar trechos de óperas, polcas, valsas, tangos, canções ciganas, sonatas, parisienses – até nos botequins mais modestos (Andrade, 1998, p. 16).

Assim, constantemente encontramos representações que associam a boemia carioca à Lapa, região que aparece em diferentes momentos ligada à música e à vida noturna da cidade. O bairro parece ter passado por vários ciclos em que encontramos um enorme conjunto de narrativas que ora falam de uma vida cultural intensa, ora de um ambiente de decadência (Lustosa, 2001).

> A Lapa teve diversos momentos de ressurgimento, seguidos de períodos de crise. O bairro prova que existe um público para a boa música (...). Essa é, sem dúvida, uma característica da vida musical daquele bairro: a qualidade dos grupos que nele atuam. Evidentemente, sempre existem empresários oportunistas que objetivam apenas o lucro pecuniário, e a proliferação de casas acaba por prejudicar a qualidade do movimento. Mas acho que os estados brasileiros em geral têm a sua Lapa... Cada um deles tem sua Lapa particular. E nos faltam elementos para ter uma visão geral do problema do desenvolvimento da nossa

música no Brasil (...). (Hermínio Belo, historiador, produtor e crítico de música popular. Entrevista ao autor.)

É interessante o que diz Belo, que várias localidades têm a sua Lapa. Acredito que todos estejam de acordo que o Brasil possui um grande potencial no setor musical e que várias regiões, em alguma medida, têm "vocação" (Harrison e Huntington, 2002; Morelli, 2002) para concentrar atividades dessa natureza. Entretanto, alguns especialistas e profissionais da música discordam em parte da afirmação acima, especialmente quando enfatizam que, diferentemente de outros lugares de destaque e de concentração da atividade musical do país, a Lapa tem desenvolvido círculos virtuosos de forma mais espontânea, ou seja, *sem* ou contando com *pouca* intervenção ou ajuda do Estado. Aliás, esse Estado sempre é muito questionado pelos atores sociais que ali atuam, direta e indiretamente, por sua ausência na região.

Cabe ressaltar também que a revitalização e o novo destaque alcançado tanto pelo samba quanto pelo choro parecem estar relacionados a esse novo círculo virtuoso vivido pela Lapa e cercanias a partir de meados dos anos 1990.

> Esse *revival* do samba e choro é um fenômeno que vem acontecendo principalmente no Rio de Janeiro, com alguns eventos isolados em outros estados. Ele surge a partir dos espetáculos, não é uma iniciativa das gravadoras... Não é um movimento da indústria fonográfica. Surge nas casas de espetáculo, especialmente da Lapa. (Egeu Laus, Presidente do Instituto Jacob do Bandolim. Entrevista ao autor.)

A partir do circuito cultural constituído naquela zona da cidade, estes gêneros musicais parecem reverberar e alcançar o público de outras localidades.

> (...) olho em volta e vejo grandes notícias para o choro. (...) lideranças importantes no choro estão alargando cada vez mais sua faixa de mercado e de público. (...) Hamilton de Holanda é hoje um nome consagrado na Europa e Marcelo Gonçalves foi o diretor musical do filme *Brasileirinho*, documentário dirigido por Mika Kaurismaki (...) Surgiram novos grupos com propostas as mais diversas, desde simplesmente tocar como um regional de verdade (...), como temperar o regional com um pouco de malandragem pop (...) As oficinas têm se multiplicado e a Escola de Choro em Brasília [e a Escola Portátil do Rio são] uma realidade. (...) Por tudo isso, acho que este é um grande momento para, com um mínimo de apoio oficial, tirar do gueto esta porção mais chique da alma brasileira e tornar o choro [e a Lapa] uma atração tão associada ao Brasil quanto o Corcovado, o Pão de Açúcar e o carnaval. Algo como o que acontece com o jazz em Nova Orleans. Será que estou sonhando? (Cazes, 2005, p. 204-207)

A trajetória de sucesso, por exemplo, da cantora Teresa Cristina – considerada por muitos especialistas como o grande talento da nova geração que se dedica ao samba e ao choro – se confunde com o renascimento recente da Lapa.

> (...) a cantora Teresa Cristina (...) é a nova revelação do mundo do samba. (...) Tudo começou na renascida Lapa, no Centro do Rio, no bar Semente, que deu nome ao grupo. Lá nasceu seu jeito esquivo de cantar de olhos fechados. (...) Das vinte pessoas da primeira noite, o Semente começou a lotar inclusive os bares vizinhos. Apareceu vendedor de cerveja na calçada e a Lapa "bombou", apresentando a freqüentadora do Social Ramos Clube e do Olaria para "patricinhas", "mauricinhos" e "neo-hippies" (Souza, 2003, p. 137-138).

Mas quais teriam sido os momentos mais marcantes deste novo círculo virtuoso da Lapa e arredores? Importantes lideranças e especialistas dão valiosas pistas. Há referências à iniciativa muito pontual do Estado, à ação dos empreendedores e empresários e à articulação de produtores culturais e artistas locais.

> Na trajetória de sucesso atual da Lapa tivemos alguns momentos importantes. (...) A obra de restauração e recuperação da rua do Lavradio, que é um projeto da prefeitura a pedido da Accra. Ela foi inaugurada no dia 4 de maio de 2002. Nós inauguramos o RioScenarium, com música, em 28 de outubro de 2001, quando a obra já estava quase concluída (...). Na realidade, o início de tudo foi com o Corredor Cultural, que é um movimento que surgiu há cerca de trinta anos, organizado pelo arquiteto Augusto Ivan, com um grupo da Prefeitura, e que permitiu a revitalização do Centro. Isso deu um novo incentivo à revitalização do centro histórico do Rio, de suas fachadas... Além do trabalho de base do Corredor Cultural, foi vital essa obra da rua do Lavradio. Antes, isso aqui só era notícia quando o assunto fedia: quando chovia e entrava meio metro de água nas lojas. Aí a Lavradio ia para o jornal como "porta-bandeira". Com a feira de antiguidades, ela passou a ser motivo de boas notas, notas simpáticas e espontâneas dadas principalmente pela mídia carioca. Isso trouxe para a rua mais gente, e, conseqüentemente, houve uma demanda maior pelos imóveis... Foi o momento da construção da auto-estima do comerciante local. E ocorreu o fenômeno das casas com música... Então, com a obra da rua do Lavradio, a feira e, principalmente, com o sucesso do Emporium 100 do Lefê, outras casas de música foram surgindo. (...) Acredito que o Emporium 100 teve um papel fundamental. O Lefê ali dentro com a sua programação musical e os músicos que lá se apresentaram tiveram uma importância muito grande... Eram músicos de qualidade que se apresentavam no Emporium e que depois foram para o Carioca da Gema e para o bar Semente. Eu identifico esta conjugação de fatores como decisivos para o sucesso da Lapa. (Plínio Froes, importante liderança da

Accra e proprietário das casas de espetáculo Mangue Seco e RioScenarium. Entrevista ao autor.)

A proprietária do Teatro Rival, Angela Leal, caracteriza assim a trajetória deste território:

> A Lapa era, antes de meados dos anos 1990, um abandono total, era uma desgraça, e aí começaram a pipocar as pequenas casas. Eu comecei aqui no início da década de 1990. Antes só tinha a casa de espetáculo Arco da Velha. Começou a se desenvolver entre as pessoas que trabalham na Lapa uma filosofia parecida, e o Rival está dando sua contribuição. Os músicos saem da Lapa e lançam seus CDs aqui. Veja a Teresa Cristina, que agora faz grande sucesso. Os músicos tocam nas casas de show da Lapa e no Rival e depois vão seguir com sua carreira. (...) Existe no bairro uma ligação natural do pessoal das casas de show e o Rival. Os músicos que vêm dessas casas dizem que o seu sonho é lançar CD no Rival, seu sonho é tocar no Rival... Porque todas as casas da Lapa têm um quadrado, uma iluminação fixa e um som fixo, e o Rival não. Afinal, trata-se de um teatro com um grande palco... Com outra dinâmica de show. Lá eles tocam e aqui eles se apresentam. Ou seja, é uma relação complementar na região (Angela Leal, atriz, liderança da Accra e proprietária do Teatro Rival. Entrevista ao autor).

Alguns agentes sociais fazem referência também a uma articulação entre músicos, professores e especialistas preocupados em preservar e alavancar o movimento ligado especialmente ao choro, já que o samba sempre se manteve visível ao público e com alguma regularidade e sustentabilidade no mercado.

> O lançamento da *Revista Roda de Choro* em 1996, sem dúvida, foi um importante marco também. Funcionou mais ou menos como um *turning point* para organizar o pessoal do choro e preparar o terreno para os vários shows que depois foram realizados na Lapa. Conseguimos fazer, já em 1997, o centenário do Pixinguinha na sala Cecília Meirelles, com lotação esgotada quando não se imaginava que o choro conseguiria lotar uma sala de espetáculo. Lotou e ainda sobrou gente do lado de fora. Isso até para os músicos foi uma surpresa. O show foi em 25 de abril de 1997 (...). Antes não sabíamos muito bem o que existia em matéria de choro. Havia um grupo perdido lá e outro ali... E as pessoas se comunicavam muito pouco. Pelo menos a mídia e o grande público sabiam muito pouco da existência de um universo do choro tão rico. A Agenda do Samba & Choro do Paulo Neves é outro elemento fundamental nessa difusão... E por conta disso e de outros fatores, uma juventude muito entusiasmada começou a montar alguns grupinhos e ir tocar na Lapa. (Egeu Laus, presidente do Instituto Jacob do Bandolim. Entrevista ao autor.)

A maioria dos atores sociais, em seus depoimentos, parece concordar que a iniciativa realizada pelo músico e produtor musical Lefê foi fundamental para o sucesso atual da Lapa. Alvim, dono da casa de show Carioca da Gema, dá também uma idéia do potencial das casas da região:

> (...) o Lefê, num determinado momento, foi procurar um espaço pra gente fazer uma parceria e nós fomos proprietários do Emporium 100, aquela casa que tinha na Rua do Lavradio 100. Nós abrimos em janeiro de 1997. Sem dúvida nenhuma, nós somos fundadores desse círculo virtuoso atual. Agora, é preciso dizer que a Lapa é centenária. (...) A Lapa teve outros grandes momentos na década de 30 e 40 do século XX. E a Lapa sempre foi musical: aqui tocaram músicos como Pixinguinha, Wilson Baptista, Mário Lago e o próprio Noel Rosa. (...) Pensando na história recente do bairro, acho que as inaugurações do Emporium 100 e do bar Semente foram momentos muito marcantes aqui na Lapa. O Emporium e o Semente chamaram a atenção da mídia, e começou-se a noticiar a Lapa. A Feira do Rio Antigo também, mas a feira veio depois. Eu acho que as casas da região são irmanadas porque elas têm a mesma proposta, o mesmo modo de pensar, têm mais ou menos o mesmo público. (Carlos Tiago César Alvim, dono da casa de espetáculos Carioca da Gema e ex-proprietário do Emporium 100. Entrevista ao autor.)

Em geral, no sistema de representação – no "oceano de sentidos" (Du Gay, 1997, p. 14-15) – dos atores sociais direta e indiretamente relacionados a este circuito cultural, estes são os conceitos e as imagens produzidos. Os "deslocamentos semânticos" da região realizados ao longo da história sugerem ora decadência, ora prosperidade, mas, em geral, ressaltam em alguma medida a "vocação" da localidade para a música e para a vida boêmia.

Identidade local/nacional e memória gerada pela "música de raiz"

Como mencionei no início deste capítulo, parti do pressuposto de que os atores sociais desse circuito cultural da Lapa são hábeis em construir representações e sentidos que legitimem e reinscrevam estes gêneros musicais populares na memória e história nacional, acionando um repertório interpretativo de grande mobilização do imaginário social e dos veículos de comunicação. As representações de um *passado* que circulam na imprensa brasileira e nos repertórios executados nas rodas e shows desse circuito cultural acabam operando como vetores fundamentais que permitem reproduzir e renovar, *naturalizando* estes gêneros no *panteão nacional*. Nesse sentido, vêm possibilitando a legitimação dessas manifestações como "tradicionais", de "raiz", como expressões de uma identidade local/nacional em um mundo globalizado em que há uma forte demanda pelo "local" (Bhabha, 2003). Talvez esse seja o segredo do sucesso da Lapa: atender em alguma medida a essa demanda crescente hoje dos indivíduos que, com alguma freqüência, afirmam que na Lapa se divertem e se "sentem ali mais brasileiros" (Data-UFF, 2004).

> Acho que o sucesso da Lapa está relacionado à própria força simbólica do samba e do choro, com as coisas que representam, suprem uma demanda do momento de construção de uma identidade nacional. Esse vínculo comunitário do samba e o caráter intimista do choro, junto com a valorização da história, tudo isso são coisas que brotaram muito forte na virada do milênio, atraindo inclusive os jovens para a localidade (Felipe Trotta, músico e freqüentador do circuito da Lapa. Entrevista ao autor).

Um contingente já expressivo de autores tem-se dedicado a explorar a demanda atual por referenciais locais, discutindo a relação entre o *global* e o *local* (Bhabha, 2003; Featherstone, 1991), e muitos deles argumentam que a cultura local tem ocupado um lugar importante na dinâmica cultural do mundo globalizado. Hall (1997) procura enfatizar essa questão ao afirmar que, em vez de pensar o global substituindo o local, é possível constatar hoje uma articulação intensa entre o local e o global. Contudo, este *local* não deve ser confundido com antigas identidades, firmemente enraizadas em localidades bem demarcadas. O *local* atualmente opera no interior da lógica da globalização, e parece improvável que a globalização venha simplesmente a destruir as identidades nacionais ou regionais.

De fato, muitos estudos sobre globalização, que antes eram pródigos em denunciar uma homogeneização cultural supostamente crescente, apontam hoje para uma visão menos fatalista. Ianni, um dos primeiros a apontar ambigüidades nesse processo, acredita que:

> (...) a sociedade global continua (e continuará) a ser um todo povoado de províncias e nações, povos e etnias, línguas e dialetos, seitas e religiões. As diversidades que floresceram no âmbito da sociedade nacional, quando esta absorveu feudos, burgos, tribos, etnias, nacionalidades, línguas, culturas, tradições, sabedorias e imaginários, podem tanto desaparecer como transformar-se e florescer, no âmbito da sociedade global. Os horizontes abertos pela globalização comportam a homogeneização e a diversificação, a integração e a contradição (Ianni, 2001, p. 83).

Evidentemente, não se está afirmando aqui que a intensa concentração e internacionalização das grandes empresas de comunicação e entretenimento não colocam riscos, a médio e longo prazos, à diversidade cultural, mas é necessário destacar que o processo é complexo, e que está presente em nossas sociedades atuais uma forte demanda social de "cultura local". Esta percepção é hoje um argumento que povoa também os discursos dos atores sociais do mundo da música para explicar o sucesso da Lapa.

Em outras palavras, a idéia da Lapa como espaço por excelência da música local é algo bastante presente no discurso dos diferentes atores sociais, sejam eles executivos de *majors* ou *indies*, donos de casas de show, jornalistas ou o público em geral.

> Nesse famigerado mercado atual, se a pessoa não encontra qualidade e música local na mídia, nas rádios, nas lojas de discos, vai para a Lapa, onde se toca boa música. Eu acho fantástica a experiência da Lapa, o que está ocorrendo ali. Você não mata nunca a identidade de um povo ou de um país. (...) O renascimento do choro, bem como do samba de roda, é devido a esta vitalidade da música brasileira e do interesse da sociedade pela sua música, cultura. (André Midani, ex-presidente da Warner no Brasil. Entrevista ao autor.)

Segundo Maurício Carrilho, a importância do samba e do choro não é apenas identitária: parece não só legitimar a música brasileira no Brasil e no exterior, mas também abrir espaços de mercado para o reconhecimento por diferentes públicos.

> Em cinco anos, na Acari, nós lançamos no mercado mais músicas inéditas de choro que todas as grandes gravadoras nos últimos vinte anos. Isso faz diferença! As pessoas ficam impressionadas não só com a qualidade, mas também com a quantidade de compositores. Os artistas na Acari se sentem menos sozinhos, passam a se sentir parte de um universo grandioso. Se sentem parte da tradição da música brasileira. Quando um artista faz o choro está agregando à sua música e à sua composição uma história que tem 150 anos. Uma história que é mais antiga que a do jazz, mais antiga que a história do tango, mais antiga que a história de todas as grandes músicas populares produzidas no mundo. Então, essa consciência é que leva as pessoas a buscar informações sobre o passado, sobre a história dessa música, sobre os grandes mestres do passado, e tenham fôlego para criar e renovar o samba e o choro. Estão cientes da importância delas no contexto mundial. Existe uma grande contribuição oferecida ao mundo. Quando você sai do Brasil você vê a receptividade na Europa, no Japão, nos Estados Unidos, na Argentina, no Chile, na Colômbia e outras localidades. As pessoas adoram, têm um grande respeito por estes gêneros da música brasileira. (Mauricio Carrilho, músico e proprietário da Acari Records, gravadora especializada em samba e choro. Entrevista ao autor.)

Assim, a sensação que dá ao analisarmos os discursos dos atores sociais é a de que a Lapa também aparece não só nas representações como um espaço de celebração da identidade nacional, mas também como parâmetro da "música de qualidade".

Isso acontece naturalmente. O Rio de Janeiro ainda é uma grande vitrine cultural, e a Lapa é o que há de mais efervescente hoje na cidade. Então somos contratados para tocar em outros estados e apresentados como músicos da Lapa. É como um atestado de qualidade. Isso também ecoa na Europa e no Japão, que estão antenados com a música brasileira. (Eduardo Krieger, músico freqüentador do circuito da Lapa. Entrevista ao autor.)

Tomando como ponto de partida o livro *A distinção,* de Bourdieu, Freire Filho enfrenta o movediço terreno do debate sobre *gosto* e discute a sua condição de construção simbólica, problematizando sua *naturalização* no país e historicizando o processo de construção dos cânones da crítica cultural no Brasil (Freire Filho, 2001). Em outro trabalho mais direcionado ao campo da música, o mesmo autor analisa (em parceria comigo) práticas recorrentes de boa parte da crítica e dos setores conservadores, fazendo algumas considerações bastante elucidativas a respeito do preconceito e dos obstáculos enfrentados pelas expressões musicais não canônicas no Brasil, geralmente consideradas "popularescas", de "baixa qualidade":

(...) com a expansão de uma indústria cultural e de um mercado de bens simbólicos nativos, o adjetivo *popularesco* passou a freqüentar mais assiduamente as páginas de crítica musical da grande imprensa e as pesquisas efetuadas por jornalistas e historiadores. (...) Num confronto marcado por ofensas, invejas e ressentimentos mútuos, tínhamos, esquematicamente, de um lado, a pavoneada rejeição dos que possuíam nível de educação formal mais alto às "emoções baratas" ou "alienantes" das canções cafonas; do outro lado, a resistência, dentro da órbita da produção e do consumo do *popularesco*, às inquietações políticas e estéticas e autoproclamadas virtudes dos "artistas de elite", dos "intelectuais" ou "pseudo-intelectuais". Ambas as partes se amparavam, com exuberante freqüência, no duvidoso argumento da *autenticidade* para legitimar suas posições: os críticos ressaltavam o impulso exclusivamente mercenário de gravadoras e criadores (ou "criações", "armações"), contrapondo-o à pureza de intenção dos gêneros "de raiz" ou a expressão desinteressada ou politicamente empenhada dos "artistas autênticos"; já os intérpretes humilhados e ofendidos proclamavam sua, digamos, *autenticidade emocional*, contrastando-a com a frieza e a natureza restritamente cerebral de seus algozes – invariavelmente distantes da vivência social e afetiva do povo. (...) A emergência e a expansão de uma cultura de "origem popular" desenvolvida em moldes distintos daqueles idealizados pelas vanguardas artísticas e intelectuais modernas ocasionou, ao longo do século XX, debates acalorados no Brasil, especialmente no campo da música. Note-se, por parte de uma parcela significativa de críticos, historiadores e "especialistas", um empenho crescente para separar o domínio virtuoso do *popular* do domínio vicioso do *popularesco*. (Freire Filho e Herschmann, 2003, p. 347-358.)

Segundo Trotta, no Brasil, algumas formas de música popular atingiram posições de grande prestígio na hierarquia de qualidade musical compartilhada pela maioria da população. Segundo esse autor,

> (...) o marco dessa valoração é a estética desenvolvida a partir do final da década de 1950, conhecida como bossa nova. Os compositores e intérpretes envolvidos com a bossa nova inauguraram uma fase na história da música popular brasileira marcada pela busca pela "modernização". Musicalmente, o estilo se caracteriza por três aspectos que o distinguem do samba produzido até o momento que, sendo a principal categoria musical do mercado de música nacional, serviu de modelo [ou parâmetro] para sua elaboração (...) [pois é uma] música de complexa estrutura melódico-harmônica. A sofisticação desses parâmetros representa uma aproximação dos cânones consagrados da música erudita, conferindo a essa criação um alto grau de prestígio (Trotta, 2006, p. 85).

É possível afirmar que a associação do choro ao samba nesse circuito cultural tende a fortalecer essas representações que sugerem uma "qualidade superior" da música tocada naquela região. Por oscilar entre o erudito e o popular, o choro quando associado a um outro gênero, parece afastar qualquer possibilidade de ver o samba tocado na Lapa pela ótica do popularesco. Em razão disso, a associação do samba e do choro encontrou um terreno propício para a sua naturalização como músicas "de raiz" e emblemáticas da identidade nacional. Gêneros musicais de boa receptividade entre os atores sociais (com capacidade de mobilizá-los, engajá-los) contaram – nas últimas décadas – com o endosso quase unânime da crítica musical e, especialmente, dos profissionais de mídia.

Em outras palavras, com a associação desses dois gêneros musicais na composição desse circuito cultural produziram-se vantagens para ambos: se o choro se converteu em uma "garantia de qualidade" para o samba, o samba por sua vez emprestou um pouco de sua popularidade e espaço de mercado ao choro. Além disso, as possibilidades de transitar e mesclar os dois gêneros vêm permitindo a renovação do repertório musical dos artistas que trabalham com este universo musical. Kriger, instrumentista bastante presente nos últimos anos no circuito da Lapa, ainda destaca que existe uma afinidade musical entre estes gêneros de música: "A instrumentação é similar, ambos podem ser tocados com cavaco, bandolim, violão de sete cordas, sopros. A sonoridade combina. O ritmo também. É muito fácil dançar um choro sambando. São músicas que permitem um requebrado, um jogo de cintura" (Eduardo Krieger, músico freqüentador do circuito da Lapa. Entrevista ao autor).

É preciso assinalar que o samba e o choro são dois gêneros que pertencem a um mesmo ambiente sociocultural, no qual o choro corresponde a uma prática musical essencialmente de caráter instrumental e o samba, seu irmão vocal. Essa diferença entre a música cantada e a música tocada coloca o samba e o choro em espaços distintos no mercado musical, com redes de circulação e importância simbólica diferenciadas. No entanto, "sambistas" e "chorões" compartilham simbologias musicais e dividem os mesmos espaços nas rodas e eventos, sendo extremamente comum ouvirmos sambas em espetáculos de choro e vice-versa, numa fusão que nos faz até mesmo questionar essa fronteira comercial entre as esferas cantada e instrumental da música popular. Por este motivo, é possível entender samba e choro como gêneros afins que possuem as mesmas referências estéticas e sociais.

O choro normalmente é descrito como uma prática musical que surge mais como uma "maneira de tocar" do que exatamente como um gênero musical (Pinto 1978; Cazes 1998). Por volta da longínqua década de 1870, começa com intensidade crescente a desembarcar no Rio de Janeiro um repertório intenso de músicas de baile oriundas da Europa. Polcas, *schotishes*, valsas, quadrilhas e modinhas passam, então, a ser tocadas por músicos de camadas populares, quase sempre escravos, ex-escravos, funcionários públicos e trabalhadores autônomos, entre os quais se destacam os barbeiros (Tinhorão, 1998). Esses músicos, formados a partir de uma longa tradição que misturava práticas litúrgicas, com bandas militares e civis que se apresentavam em festas e cerimônias diversas, passaram a atuar no crescente mercado musical que se estruturava cada vez mais, à medida que o século XX se avizinhava. Sua maneira lânguida e arrastada de executar o repertório prestigiado do período fez que com que se sedimentasse um estilo de execução nomeado de "choro" e, seus artífices, de "chorões". À base de uma instrumentação de violões, cavaquinho e flauta, com ou sem suporte em instrumentos de percussão – entre os quais se destaca o pandeiro – o choro era uma música que freqüentava tanto os salões e festas da alta sociedade quanto os subúrbios e fundos de quintal das camadas urbanas menos favorecidas.

Como conseqüência desse estilo, começou a surgir composições inéditas de chorões ainda no século XIX, desenvolvendo o que se consagrou como momento de invenção de uma nova estética que se tornaria o principal gênero brasileiro de música instrumental. Essas composições, que ganhariam no início do século XX o reforço de outros instrumentistas-compositores e passariam a integrar com destaque o catálogo das primeiras experiências fonográficas nacionais, formam até hoje o repertório referencial do gênero, sua memória musical e fonte de inspiração para gerações futuras[30].

---

[30] A historiografia da música popular brasileira se caracteriza fortemente pela referência a determinados nomes que moldaram o desenvolvimento dos gêneros musicais. Nesse sentido, proliferam produções biográficas que buscam enaltecer figuras importantes, quase sempre compositores, que criaram peças de grande notoriedade para o repertório de cada gênero. Com o choro não é diferente. Nomes como Anacleto de Medeiros, Joaquim Callado, Irineu Almeida, Chiquinha Gonzaga, Ernesto Nazareth, Patápio Silva e Pixinguinha, entre outros, pertencem a uma espécie de constelação de chorões das primeiras décadas de existência do gênero (Cazes, 1998).

Um percurso semelhante foi trilhado pelo samba que, originário das práticas musicais das senzalas, quilombos e rituais religiosos afro-brasileiros, misturou-se aos ritmos urbanos da capital federal no início do século XX pelas mãos de compositores e intérpretes de classes baixas, formadas não só por negros e mulatos, mas também por ex-escravos e trabalhadores braçais do cais do porto e adjacências (Moura, 1983; Tinhorão, 2002). Em torno de suas festas (especialmente relacionadas ao carnaval) criou-se um gênero de música popular que em menos de duas décadas se tornou símbolo principal da identidade musical brasileira (Vianna, 1995; Sandroni, 2001). Tendo como base instrumental opções de percussão formadas principalmente por cuíca, surdo, pandeiro, agogô, reco-reco, tamborim, aos quais foram acrescidos instrumentos do choro (violão, cavaquinho e sopros), o samba se caracteriza por ser uma música cantada por solistas e pelo coro, quase sempre formado por todos os participantes da "roda". Sua realização ocorre idealmente em ambientes informais (terreiros, botequins e fundos de quintais), espaços essencialmente amadores que permanecem até hoje como referências importantes para o imaginário do gênero, a despeito da intensa profissionalização que se verificou durante o século passado[31]. Alguns desses locais se tornaram altamente significativos para o imaginário do gênero, pois representavam espaços de fazer samba que compunham a geografia musical da cidade na primeira metade do século passado. Entre eles, estão as míticas festas na casa da lendária Tia Ciata, os morros onde foram organizadas as primeiras escolas de samba (Estácio, Portela, e Mangueira) e o *lendário* bairro da Lapa, local preferencial de encontros de sambistas e de prática coletiva do samba.

Todos esses fatores terminaram por formar opiniões e por construir um "imaginário social" (Castoriadis, 1982) que naturalizou o samba e o choro na história da música do Rio de Janeiro. A "memória" dos atores sociais de peso, através de suas narrativas, foi tomada como "prova" da importância desses dois gêneros musicais na cultura nacional. Evidentemente, a intensa articulação do samba com o choro no mercado é um fenômeno típico da Lapa, mas que – por sua importância simbólica, pelo apoio da crítica especializada e pela atuação das *indies* na promoção das músicas desse circuito cultural – acaba tendo uma repercussão no imaginário social que vai além das fronteiras do Rio de Janeiro. A Lapa, em certo sentido, vem se convertendo em uma grande "vitrine" nacional e até internacional para o samba e o choro.

Cabe ressaltar a esta altura que a memória e a história não são coincidentes e que muito menos a memória é uma disciplina exclusiva da história. Diferentemente do que sugeria Halbwachs em sua obra pioneira intitulada *Memória coletiva* – na qual

---

[31] Mais uma vez no samba, os nomes de sambistas referenciais que vieram na primeira metade do século XX formam uma espécie de panteão básico em torno do qual o gênero se estruturou. Destacam-se principalmente, Sinhô, Donga, João da Baiana, Ismael Silva, Nilton Bastos, Bide, Marçal, Noel Rosa, Paulo da Portela, Manacéia, Cartola, Carlos Cachaça, Mestre Fuleiro, entre outros (Moura, 1983).

argumentava que a história era de uma espécie de "decantação", de resultado da soma das memórias dos indivíduos (Halbwachs, 1990) –, Le Goff e Pollak propõem considerá-la ligada às representações coletivas, constituindo-se em instrumento de luta, disputas e poder dos diferentes grupos e segmentos sociais (Pollak, 1989; Le Goff, 1994). Como ressalta Le Goff, todos querem ser *senhores da memória* e do *esquecimento* em suas sociedades (Le Goff, 1994). Haveria, portanto, narrativas da memória que se *naturalizariam*, tornar-se-iam oficiais, e outras que tenderiam a se tornar "subterrâneas" ou manter alguma visibilidade social como uma versão minoritária de uma memória social, que não teriam alcançado o *status* de história e, em geral, permaneceriam "vivas" nas representações de grupos sociais, étnicos ou culturais minoritários (Pollak, 1989). Em outras palavras, como enfatiza Pollak, algumas narrativas da memória, nos seus processos de seleção e "enquadramento social", teriam alcançado a condição de "oficiais", contudo, já outras narrativas, apesar do esforço de enquadramento e de *contaminarem* e/ou *ameaçarem* a história hegemônica, podem permanecer na condição de memória de grupos/segmentos sociais.

Para entendermos de forma mais clara esses conceitos e a dinâmica da memória e da história, podemos tomar como exemplo a trajetória do samba. Constataremos que, antes de ser considerado um símbolo da identidade nacional, o samba sofreu perseguições, tal como estilos musicais como o funk e o hip-hop, que são considerados até hoje como polêmicos (encarados como de "qualidade duvidosa" e promotores de uma cultura juvenil "violenta") e continuam sendo vistos pelas autoridades como "provas" de um estilo de vida tido como ameaça ao "corpo social" (Herschmann, 2000; Vianna, 1999). Nas primeiras décadas do século XX, o samba foi intensamente marginalizado e combatido pela crítica especializada e mesmo pelo Estado, pois era visto como uma expressão cultural que enaltecia valores considerados "prejudiciais" – que não ajudavam à consolidação de uma ética do trabalho no país – à sociedade brasileira (Vianna, 1999; Matos, 2005). Em outras palavras, essa expressão cultural já foi parte da memória de grupos minoritários e marginalizados. Sua apropriação posterior por parte de artistas e profissionais de grande respeitabilidade na cena musical – oriundos na sua maioria da classe média – e sua associação a outros estilos/gêneros considerados pela crítica de "melhor qualidade" acabou por favorecer a sua ascensão e integração na memória e história oficial da música brasileira (Vianna, 1999).

O *status* da Lapa como território – "cidade da música" – também foi construído socialmente e naturalizado no imaginário social a partir de vários discursos (Thompson, 1992) – tais como o de músicos, de historiadores, de autoridade e de promotores do turismo – que circulavam na sociedade e eram veiculados constantemente na mídia. Quase todos invariavelmente "(re)inventavam" a mesma tradição (Hobsbawn e Ranger, 1984), exaltando o passado e/ou a necessidade de preservação da memória do lugar como parte da "história oficial nacional". A Lapa, apesar da destruição parcial, ao longo do século XX, do casario colonial que ali existia (Abreu, 1997), é identificada como um cenário ideal para gêneros musicais que evocam tanta "tradição musical", sendo todos esses elementos entronizados no discurso dos setores mais conservadores da crítica musical (Tinhorão, 1969).

A partir do consumo desses "gêneros musicais" (Frith, 1981) – samba e choro –, considerados "autênticos" e de "raiz" (Pereira, 1995), e desse circuito cultural que está localizado no bairro histórico da Lapa, construiu-se uma identidade e um estilo de vida em que os indivíduos são vistos como portadores de um gosto musical que ao mesmo tempo em que é "refinado" e de "qualidade", é também popular. Constrói-se a imagem de pessoas "conscientes", muitas vezes vistas como "tradicionais", "conservadoras", "caretas", especialmente pelo segmento mais jovem da população. Entretanto, a despeito de qualquer crítica, quase sempre reconhecidos como indivíduos comprometidos com o "passado", a "história" e a "realidade sociocultural do país".

Produção das PMEs culturais gerando experiências de alto valor agregado

Vale indagar a esta altura: experiências como esta que ocorre na Lapa são efetivamente sustentáveis? Ou então, indo um pouco mais além: qual é o nível de competitividade das PMEs que atuam na Lapa hoje?

No contexto de debate sobre desenvolvimento hoje, e tendo em vista as experiências bem-sucedidas em algumas regiões do planeta (Cocco e outros, 2003), alguns autores vêm considerando o trabalho realizado com aglomerações de pequenas empresas como um dos campos privilegiados para se pensarem estratégias de gestão eficientes, capazes de integrar o território e de produzir desenvolvimento local sustentável (Guimarães e Martins, 2001; Lastres e Albagi, 1999; Lastres e outros, 2005). Vários autores argumentam que uma articulação eficaz entre PMEs e instituições públicas governamentais ou de fomento e centros acadêmicos de pesquisa e produção de conhecimento poderá resultar em políticas de desenvolvimento socialmente includentes e sustentáveis. Eles ressaltam que as pequenas e médias empresas (PMEs) podem ter um papel fundamental no desenvolvimento local sustentado, desde que demonstrem efetiva capacidade de enfrentar, com sucesso, as situações de alta competitividade dos mercados contemporâneos globalizados.

E as PMEs culturais, qual a sua importância para o desenvolvimento do Brasil atual? Infelizmente, pouco foi tratado a respeito delas na literatura disponível no país, apesar de vir crescendo o interesse pela economia gerada pelas PMEs culturais nas agências de fomento e políticas públicas (Braga, 2003).

E sobre a importância deste circuito cultural do samba e choro para as gravadoras independentes? Qual é a sua efetiva relevância? O dono da *indie* Rob Digital faz o seguinte comentário, bastante sugestivo:

O samba e o choro no Rio vêm experimentando nos últimos cinco anos um crescimento de interesse enorme. Lembro de que quando a gente começou dez anos atrás, a Lapa era ainda um deserto. Tinha ali uma casinha que começou com o Lefê Almeida na rua do Lavradio e que depois virou o Emporium 100. De repente desencadeou-se um processo. O choro puxou muito isso e, paralelamente, o samba vinha demonstrando um vigor novo que era sinalizado tanto pelas velhas guardas e compositores que começaram a ter sua qualidade reconhecida quanto pelo aparecimento de gente nova. O samba atuou em todos os níveis comerciais e, no choro, muito mais no universo das independentes. No samba há artistas de grandes vendagens, de alcance nacional, e há sambistas de muito prestígio, de alta qualidade e que têm alcance só regional. Mas, no Rio de Janeiro, articularam-se estas duas cenas musicais... Num determinado momento passaram a ser um movimento de resistência da música nacional. E olha que o choro parecia fadado à extinção ou a ficar como uma coisinha muito fundo de quintal. E, de repente, houve uma explosão dos dois juntos. (...) E nesse processo de revitalização do samba e do choro como gêneros a Lapa foi fundamental. Aliás, este bairro é muito importante para uma gravadora independente carioca, porque é ali que se podem fazer os shows que implicam menos custos. É ali, através das casas, dos empresários que atuam na Lapa, que muitas vezes são parceiros em discos, que é executada boa parte do repertório independente. Aquele espaço permite que circule, sobretudo na área de samba e choro, mas também fora dela, a música das gravadoras independentes. A Lapa é estratégica: é a vitrine para os independentes no Rio. (...) Este nicho de mercado cresceu muito, e a ida do público aos shows na Lapa foi fundamental para aumentar a vendagem dos discos. (Roberto de Carvalho, proprietário da Rob Digital, gravadora *indie* especializada em música popular. Entrevista ao autor.)

Alguns músicos, como Krieger, arriscam afirmar que "(...) hoje em dia, os grupos que tocam na Lapa são mais importantes para os selos e as gravadoras independentes do que o contrário. É lá que está o público. Vi muitos músicos excelentes que tocam na Lapa se decepcionarem com a atuação de gravadoras que os contrataram. Nada fizeram por eles no sentido de divulgar seus trabalhos". (Eduardo Krieger, músico freqüentador do circuito da Lapa. Entrevista ao autor.)

Um ponto importante a ser ressaltado também é que, apesar de o circuito independente de samba e choro ter construído fortes "raízes" na Lapa, a região não se dedica exclusivamente a esse tipo e música. Se, por um lado, 70% da música que é tocada ali até 2005 estava relacionada a estes dois gêneros musicais, fato que é um indicativo do interesse dos atores e empresários locais em dar certo "perfil" ao território, por outro lado, é preciso reconhecer que não há um impedimento explícito em se tocarem outros estilos musicais. Como nos recorda em um rap Marcelo D2, a Lapa é de todas as "tribos", palco da boemia carioca:

(...) A noite começa em qualquer lugar e acaba é na Lapa / O que era calça branca agora virou bermudão / Mas continua o anel a pulseira e o cordão / Rolezinho a dois, de Mustang 73 / O hip-hop com samba é bola da vez (...) (Marcelo D2, "Malandragem" no CD *Meu Samba é assim*).

Uma visita pelas principais casas de espetáculo do bairro como, por exemplo, Asa Branca, Circo Voador, Teatro Rival, Fundição Progresso e Estrela da Lapa vai revelar que a Lapa é território de vários grupos sociais: roqueiros, forrozeiros, b-boys (do hip-hop), os apreciadores da MPB e da música pop.

Mas qual é a configuração das pequenas e médias empresas que tendem a se aglomerar em torno da música na região da Lapa e arredores? Segundo dados fornecidos pela pesquisa realizada pelo Data-UFF (2004) na região, existem aproximadamente 116 estabelecimentos que movimentam semanalmente mais de um um milhão e meio de reais, distribuídos em 184 ramos de atuação. Isto acontece porque vários estabelecimentos possuem mais de um ramo de atividade. Veja abaixo a relação de estabelecimentos distribuídos pelos seus principais ramos de atuação:

Quadro 1: Estabelecimentos da Lapa (RJ) por ramos de atuação

Ramo de atuação (%)

- Restaurante: 5%
- Lanchonete: 5%
- Teatro: 4%
- Oficina artesã/restauração: 3%
- Bar: 3%
- Antiquário: 2%
- Casa de cultura: 29%
- Casa de Dança/Discoteca: 21%
- Livraria/Sebo: 10%
- Casa de Show: 7%
- Instrumentos musicais: 6%
- Outros: 5%

Fonte: Pesquisa Data-UFF, 2004

Analisando as atividades que são desenvolvidas na região, é possível constatar que quase 50% dos estabelecimentos estão no ramo de bares e restaurantes e que possuem uma segunda atividade ligada à música. Este dado confirma a importância da música como principal força motriz das atividades econômicas que são realizadas naquele território. Na realidade, boa parte da economia da região gira em torno das casas de espetáculo. Alvim tece alguns comentários sobre os diversos segmentos econômicos que atuam na localidade:

> Aqui há o segmento gastronômico, o dos brechós e antiquários, o de estúdio e de arte e o das casas de espetáculo. Algumas têm capacidade para muita gente, como é o caso da Fundição Progresso (cinco mil pessoas), como é o caso do Circo Voador (aproximadamente mil pessoas), como é o caso do próprio RioScenarium (onde cabem aproximadamente mil pessoas). Há também o segmento das casas que têm capacidade de até 300 pessoas, tais como a Dama da Noite, o Centro Cultural Carioca, a Casa da Mãe Joana, o Sacrilégio, o Carioca da Gema, a Estrela da Lapa e aquelas casas coladas ao Asa Branca (...) Há ainda na região o Clube Democrático, que tem uma capacidade maior, devendo caber umas 800 pessoas lá dentro. (Carlos Tiago César Alvim, liderança da Accra, dono da casa de espetáculos Carioca da Gema e ex-proprietário do Emporium 100. Entrevista ao autor.)

A maior parte dos estabelecimentos foi inaugurada nesse novo círculo virtuoso e não tem mais de cinco anos. As principais atividades da região que atraem a grande maioria das 110 mil pessoas que visitam semanalmente o bairro são as realizadas pelas casas de shows que atuam também como bares e restaurantes. Segundo o Data-UFF, em 20% delas, nos últimos anos, vêm se ampliando o quadro de empregados para enfrentar o aumento da demanda.

A maior parte dessas casas de espetáculo emprega, de forma fixa ou temporária, um grande número de profissionais de música, pois realizam, sistematicamente, de domingo a domingo, dois ou três shows para um público que pode variar de 50 a 1.500 pessoas, dependendo das dimensões de espaço, dia da semana ou o interesse pela atração musical.

Nesses estabelecimentos, não só são oferecidos empregos às mais variadas atividades profissionais – tais como segurança, garçom, assessoria de imprensa, etc. – e trabalho às pessoas ligadas ao universo da música (como produtores, técnicos de som, músicos, etc.) em razão da exibição de música ao vivo, mas também ali, direta e indiretamente, realizam-se atividades ligadas à música gravada, especialmente aquela produzida pelas *indies*. Como já foi ressaltado pelos próprios depoimentos de donos dessas gravadoras, os concertos realizados nessas casas de espetáculo, por um lado, são um importante chamariz para a venda de CDs e, por outro, constituem-se também em espaços cruciais de visibilidade e "laboratórios" que permitem descobrir novos talentos da música brasileira. Não é à toa que vários empresários vão ali "garimpar" talentos ou mesmo testar a recepção do público em relação aos seus artistas.

Como nos recorda Krieger, a relação entre empresários e músicos é tradicionalmente tensa:

> Relação de músico e empresário é sempre, num primeiro momento, de desconfiança mútua. Na Lapa não é diferente. Os empresários tendem a ver os músicos como doidões irresponsáveis e os músicos, por sua vez, acham que os empresários são, de um modo geral, inescrupulosos, gananciosos. Claro que essas generalizações são falsas (como qualquer uma) e, muitas vezes, há, sim, grandes parcerias entre músicos, empresários e produtores que trabalham na Lapa. Mas, claro, há também os que exploram os artistas e pagam uma mixaria mesmo. (Eduardo Krieger, músico freqüentador do circuito da Lapa. Entrevista ao autor.)

Outro dado interessante que é possível notar é o de que vários donos de casas de show destacam o apreço, o engajamento dos artistas e profissionais da música que trabalham ali. Evidentemente, já ocorreram brigas entre os músicos e os empresários da região, entretanto, os atores sociais em geral ressaltam um clima caracterizado mais pela harmonia.

Nos depoimentos, exagerados ou não, nota-se que as pequenas empresas da Lapa entendem a sua produção, a composição e a dinâmica de trabalho dos estabelecimentos, segundo certos códigos e valores específicos: dentro da lógica da sua "cultura da produção". No caso dos empresários da região, termos como "parceria", "associação", poder público", "identidade", "Centro do Rio Antigo", "samba", "choro" e "música nacional" aparecem em quase todos os depoimentos concedidos à pesquisa realizada. Podemos dizer que estão na "ordem do dia" e indicam, ainda que com algumas diferenças, uma certa "cultura das PMEs locais", uma certa "visão de mundo" comum da comunidade local, que orienta as ações e a gestão dos indivíduos nas unidades de produção ali localizadas. Em outras palavras, a partir dessa "cultura local", esses atores sociais vêm construindo modelos e estratégias para os seus negócios, veiculando quase sempre representações que exaltam a idéia de cooperação e da região como um espaço de manifestação da música e cultura nacional.

Os profissionais que atuam direta e indiretamente na Lapa ressaltam que a região tem atraído investimentos privados não só porque aquela é uma área boêmia da cidade, mas também porque ali tem se produzido inovação, atividades da chamada "vanguarda musical". Contudo, a maioria também concorda que podem ser feitos investimentos mais concretos na segurança e no embelezamento do bairro, isto é, quase todos consideram estas medidas como emergenciais para alavancar mais desenvolvimento local (Data-UFF, 2004). Em suma, queixam-se porque acreditam que, com algum investimento público na região, o crescimento do território poderia ser ainda mais significativo, porque a região já reuniria, segundo eles, uma série de características que a qualificam como uma microrregião diferenciada.

Alguns empresários e músicos destacam que esse território poderia facilmente se converter em uma localidade muito próspera. Na realidade, sublinham em seus discursos que a Lapa já vem atraindo investimentos e é competitiva, em virtude não só da aglomeração de PMEs que reúne (como no caso dos distritos industriais marshallianos e *clusters*) – da *densidade* produzida pela *trama produtiva* (Marshall, 1997; Fischer, 2002) –, mas também em razão das "externalidades positivas" (Humphrey e Schmitz, 1996) que estão ali presentes.[32]

Os donos de estabelecimentos ressaltam, por exemplo, que o patamar de sucesso da região foi alcançado por iniciativa dos empreendedores locais. Esses empresários parecem estar conscientes de que isoladamente será mais difícil conseguir mais patrocínio para as atividades culturais desenvolvidas ali (em 2004, apenas 14% das casas possuíam algum patrocínio) ou mesmo verba para realizar um trabalho de marketing mais constante com os consumidores (os 40% que investem nesta atividade o fazem de forma irrisória: menos de 1.500 reais). Esses atores sociais estão conscientes de que o potencial daquele circuito cultural advém do interesse e da demanda do público pela experiência musical vivenciada ali.

Entretanto, vale a pena qualificar um pouco as demandas existentes no consumo deste circuito cultural. Bourdieu (1991) recorda-nos que, no processo de consumo, os intermediários culturais, como, por exemplo, designers e publicitários e outros atores sociais, podem desempenhar um importante papel na identificação dos produtos e serviços a certos universos simbólicos. No caso desse circuito cultural, diferentes atores sociais – como jornalistas, empresários, historiadores e críticos –, ao reiterarem certos sentidos e significados associados ao circuito do samba e choro da Lapa na mídia, acabam exercendo em alguma medida este papel vital dos intermediários culturais. Além disso, é como se a demanda social, o desejo de "consumir o passado", o patrimônio arquitetônico da cidade (materializado no velho casario que compõe a paisagem da Lapa), fosse saciada num plano simbólico e de forma potencializada com o consumo de músicas de forte tradição na trajetória de música popular do país. O mesmo ocorre no sentido inverso: a demanda por este tipo de música também é am-

---

[32] As externalidades que são fundamentais para os territórios hoje são: disponibilidade de tecnologias e infraestrutura; quantidade razoável de recursos humanos qualificados; boas relações entre produtores e clientes; transparência e intensa circulação de informações ente agentes e instituições; existência de capital financeiro e cultural; localização e disponibilidade de recursos naturais; existência de uma estrutura institucional sólida e desenvolvida; presença de uma identidade sociocultural que congrega produtores e consumidores; articulação entre as instituições estratégicas – públicas e privadas – em um ambiente democrático e de governança (Fischer, 2002; Guimarães e Martin, 2001).

plamente atendida quando tem como cenário esta localidade. São elementos que compõem esta experiência – de *soundscape* (Chambers, 1993) "não nômade" – de grande valor agregado para os consumidores.

Consumo de música como "resistência cultural"

O público que freqüenta o circuito cultural do samba e choro da Lapa não é o público que em geral consome os produtos produzidos e veiculados pelas *majors*: difere-se um pouco da maioria do público do mercado consumidor de música no Brasil. Conhecer o perfil deste consumidor certamente permite uma melhor compreensão da dinâmica deste nicho de mercado.

O público que consome esta produção é de certa forma um pouco mais elitizado. Poder-se-ia dizer que na Lapa se conforma "um circuito cultural de raiz *chic*": claramente os freqüentadores das rodas, bares e shows de samba "populares" se diferem um pouco do público que habitualmente vai à Lapa (ainda que um número considerável de pessoas freqüente as cenas musicais mais populares espalhadas pelo Rio). As pessoas que vão ali – até pelo menos 2006 – são na sua maioria jovens de faixa etária que varia entre 18 e 34 anos (apesar de 25% ter entre 35 e 60 anos), não são casadas, pertencem às classes A e B e gastam em média 33 reais por programa; têm alta escolaridade (possuem ensino médio e superior), e são muito bem informadas (lêem jornais e acessam internet), declaram-se compradores regulares de CDs e, na sua maioria, moram na Zona Sul e, de modo geral, nos bairros ricos do Rio (Data-UFF, 2004).

É bem verdade também que aproximadamente 25% dos freqüentadores que vêm à região são turistas, o que demonstra a importância que o local vem alcançando para a imagem da cidade e do país. Os próprios órgãos dedicados ao turismo do Rio dão destaque – em seu material publicitário e de divulgação – às atividades culturais da região (Riotur, 2006), e mesmo os profissionais dos grandes hotéis vêm incentivando a vinda dos turistas ao bairro. Aliás, a maioria dos profissionais do setor turístico acredita que a valorização de áreas histórico-culturais como a da Lapa, Cinelândia e Praça Tiradentes pode desempenhar um importante papel turístico no Brasil, na medida em que constrói uma imagem "mais politicamente correta" do país, que não coincida com a idéia de um paraíso do "turismo sexual", hoje hegemônica (Castro, 1999).

No que se refere ao público não-turístico, a maioria afirma que veio pela primeira vez à Lapa por indicação dos amigos e que ali descobriram algo distintivo, bastante característico. Referem-se ao ato de consumir na região como algo que transcende a idéia de consumo tradicional. Afirmam que ali não só consomem música, na visão deles de "qualidade", mas também obtêm grande satisfação por ali se sentirem mais "brasileiros". Apesar de alguns acharem que realizar um programa na maioria das casas de espetáculo está atualmente caro, vários consumidores enfatizam que o ato de consumir este tipo de música ao vivo no centro histórico da cidade, num bairro tradicional da boêmia da cidade, é uma experiência prazerosa (Data-UFF, 2004)[33].

Sobre o impacto da música sobre o território, Straw traz alguns argumentos interessantes. Segundo ele, o consumo da música remodela a concepção dos indivíduos do *espaço*, consolidando uma espécie de regionalismo cultural. Se o cinema entroniza no imaginário mundial cidades como Londres, Paris, Nova York e Los Angeles, a música coloca num lugar destacado localidades como Memphis, Liverpool, Seattle, Manchester e Nova Orleans. Redimensionando este argumento para o universo ibero-americano – de menor projeção no imaginário globalizado –, podemos incluir, além de cidades como Buenos Aires, Havana e Sevilha, o próprio Rio de Janeiro.

Tendo em vista o que já foi tratado anteriormente aqui, o consumo evidentemente não é um ato passivo, pois implica comunicação, um processo de *decodificação* por parte de quem consome. A partir do consumo, se materializariam estilos de vida e *habitus*, que externalizariam também esquemas sociais classificatórios que estabeleceriam processos de identificação e distinção social (Bourdieu, 1991). Nesse sentido, Canclini ressalta a necessidade de desconstruir a idéia de que o consumo necessariamente é resultado de um capricho, de ações irracionais, alienadas, tentando aproximar a idéia de consumo daquela de cidadania. Se a identidade é materializada, em grande medida, pelo consumo: este exerceria um papel sociopolítico fundamental no mundo atual. O consumo, para o autor, "serve para pensar" e permite que avaliemos como nos integramos e como nos distinguimos em sociedade (Canclini, 1995).

Poder-se-ia, evidentemente como sugere Yúdice, relativizar a sua "positividade": questionar a liberdade e a autonomia das opções que diariamente são oferecidas aos indivíduos (Yúdice, 2004). Entretanto, devemos ter cuidado para não "redemonizar" o consumo. Williams recorda-nos que, tradicionalmente, há uma tendência no imaginário social a se valorizar a produção e desqualificar o ato do consumo, associando-o ao hedonismo e à decadência (Williams, 1983). É como se historicamente a imagem

---

[33] Alguns freqüentadores se mostram preocupados com o que eles identificam como um processo de "elitização" da Lapa. Eles temem que a tendência de crescimento dos preços nos bares, restaurante e das casas de show afugente as camadas de menor poder aquisitivo. Alguns atores sociais imaginam que a Lapa pode vir a ser freqüentada no futuro basicamente por membros das camadas A e B ou turistas e, em função disso, pedem a intervenção do poder público para garantir que não seja alterado o perfil democrático da localidade. Garantir que certos segmentos sociais tenham acesso às atividades culturais realizadas ali é, de fato, uma questão importante para ser tratada pelo poder público. Entretanto, a despeito disso, a Lapa é ainda um território de todas as "tribos" e classes sociais. Alguns freqüentadores costumam ironizar também as previsões mais pessimistas e afirmam que: se, por um lado, existe a Lapa dos "bacanas" e dos turistas, por outro, existe também a Lapa dos "duristas". Realmente, circulando no bairro há a possibilidade de constatar que é possível consumir a baixo custo não só petiscos e cervejas vendidas (em geral comercializadas por ambulantes), mas também perambular pelo bairro e se divertir (acompanhando parcialmente os concertos que são tocados nos bares e desenvolver uma sociabilidade intensa e prazerosa).

do consumo na sociedade atual de alguma forma fosse ainda "contaminada" por uma visão religiosa que alicerçou o "espírito e a ética do capitalismo" (Weber, 2002) e que enaltecia uma vida sóbria, sem luxo, dedicada ao trabalho.

É muito comum se referir ao consumo que os indivíduos vivenciam em torno de certos estilos musicais como sendo experiências exclusivamente de "fruição" e "escapismo". Quando estudava o funk no Rio de Janeiro nos anos de 1990, além da intensa marginalização, eu encontrava recorrentemente na voz dos formadores de opinião esse tipo de argumentação (Herschmann, 2000). Independentemente do preconceito social que possa estar relacionado a qualquer expressão cultural – como no caso do funk –, o consumo do universo musical, invariavelmente, ao longo da história recente, esteve relacionado no imaginário social a uma vida "transgressora", "desregrada", "alienada" e "perigosa" (Straw, 2006; Gilbert e Pearson, 2003).

Entretanto, o que se nota quando se investigam as expressões culturais do mundo da música é que mesmo os indivíduos e os grupos sociais que não possuem propriamente uma *agenda política* (como, por exemplo, clubbers e funkeiros) acabam promovendo uma "política da experiência" (Gilbert e Pearson, 2003), da identidade (Laclau e Mouffe, 1987), isto é, fundam um sentimento de "comunidade" (Frith, 2006b), estabelecendo estratégias de distinção social (Bourdieu, 1991).

Analisando o caso específico do circuito samba e choro, podemos afirmar que o consumo de "raiz" que se desenvolve na Lapa acaba promovendo indiretamente "práticas políticas": a) ao reafirmar uma identidade local/nacional que claramente se opõe ou que se coloca pelo menos em tensão com a presença no país de uma cultura transnacional/globalizada homogeneizante e extremamente mercantilizada (é uma espécie de "localismo mais radical" [Bhabha, 2003]) que repercute, em alguma medida, nos meios de comunicação e produz uma imagem do Brasil interna e externamente; b) e/ou ao possibilitar nesse espaço a produção de um forte sentimento comunitário, um "engajamento" dos freqüentadores em torno da "defesa da identidade nacional". Como freqüentemente afirma uma das lideranças da Lapa e principal porta-voz do território, a atriz Angela Leal: "a região é um espaço de resistência." Assim, os consumidores desse circuito cultural – envoltos na aura desse discurso (com maior ou menor grau de intencionalidade ou "consciência") – promovem um "consumo cultural de resistência".[34]

---

[34] É preciso ressaltar também que o consumidor de samba e choro ou que acompanha só o choro se difere um pouco do consumidor que consome o universo musical do samba. Há, em geral, primeiramente uma diferença de classe social: enquanto os dois primeiros são quase sempre consumidores oriundos da classe média, o último freqüentemente é membro das camadas populares da população. Em outras palavras, claramente, o perfil dos primeiros (que consomem samba e choro ou só choro) é o de um público que se considera "sofisticado" e engajado com a temática da valorização da música local/nacional e, por outro lado, os consumidores de samba não necessariamente são vistos como indivíduos "refinados" e "conscientes" da importância de valorizar a cultura do país. Na realidade, estes últimos freqüentemente são vistos como indivíduos alienados, apreciadores da "estética popularesca" ou de "frágil formação educacional-cultural" (Freire Filho, 2001).

Além do freqüente preconceito em relação ao consumo no imaginário social – especialmente o consumo relacionado à música –, é preciso repensar hoje a relação entre produção e consumo. É possível constatar que as fronteiras entre produção e consumo tendem a se fragilizar cada vez mais. Como já mencionei antes, com o incremento da capacidade comunicativa na sociedade contemporânea – a crescente interatividade proporcionada pelas novas tecnologias (Cocco, 1996) –, evidencia-se mais do que um deslocamento de ênfase, no processo produtivo, do pólo da produção para o do consumo; coloca-se em evidência no mundo contemporâneo uma rearticulação entre consumo e produção, deixando claro que o consumo é cada vez mais *produtivo*, isto é, cada vez mais é incorporado, ao menos como informação vital para a organização do processo produtivo. Isso é bastante perceptível no uso crescente dos sistemas de compras *on-line*, através dos quais clientes modulam seus produtos com as características que desejam, ou no peso que as pesquisas de mercado têm na conformação da produção das empresas.

Com isso não se está querendo sugerir aqui que a produção e o consumo sejam coincidentes, que o pólo da produção não tenha um grande poder inclusive de seduzir, de "produzir necessidades" por meio do uso intensivo de narrativas de grande poder simbólico – através da publicidade e de produtos audiovisuais –, ou mesmo que o consumo seja necessariamente um ato com dimensões políticas. Contudo, é preciso repensar o lugar do consumo hoje como um gesto não necessariamente negativo, externo aos interesses e demandas concretos e simbólicos dos indivíduos.

Num mundo globalizado, marcado pela fragmentação e fluidez, o consumo opera não apenas desterritorializando, produzindo experiências de fruição e escapismo. É possível se constituir como, por exemplo, no caso dos consumidores dos shows da Lapa ou de jovens que consomem roupas de hip-hop ou rock, um ato importante que reterritorializa os indivíduos, capaz de produzir um senso de coletividade ou de sentimento público. Assim, é possível afirmar que os freqüentadores da Lapa têm um papel fundamental na conformação desse circuito cultural independente do samba e do choro. É na interação deles com os empresários locais, donos de gravadoras independentes, músicos e representantes de entidades públicas e privadas que vem se construindo esta experiência tão fascinante e importante naquela localidade.

Como já disse neste capítulo, quando tratei da questão da identidade, os freqüentadores da Lapa constroem e externalizam através do consumo um *estilo de vida* que os identifica como sendo pessoas "refinadas" e "conscientes", isto é, com "bom gosto musical" e que valorizam a "cultura nacional", já que consomem gêneros musicais "de raíz", canônicos, extremamente valorizados pela crítica tradicional e considerados como "autênticos" (Bourdieu, 1991; Frith, 1998) pela maioria do público.

O sucesso dos shows ao vivo na região e o interesse dos consumidores têm levado alguns dos empresários e donos de casa de espetáculo a montar lojinhas de venda de CDs e a pensar mesmo na elaboração de selos próprios.

Eu tenho uma lojinha no Carioca da Gema que eu ofereço ao mercado de samba e choro. É para os artistas venderem os títulos que quiserem. Tenho relação com o pessoal de várias gravadoras independentes, como o Roberto de Carvalho da Rob Digital, com o Felippe Llerena da gravadora Nikita e com o pessoal da gravadora Biscoito Fino. Eu ofereço mercado. E todos os músicos que se apresentam na minha casa sabem que podem vender seus discos aqui se eles quiserem. Eu até hoje não consigo entender como é que uma gravadora dessas ainda não fez uma proposta pra mim, pra lançar o CD Carioca da Gema ou o CD Lapa (...). Já pensei até em ter meu próprio selo. (Carlos Tiago César Alvim, liderança da Accra, dono da casa de espetáculos Carioca da Gema e ex-proprietário do Emporium 100. Entrevista ao autor.)

Nesse sentido, é interessante fazer as seguintes indagações: Como tem se refletido este aumento do consumo da música ao vivo do circuito do samba e do choro nas vendas de disco? Quais são os reflexos do incremento desse interesse do público para o mercado? Ao que tudo indica, esse crescente interesse vem se traduzindo em uma melhoria das vendas significativa desses gêneros musicais no mercado. Este fato, indiretamente, tem repercutido de forma positiva no universo das *indies*:

(...) não existe uma quantia milionária, mas acho que é uma quantia seguramente muito maior do que a que você tinha há dez anos. Com certeza. Eu acho que os ganhos devem ter sido multiplicados por pelo menos seis vezes. De seis a dez vezes mais do que rolava há dez anos atrás. (...) A partir da existência da Acari é que as coisas começaram a melhorar para o circuito do samba e do choro. Evidentemente, não se pode tomar este fato isoladamente, mas a Acari foi um dos fatores que deram sustentação a essa idéia de retomada especialmente do choro. Contribuímos para a renovação e revigoração desse tipo de música. (Mauricio Carrilho, músico e proprietário da Acari Records, gravadora especializada em samba e choro. Entrevista ao autor.)

Talvez isso não se reflita tão claramente nas lojas de rua. O que esses estabelecimentos parecem notar é que há um crescimento da produção, da diversidade de discos desses dois gêneros musicais que são lançados, especialmente pelas *indies*.

(...) Sempre vendi bem os discos de samba e de choro. Não sinto que hoje eu venda mais estes gêneros. Talvez se tenha mais lançamentos até porque não se tem mais tantos lançamentos nas mãos das *majors* e sim das independentes. Há, claramente, hoje, um mercado mais pulverizado. (Pedro Tibau, proprietário da loja Modern Sound, no Rio de Janeiro. Entrevista ao autor.)

Outro fator que os consumidores desse circuito cultural destacam como elemento atrativo da Lapa é a questão da *segurança*. Contraditoriamente, essa questão também aparece como um aspecto desfavorável. Apesar de vários consumidores indicarem que muitos avanços poderiam ser feitos no que se refere a oferecer mais estacionamentos e mais tranqüilidade aos freqüentadores (tendo em vista que a maioria considera a cidade do Rio "perigosa"), vários destacam se sentirem mais seguros ali porque a região não atrai tantos grupos que seriam propensos a confusões e brigas como, por exemplo, jovens considerados violentos e rotulados como "pitboys" (Gonçalves, 2001).

Aliás, é possível atestar nos discursos das lideranças locais – que estão tentando superar os obstáculos ainda existentes que dificultam o desenvolvimento da região e que vêm tentando promover, com apoio de algumas entidades públicas, o associativismo na região – certo tom crítico pela debilidade e descontinuidade das políticas públicas que vêm sendo direcionadas a esta área da cidade.

Regulação e associativismo no território

A produção cultural vem ganhando hoje, acertadamente, um protagonismo inédito no debate sobre desenvolvimento. Entretanto, há sempre o risco de se querer implantar políticas culturais que incentivem esse desenvolvimento de forma exógena ou mitificadora, isto é, da mesma forma que, no passado, apostou-se que a comunicação e as novas tecnologias trariam de forma *natural* a modernização dos territórios (Takarashi, 2001). Muitas vezes os especialistas em matéria de desenvolvimento "jogam suas fichas" na crença de que é possível promover o crescimento equilibrado com a implantação de modelos que obtiveram sucesso em outras regiões e países. "O protagonismo atual das políticas culturais pode ser interpretado, nesse sentido, como a reedição da idéia mitificadora do desenvolvimento da teoria da difusão de inovações que mais uma vez deposita nos meios e nas novas tecnologias da informação as bases modernizadoras da economia" (Sierra Caballero, 2005, p. 51).

Apesar desse crescente protagonismo da cultura e dos riscos de se apostar em um determinismo – em saídas simples oferecidas por "receitas redentoras"–, o que chama a atenção na Lapa é justamente que, apesar das tímidas ações de políticas públicas na região e da pouca regulação da indústria da música, o território vem se adensando pela iniciativa dos empresários e de diferentes atores sociais que atuam na Lapa e/ou no circuito independente do samba e choro.

> O empresário que atua aqui não visa apenas ao comercial. Não veio abrir uma outra casa aqui por causa de modismos. Aqui a gente está fazendo história, a gente não está fazendo somente comércio. Então, a união do pessoal da Accra parte daí. Ou seja, são pessoas com um perfil diferente do empresário selvagem que atua no país. Não temos esse interesse, o nosso interesse é buscar a alma carioca, e isso foi o grande ponto de união. Estamos interessados em promover

a identidade brasileira e carioca através da música. Isso nos uniu. Somos uma novidade em termos de empresariado. Somos pessoas que foram à luta e que conseguiram atingir alguns objetivos. Estamos juntos lutando para ter um sistema de iluminação nas ruas e casarios que ligaria os bairros da Cinelândia, Passeio, Lapa e Praça Tiradentes, área que chamamos de Rio Antigo. As pessoas, com esta iluminação prevista no projeto que chamamos de Corredor Iluminado, poderiam andar e desfrutar das atrações dessa região com mais segurança. Acho que isso seria fundamental para contribuir com o nosso sucesso. (Angela Leal, atriz, liderança da Accra e proprietária do Teatro Rival. Entrevista ao autor.)

A experiência na Associação dos Comerciantes do Centro do Rio Antigo (Accra) parece ter sido importante ao reunir as principais lideranças e ter permitido aos atores sociais reconhecer um horizonte comum.

Na associação a gente está sempre se reunindo e sempre ampliando o nosso campo de atuação. Hoje, os comerciantes da Cinelândia e da Tiradentes estão junto conosco. Todas as casas pertencem à Accra, além de alguns bares e restaurantes. A Angela Leal, que tem um trabalho significativo na Cinelândia e no Teatro Rival, é uma pessoa importante. É uma pessoa que senta com a gente, propõe projetos e idéias, vai às reuniões, e já é a vice-presidente da Accra. Participam da diretoria da Accra o Tiago, do Carioca da Gema, o Fortuna, da Fundição Progresso, a Márcia, dona da casa de espetáculo Dama da Noite, que é a presidente... Então, nós temos um grupo que se reúne constantemente... Uma vez por semana, uma vez por mês ou de quinze em quinze dias, dependendo da necessidade. Estamos sempre propondo coisas e sempre preocupados com o que está ocorrendo do lado de fora da nossa porta. Não estamos apenas voltados para o nosso umbigo, para a máquina registradora, como o velho português do botequim. Não é esse o nosso objetivo. O nosso objetivo é concretizar um projeto para a região que seja cada vez mais consistente e de melhor qualidade. Seguimos tentando promover melhorias aqui. Algumas melhorias já ocorreram, principalmente graças ao sucesso da região. Como o Perfeito Fortuna gosta de dizer: "Nós já somos um sucesso, então, a gente tem que brigar para manter esse sucesso". (Plínio Fróes, importante liderança da Accra e proprietário das casas de espetáculo Mangue Seco e RioScenarium. Entrevista ao autor.)

Alvim parece concordar que a Accra foi importante na aglutinação e organização dos atores sociais da região. Inclusive, a partir da associação começou-se a elaborar projetos e reivindicações coletivas que têm sido encaminhadas às autoridades.

A Accra é um movimento que reúne todas as principais casas daqui, do Centro do Rio antigo. Na verdade, um dos objetivos da Accra é permitir que o quadrilátero do Centro da Cidade possa vir a ser exclusivo para pedestres. Um lado deste quadrilátero seria a Rua da Carioca, indo até a Gomes Freire. O outro lado incluiria a Cinelândia indo até a Gomes Freire pela Riachuelo e pela Mem de Sá. Os vértices do quadrilátero seriam a rua do Lavradio e a Rio Branco. Então, a idéia é que as pessoas pudessem circular à vontade, que, por exemplo, pudessem ter três programas na mesma noite, aproveitando as várias atrações culturais da região. O objetivo com isso seria aumentar a circulação, como a gente vê em Olinda, no Pelourinho e em vários outros lugares do Brasil. (Carlos Tiago César Alvim, dono da casa de espetáculos Carioca da Gema e ex-proprietário do Emporium 100. Entrevista ao autor.)

Mapa 1: Pontos culturais, históricos e gastronômicos do Novo Rio Antigo

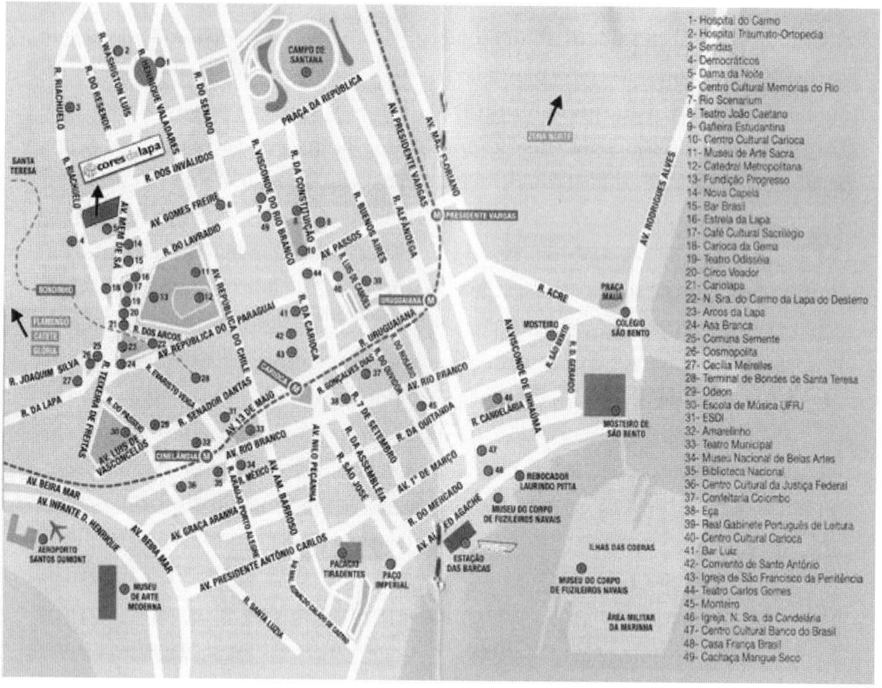

Fonte: Mapa da Lapa in *Guia da Lapa*. (2006, p. 14-15).

Com o fortalecimento da Accra, os atores sociais mais atuantes na região estão conseguindo consolidar ali um pólo cultural, histórico e gastronômico na região. Agências de fomento e políticas públicas, como o Sebrae, estão auxiliando no desenvolvimento de um espírito mais associativo.

> Com o apoio do Sebrae e do Senac estamos, já há algum tempo, fazendo encontros e treinamentos. Estamos tornando realidade o pólo cultural, histórico e gastronômico do Novo Rio Antigo. Isso vai abrir uma série de perspectivas e vai implicar a formação de uma cooperativa ou associação para todas as casas. Só o que nós consumimos de papel aqui, de guardanapo e de papel de banheiro... Você não imagina como ocupa espaço o estoque disso nos nossos estabelecimentos. Poderemos em breve fazer compras juntos, no mesmo local, seja de alimentos, vinhos ou outras mercadorias. De repente, juntos poderemos conseguir com mais facilidade um patrocinador. Poderíamos, por exemplo, só ter uma cerveja na Lapa em troca de patrocínio. Poderia ser uma forma de fazer pressão sobre uma empresa como a Ambev ou de uma outra cervejaria. Com isso poderíamos pagar os custos, por exemplo, do Corredor Iluminado, que é vital para nós. (...) Gostaríamos também de ter um selo de música da Lapa ou do Novo Rio Antigo. Já pensamos nisso também, mas a gente não tem tempo de pensar muito nisso. Então, com esse projeto e em parceria com o Sebrae, criando estrutura para isso, teremos condições de ter pessoas, ter consultores que podem nos monitorar e isso pode passar a ser uma prioridade. (Plínio Fróes, liderança da Accra e proprietário das casas de espetáculo Mangue Seco e RioScenarium. Entrevista ao autor.)

A criação do Pólo Cultural, Histórico e Gastronômico do Novo Rio Antigo no início de 2006 foi sem dúvida um passo importante não só na revitalização da região, mas também porque abriu a possibilidade concreta para que o "sonho" dos empreendedores locais se realize: o de transformar a localidade – nas palavras de Marcia D'Antônio, presidente da Accra – numa espécie de "novo Pelourinho".[35]

Na realidade, o território, aliás, está mais adensado do que parece à primeira vista para quem circula na região. Apesar de a maioria das casas de show contar com profissionais de comunicação para fazer relações públicas ou assessoria de comunicação, seus proprietários garantem que não utilizam matérias pagas, apostam nos espaços que são dados espontaneamente pela mídia impressa.

---

[35] Ver "Centro Histórico do Rio quer se tornar Pelourinho". In: Agência de Notícias do Sebrae, matéria colocada na rede em 24/08/2005 (link: http://asn.interjornal.com.br/noticia.kmf?noticia=3519562&canal=203&total=157&indice=0. Último acesso: 27/12/2006).

A mídia para a Lapa quase sempre foi espontânea. A matéria espontânea tem uma força muito maior do que um anúncio de página. A notinha tem muito mais força, muito mais credibilidade perante o leitor do que uma matéria paga. Sempre fomos muito gratos à mídia carioca, especialmente a impressa. Não é nenhuma apologia minha, é realmente um reconhecimento, porque a gente tem uma resposta imediata. (...) Além dos jornais, temos uma parceria com a MPB FM. Divulgamos sua logomarca nas casas e eles divulgam a programação de algumas casas da Lapa. (Plínio Fróes, liderança da Accra e proprietário das casas de espetáculo Mangue Seco e RioScenarium. Entrevista ao autor.)

Em alguma medida, mesmo os jornalistas que trabalham em veículos tradicionais e de massa parecem se sentir cativados, mobilizados pela música que se toca na Lapa.

A gente tem grandes admiradores na mídia impressa. O Pimentel, do jornal *O Globo*, adora o samba, sempre escreve bem. Já fez crônicas maravilhosas. O Hugo Kurtner também é fantástico. Antônio Carlos Miguel também é ótimo. O Ancelmo Góis, o Joaquim Ferreira e outros importantes jornalistas... Todos são freqüentadores da Lapa. Em geral, os jornalistas são pessoas que gostam e que freqüentam aqui. São pessoas antenadas e que dão uma "colher de chá" pra gente. (Carlos Tiago César Alvim, liderança da Accra, dono da casa de espetáculos Carioca da Gema e ex-proprietário do Emporium 100. Entrevista ao autor.)

A Lapa e o seu circuito do samba e choro têm aparecido indiretamente e de forma espontânea até em um veículo de comunicação bastante interditado à produção musical, especialmente a independente: a televisão.

A novela *Celebridades*, que teve uma participação especial com o Sobradinho da Maria Clara, 'bombou'. Muita gente ficava brincando, dizendo que era o "Carioquinha da Gema". Se você vir o Carioca da Gema, vai constatar que o Sobradinho da Maria Clara foi inspirado na gente. Os escritores da Rede Globo, o Guel Arraes e o Schroeder, freqüentam a casa. Aliás, tem uma galerinha global que freqüenta a casa, e isso foi muito importante. O Dudu Nobre passou a fazer muito sucesso a partir do "Sobradinho" exibido na novela. A mídia televisiva indiretamente, portanto, bombou o Carioca da Gema. Acho que teve uma participação importante da mídia televisiva nesse sucesso recente do samba e do choro. Aos poucos a televisão vai se rendendo. Eu me lembro de que o *Vídeo Show* fez uma matéria de 100 anos de samba com o Miguel Falabela e uma galera que foi muito importante para a casa no nosso primeiro ano de vida. A televisão já cobre, hoje, o dia nacional do samba, o trem do samba. Então, eu acho que a gente está tendo, de uns cinco anos pra cá, um destaque maior na mídia televisiva também. (Carlos Tiago César Alvim, liderança da Accra, dono da casa de espetáculos Carioca da Gema e ex-proprietário do Emporium 100. Entrevista ao autor.)[36]

O que todos lamentam de forma unânime é que o Estado não colabore de forma mais efetiva no desenvolvimento da região, de que não considere a localidade como sendo estratégica e importante.

> O Estado até bem pouco tempo só aparecia aqui na Lapa para fiscalizar, para cobrar imposto. O volume de investimentos na região em geral foi pequeno ou pouco expressivo. Aqui mesmo, na Avenida Chile, estão planificando colocar uma grande laje com um jardim suspenso. São projetos bacanas, são projetos interessantes, mas na Praça Mauá tem uma série de projetos desta natureza que a Prefeitura está priorizando para essa gestão do César Maia. Acho que tem coisas pequenas e prioritárias que poderiam ser feitas na Lapa e com custo infinitamente menor. Eu acho que se pegassem um centésimo do que se está investindo na Cidade da Música na Barra e jogassem na Lapa haveria um resultado fantástico... E precisamos de muito pouco: de um ordenamento para o trânsito, para que o público que vem até as nossas casas seja recebido com decência, de modo que não venha a ter o seu carro arrombado, não tenha o vidro quebrado, tenha um local para estacionar. É preciso que as ruas estejam iluminadas e limpas... Nós temos um projeto que é o "Corredor Iluminado". É uma proposta da Angela Leal para ampliar a área iluminada, reunindo todas as casas da Lapa, Lavradio, Tiradentes e Cinelândia. (...) O que a gente realmente quer são condições para a realização de um projeto de desenvolvimento para a região. O poder público tem que estar com o olhar voltado para essas questões e tem que ver a Lapa de hoje como um sucesso... Tem que vir para somar. A Lapa é um caso raro no Brasil porque é uma revitalização que veio de baixo para cima. Se você olhar, por exemplo, o Pelourinho, vai constatar que tudo foi feito pelo poder público. Uma grana alta de cima para baixo, pela Prefeitura, pelo governo que emprestou dinheiro para reformar tudo e dar condições de desenvolvimento... Infelizmente, aqui na região não. (Plínio Fróes, importante liderança da Accra e proprietário das casas de espetáculo Mangue Seco e RioScenarium. Entrevista ao autor.)

---

[36] Outro exemplo que vale lembrar é o da minissérie da Rede Globo *Chiquinha Gonzaga* (exibida em 1999), que teve grande audiência e, em alguma medida, colaborou na divulgação da importância histórica e na repopularização do choro.

Ainda que a Prefeitura e o Governo do Estado do Rio tenham se mostrado mais sensíveis ao potencial da Lapa em 2005 e 2006, foi possível constatar, nas observações feitas na Lapa e nos depoimentos dados pelas lideranças locais, que a região conta ainda com pouco apoio do Estado e nenhum conjunto de medidas de regulação para o território ou para a aglomeração de PMEs que ali vem se estruturando[37]. Nada impede, por exemplo, que grandes cadeias de casas de espetáculos venham a se instalar na Lapa, desequilibrando o território e enfraquecendo os negócios das pequenas casas instaladas ali e que estão desenvolvendo uma atuação mais associativa. Além disso, não há normas de regulação que garantam que a diversidade cultural local continue sendo uma característica da Lapa. Não existe também nenhuma medida que regule as relações entre os empresários, *indies* e músicos – a não ser o que já está previsto na lei –, garantindo que abusos gritantes não sejam cometidos.

Segundo as lideranças da Lapa, a presença do Estado na localidade ainda é muito tímida. Eles não adotam uma postura muito costumeira dos atores sociais no Brasil: que esperam que as "soluções" partam do Estado. Ao contrário. Em função do empreendedorismo dos atores sociais a região tem uma condição diferenciada. Entretanto, acreditam que a presença de um "Estado parceiro" seria decisiva no processo de desenvolvimento ainda mais acentuado desta localidade.

Segundo levantamento feito pelo Data-UFF, os consumidores e donos de estabelecimento identificam os seguintes problemas como grandes obstáculos a um desenvolvimento mais intenso da Lapa e arredores: segurança, investimentos públicos (especialmente na conservação do mobiliário público e casario), limpeza, estacionamento, iluminação e eventuais enchentes. Estes problemas, segundo os atores sociais locais, poderiam ser facilmente resolvidos com uma presença mais efetiva do Estado.

O que mais surpreende aos atores sociais é que mesmo com todo o sucesso de mídia e público da região, com evidências de um maior adensamento do território, com todos os empregos diretos e indiretos e renda que vêm sendo gerados nessa localidade, as demandas locais são insatisfatoriamente atendidas pelo poder público. O projeto da cidade da música clássica, que será realizado na Barra da Tijuca, parece indicar uma postura tradicionalmente autoritária e o distanciamento do Estado (no caso, do governo municipal) em relação à vida sociocultural da cidade.

---

[37] Na realidade, a Prefeitura do Rio vem mudando sua postura e, ao lado do Sebrae e Senac, vem tentando se posicionar como parceira da Accra. A Prefeitura juntamente com estas entidades vem colaborando em alguma medida para a consolidação do Pólo Cultural, Histórico e Gastronômico do Novo Rio Antigo (ver "Boemia volta ao seu berço" in *Globo.com. Empresas & Negócios,* matéria colocada na rede em 29/10/2006, link:<http://72.14.209.104/search?q=cache:8Sk3ybtqICEJ:asn.interjornal.com.br/site/noticia.kmf%3Fnoticia%3D3519562%26canal%3D203%26total%3D157%26indice%3D0+polo+cultural+do+novo+rio+antigo&hl=pt-BR&ct=clnk&cd=13>. Último acesso: 23/12/2006).

> Quando voltei soube que o prefeito vai fazer um segundo Teatro Municipal, na Barra da Tijuca. Achei tão absurdo como o Guggenheim. Estão construindo um novo Teatro Municipal. Deve ter umas 30 ou 40 orquestras sinfônicas nesse país... não há sentido em se fazer tanto investimento (...) Além disso tocam Beethoven, Bach e outros compositores que não pertencem à cultura brasileira. (André Midani, ex-presidente da Warner no Brasil. Entrevista ao autor.)

Mauricio Carrilho parece externar de forma mais clara o tom de indignação dos atores sociais que atuam naquele circuito cultural e que já alcançou um nível de sustentabilidade.

> Num lugar onde nasceu Tom Jobim, Pixinguinha e Vila-Lobos, as autoridades vão fazer a cidade da música clássica na Barra da Tijuca e decidem não homenagear nenhum deles dando o nome a este empreendimento voltado ao setor musical? Isso demonstra de cara o despreparo, a distância entre os governantes e a cultura ou a vida sociocultural da cidade. Mas, de qualquer forma, apesar de todo este desinteresse, acho que o Rio, em virtude da relação de seu povo com a música e pela grande quantidade de música que vem sendo produzida aqui, continua com essa vitalidade enorme. É uma cidade musical e sempre será. Tem o maior número de músicos profissionais do país e é por isso que a Acari não sobreviveria em outro lugar. Não poderia ter sido criada em outra cidade brasileira. (Mauricio Carrilho, músico e proprietário da Acari Records, gravadora especializada em samba e choro. Entrevista ao autor.)

Uma das principais lideranças da Lapa, Alvim parece traduzir de forma clara o que os atores sociais esperam por parte do Estado.

> Com relação ao poder público, gostaríamos que ajudassem a fazer da Lapa uma espécie de novo Pelourinho. Gostaríamos que o poder público dedicasse à Lapa o mesmo carinho, o mesmo policiamento, a mesma limpeza, a mesma iluminação, a mesma restauração dos prédios públicos. Lá não foi dinheiro de comerciante, foi dinheiro federal (...). Todo turista passa pelo Pelourinho quando vai à Bahia. (...) Infelizmente, aqui está tudo ainda muito bagunçado. Você vê a multidão que freqüenta a Lapa toda semana e não tem um banheiro químico (...) Não dá. Tem que ter uma estrutura mais organizada. A região tem que ser mais preservada, mais fiscalizada, mais policiada, melhor administrada. A gente fez um esforço danado e deu certo, só que infelizmente fizemos até aqui quase tudo sozinhos... (Carlos Tiago César Alvim, dono da casa de espetáculos Carioca da Gema e ex-proprietário do Emporium 100. Entrevista ao autor.)

É preciso não só regular de forma mais efetiva o setor da música – os excessos cometidos pelas grandes empresas do setor –, como também incentivar a sustentabilidade das PMEs culturais de experiências como essa da Lapa. Em razão do nível de associativismo que as empresas vêm gradativamente construindo, talvez o Estado e as instituições de fomento e política públicas pudessem investir mais, dando uma contribuição mais efetiva na conformação de um ambiente de "governança",[38] o qual propiciaria articulações equilibradas entre diferentes atores sociais e instituições, sempre em prol dos interesses coletivos do território.

---

[38] A governança implicaria a construção de um ambiente mais participativo, democrático, em que todos são co-responsáveis e atuam em estruturas descentralizadas e participam das tomadas de decisão; onde os recursos são utilizados de forma equilibrada, associativa ou coletivamente, por meio de parcerias (Guimarães e Martin, 2001).

Parte II

Desafios e perspectivas para a Indústria da Música

Capítulo 2

A indústria da música num contexto de rápidas mudanças

A proposta deste capítulo não é analisar a trajetória da indústria da música marcada por mudanças que estão relacionadas com a intensificação do processo de globalização e também com a intensa presença das novas tecnologias de informação e comunicação. Pretendo aqui contextualizar e analisar de forma breve algumas das transformações que vêm ocorrendo nesta indústria, não só problematizando a relação desta com a cultura da música e com os meios de comunicação, mas também avaliando a sua lógica de funcionamento e sustentabilidade junto a diferentes mercados e territórios.

Trajetória da indústria e da cultura da música

Como todos sabem, a música é uma prática universal comum, portanto, lucrar com esta atividade implica conseguir diferenciar práticas pelas quais os indivíduos estariam dispostos a pagar de outras para as quais não estariam dispostos a despender dinheiro algum. Evidentemente, a música – especialmente a popular – ao longo da história esteve associada a ocasiões e acontecimentos especiais ou festivos e à vida cotidiana. À medida que foi se desenvolvendo a capacidade das sociedades de armazenarem música, ela foi se tornando e se fazendo, cada vez mais, presente no cotidiano, e então começou a se desenvolver a possibilidade de comercializá-la de forma mais efetiva.

As primeiras companhias fonográficas, como, por exemplo, a Columbia, a RCA (que comprou a gravadora pioneira Victor) e a Decca, estiveram mobilizadas desde o princípio da indústria em uma batalha sobre gravações alternativas e tecnologias reprodutivas, visando conquistar assim uma importante fatia de mercado.

> O disco de vinil de 25cm e 78rpm surgiu como hábito nos anos 1930, ainda que a experimentação e a investigação seguissem sendo realizadas. Tinha-se em conta a qualidade do som (...) [levava-se em consideração] a quantidade de música

que podia caber num disco e, assim, oferecer ao público "mais pelo seu dinheiro". Nos primeiros anos do pós-guerra, a Columbia desenvolveu um disco de longa duração (LP) e alta fidelidade de 30cm, a 33rpm. Ao rechaçar o estabelecimento de um padrão industrial comum, a RCA respondeu com o desenvolvimento de um disco de vinil de 17 cm, com um grande buraco no meio e que girava a 45rpm. Depois de vários anos de competição entre as duas velocidades, as companhias se colocaram de acordo e passaram a produzir em ambos os formatos. Em 1952, o LP havia se convertido no formato principal para a música clássica e o de 45 em todos os discos simples para a difusão nas emissoras de rádio populares, nos *jukeboxes* e nas lojas (Shuker, 2005, p. 143).

Os formatos ou suportes[39] são temas significativos para a música popular e proporcionam dados importantes aos pesquisadores que querem estudar a história dos ciclos de mercado, mudanças no gosto dos clientes e novas oportunidades que surgem para os músicos com as mudanças. Os formatos exerceram influência, afetando significativamente a *indústria da música* (com reflexos especialmente sobre o marketing de gêneros e conseqüentemente sobre o comportamento do consumidor) e a *cultura da música*.

Frith ressalta que a cultura da música (popular) é mais antiga e ampla do que a indústria da música; na realidade, a indústria "(...) seria só um aspecto da cultura da música popular" (Frith, 2006a, p. 54). Assim, a indústria da música, para o autor, exerce um importante papel na cultura da música, mas não a manipularia simplesmente, tendo que responder às mudanças que ocorrem na trama cultural. Assim, a cultura da música seria uma imensa rede de comunicação que comportaria, por exemplo, relações diretas entre consumidores/aficcionados, membros de um coro religioso ou laico, entre fãs-clube e bandas, mediações entre companhias fonográficas, emissoras de rádio ou empresas de mídia e pessoas influentes no universo musical.

Mas e a indústria da música? Qual é o seu perfil? De que forma está constituída? Frith afirma que a indústria musical contemporânea foi moldada por sua própria história e, nesse sentido, constitui-se basicamente em:

> Uma *indústria de direitos*, dependente das normativas legais da propriedade e de licenças sobre um amplo espectro dos usos das obras musicais. Uma *indústria de edição impressa*, que facilita o acesso do público às obras, mas que assim mesmo depende da criatividade dos músicos e compositores. Uma *indústria de talentos*, dependente de uma gestão efetiva dos compositores e músicos, mediante o uso de contratos e desenvolvimento de um *star system*. E uma *indústria eletrônica*,

---

[39] Antes da era digital e em rede, a indústria fonográfica utilizou vários formatos, tais como cilindros, discos de vinil (álbuns simples e LPs) e as fitas K-7 (Shuker, 2005, p. 143-144).

que depende da utilização pública e doméstica de diferentes tipos de equipamentos e componentes eletrônicos (Frith, 2006a, p. 61-62).

Sua tese baseia-se, assim, na análise de momentos marcantes da história da indústria da música, isto é, de três revoluções que ocorreram na forma de armazenamento das informações e que configuraram essa indústria:

a) A primeira revolução foi deflagrada pela invenção da prensa, que permitiu o armazenamento das partituras musicais. As partituras não só deram um novo relevo à criação musical, passando a exigir uma capacidade de virtuosidade dos músicos, como também permitiram o desenvolvimento da indústria de edição e, conseqüentemente, de empresas editoriais e de processos de regulação de direitos de autor.

b) A segunda resultou do desenvolvimento das tecnologias de gravação, que permitiram armazenamento em discos e cilindros. A partir daí se passou a ter música em casa, sem necessariamente se dominar o ofício de "fazer música". Os proprietários de direitos agora eram donos dos sons gravados e das obras musicais. Isso gerou ganhos sem precedentes na história da música e expandiu significativamente a indústria: no século XX, os ingressos obtidos pelos usos públicos da música passaram a ser tão importantes quanto aqueles derivados da venda de música gravada. Surgiram as supergravações – "perfeitas" (fruto da manipulação técnica em estúdio) –, que já não eram apenas reproduções fidedignas de interpretações realizadas em concertos ao vivo.

c) A terceira revolução, a atual, está relacionada ao desenvolvimento e à aplicação da tecnologia digital ao universo musical. Essa tecnologia amplia a definição de proprietário de um produto musical – desde a obra em si (partitura), passando pela interpretação (disco), bem como pelos sons empregados (a informação digital) – e as possibilidades de roubo e pirataria. Além disso, ao mudar a composição digital desde a criação até o processamento – tornando o ato de criação musical uma prática multimídia –, intensifica a crise da noção de autoria, tornando mais difícil distinguir os papéis de músico e engenheiro, ou mesmo de criador e consumidor. Esta tecnologia afeta também a circulação e comercialização, produzindo o fenômeno da "desintermediação" (facilitando o contato direto do músico com o público) (Frith, 2006b, p. 56-61).

Negus e Frith caracterizam a indústria da música como um negócio complexo, no qual é preciso adotar uma estratégia de organização que permita gestionar vetores "irracionais" como o "talento" e o "gosto". A organização e gestão de um sistema de catálogo é uma tentativa dessa natureza, mas quase sempre pouco exitosa.

Em outras palavras, esses autores ressaltam que a música se constitui em um *business* marcado mais pelo fracasso do que pelo êxito: quase 90% dos produtos geram perdas, o que acaba criando uma "cultura da culpa" nas empresas (como uma tensão freqüente entre os departamentos de marketing e de Artistas & Repertório) e levando essas companhias fonográficas a adotar estratégias para minimizar esses prejuízos, tais como o desenvolvimento de um *star system* (investimento em publicidade e marketing com as estrelas que já produziram grandes êxitos de mercado) e a utilização de *selos de gênero* (para classificar as músicas produzidas e definir um campo de atuação que resulta em atuar em revistas, programas de rádio específicos, lugares de concentração e concertos, lojas especializadas e sites da Internet) (Negus, 2005; Frith, 2006a). Aliás, o rádio, por sua capilaridade social – pelo menos até o momento – continua sendo a principal instância de promoção de músicas (nacionais ou estrangeiras), e as grandes companhias fonográficas seguem investindo nesse veículo de comunicação uma parte significativa de seus recursos (Stolovich, 2002, p. 10).

Uma outra medida também bastante utilizada para criar parâmetros para esta indústria foi a introdução, há várias décadas, das listas *Top 40* na maioria dos países, mesmos naqueles que tradicionalmente não utilizavam esse instrumento de aferição. As listas tentam oferecer alguma referência para as empresas enfrentarem uma dinâmica em que as diferenças entre gostos de distintos grupos sociais e idades são sutis e fundamentais e a velocidade com que estilos e gêneros mudam ou saem de moda é vertiginosa (Straw, 2006, p. 95).

Evidentemente, cabe ressaltar que essa indústria da música foi bastante condicionada também pelo seu entorno cultural, ao longo dos séculos XIX e XX, dependendo, para o seu desenvolvimento, de mudanças socioculturais, tais como a rotinização do ócio e a popularização do conceito de divertimento; a ideologia do amor romântico e, conseqüentemente, de narrativas narcisistas de sentimento (Frith, 2006a).

Assim, Frith nos recorda que escrever a história da cultura associada à música popular – especialmente do século XX – é analisar o seu deslocamento do plano coletivo para o individual.

> O fonógrafo veio a significar que as atuações musicais públicas podiam agora ser escutadas no âmbito doméstico. O gramofone portátil e o transistor de rádio deslocaram a experiência musical até o dormitório. O *walkman* da Sony possibilitou que cada indivíduo confeccionasse seleções musicais para a sua audição pessoal, inclusive nos espaços públicos. Em termos gerais, o processo de industrialização da música, entendida em suas vertentes tecnológicas e econômicas, descreve como a música chegou a ser definida como uma experiência essencialmente individual, uma experiência que escolhemos para nós mesmos no mercado e se constitui em assunto de nossa autonomia cultural na vida diária (Frith, 2006a, p. 55).

Evidentemente, o fato de ser um consumo musical crescentemente individualizado – pelo menos até o momento atual, em que existe ainda uma clara hegemonia da música gravada – não significa que não ocorra também uma contaminação dessa experiência no espaço público. A música sempre teve uma função coletiva, e mesmo quando compramos discos e revistas ou escutamos rádio fazemos isso com o objetivo também de nos sentir parte de uma determinada coletividade que compartilha gostos e códigos sociais. Podemos perguntar: ver concertos ou assistir a shows na televisão são realizações específicas do âmbito público ou privado?

Nesse sentido, os meios de comunicação tiveram um relevante papel neste processo, ao construir fronteiras entre o espaço público e o privado relacionado a este tipo de consumo, o qual, quando analisado com atenção, deixa transparecer que essas esferas tendem a se embaralhar e contaminar. Na verdade, mais do que a privatização, ocorreu um processo de individualização do consumo musical – a popularização, especialmente através da mídia, da idéia de que a música é um bem de consumo, isto é, algo que as pessoas podem possuir – que foi vital para o desenvolvimento dessa indústria (Jones, 1999).

Música no novo cenário midiático: as implicações da presença e/ou ausência nos meios de comunicação

Os meios de comunicação tiveram muita importância no desenvolvimento da indústria e na formação das comunidades de consumidores: por exemplo, a aliança desta indústria com a televisão (mesmo antes da existência de programas e emissoras ao estilo da MTV), mas principalmente com o rádio, foi fundamental para que essas empresas atingissem o mercado consumidor. Ao lado das execuções de música ao vivo – em turnês e festivais –, outra estratégia de caráter midiático importante para a promoção das músicas da grande indústria é a utilização da aprovação ou do aval de *árbitros* do universo musical, tais como críticos de publicações musicais, programadores de rádio e televisão, DJs que atuam em diferentes espaços, promotores e comerciantes de discos, entre outros. Conseqüentemente, as *majors,* para obterem êxito – ou menos fracasso – necessitam de parcerias com a mídia e com os formadores de opinião. Aparentemente, as *majors* dispõem de poder econômico para isso, mas a operação não é tão simples (Frith, 2006a, p. 74).

Evidentemente, hoje, no mundo globalizado, é cada vez mais evidente não só a forte presença econômica e política dos grandes conglomerados de comunicação e cultura, mas também os processos de concentração de capitais (que oferecem inúmeros riscos à democracia e ao pluralismo nas etapas de criação, produção e distribuição). Mas nem sempre foi assim: as indústrias culturais têm passado por um processo de transformação e expansão significativo nas últimas duas décadas. Como ressalta

Zallo, "(...) de um setor tradicional e protegido, configura-se hoje como parcialmente desregulado, dinâmico, altamente rentável, concentrado e transnacionalizado" (Zallo, 1998, p. 7). Também nessa linha de argumentação, Bustamante ressalta a necessidade de se ter uma presença mais efetiva do Estado, regulando o mercado e propondo políticas culturais que possam defender os interesses locais.

> O gigantismo e a integração vertical e horizontal dos grandes grupos multimídia transnacionais e dos agentes de outros setores aceleraram-se especialmente no âmbito da cultura e da comunicação, ameaçando tanto a livre competição do mercado quanto o pluralismo e a diversidade cultural. Produzindo assim riscos de uma integração que discrimina redes e conteúdos, que promove um maior domínio sobre as pequenas e médias empresas tradicionais ou novas, sobre mercados de massa e de nicho, sejam globais ou locais (Bustamante, 2003, p. 16).

Nesse contexto de alta competitividade e de pouca regulação do mercado mundial, os interesses e os conflitos entre os grandes conglomerados de comunicação e entretenimento, obviamente, podem vir a prejudicar os produtores e distribuidores independentes. Mais do que o risco da imposição e conformação de uma cultura global e da eliminação do pluralismo, convive-se hoje com o risco da polarização, isto é, de a produção dos territórios passar a girar em torno desses conglomerados, com a possibilidade da diminuição da competitividade das PMES e das expressões culturais não hegemônicas (Bustamante, 2003, p. 33). No caso da indústria da música, observa-se um processo de concentração preocupante e acentuado: se, na década de 1980, tínhamos seis companhias transnacionais concentrando 55% do mercado mundial, no ano de 2000 elas passaram a ser cinco, concentrando 70%, e em 2004 eram apenas quatro e controlavam mais de 71,6% do mercado mundial (IFPI, 2005).

Além disso, os grandes grupos se favorecem do seu gigantismo, realizando sinergias entre setores da mesma empresa que atuam em ramos diferentes, tais como o da música, do entretenimento e o da mídia. Isso se traduz, por exemplo, nos poucos espaços oferecidos nos canais de televisão e rádio – principais espaços de promoção da música hoje – à produção independente.

> A crise é da grande indústria fonográfica que está em torno da produção da música brasileira. Obviamente, muitas vezes, essa indústria acaba atrapalhando o desenvolvimento da música brasileira. É o caso, por exemplo, do afunilamento, da interdição de espaço na mídia. Este é um fenômeno grave, de sabotagem e de destruição cultural. É lamentável. (Mario Aratanha, proprietário de uma das mais antigas gravadoras *indies* do país, a Kuarup, especializada em música sertaneja e popular. Entrevista ao autor.)

Portanto, quando não interditam diretamente os espaços nos veículos de massa que são propriedade da mesma *holding*, dificultam a presença das *indies* em virtude da prática recorrente do "jabá", isto é, de subornos que se naturalizaram no cotidiano (Lichote, 2006) em razão de uma cultura enraizada nas rádios e da inexistência de uma atuação mais eficiente das autoridades. A permanência do jabá é também um indício importante da forte presença da lógica mercantil e/ou da força da grande indústria na vida social.

> As grandes gravadoras começaram a comprar horário do rádio, dar propina aos programadores, para tocar ou para deixar de tocar essa ou aquela música, então se institucionalizou o jabá (...) O resultado disso foi a separação da produção local e do interesse do ouvinte pela programação das rádios, e é lógico que isso se manteve durante décadas e acabou formando públicos. Ganhou espaço, assim, uma música de qualidade discutível ou importada que perpetuou o caminho dos grandes sucessos, de fácil reposição (...). Isso é prática recorrente das grandes gravadoras até hoje. (Mauricio Carrilho, proprietário da gravadora *indie* Acari Records, especializada em choro. Entrevista ao autor.)

Os dirigentes das *indies*, portanto, denunciam principalmente o fato de o "jabá" acabar interditando o acesso mais constante às rádios.

> Qual é o comportamento da maior parte das rádios? As emissoras tocam um número muito pequeno de músicas porque são pagas pra isso. Inicialmente, é o pagamento informal do chamado jabá que está mais do que institucionalizado. E isso se multiplica pelo Brasil inteiro. O espaço, portanto, é muito pequeno pra você divulgar a música das independentes. A televisão também exclui. Você vê que os programas todos de grande audiência são programas medíocres e que repetem os sucessos, repetem aquilo que uma gravadora encontrou como nicho de venda e que todas as emissoras de rádio e tevê reproduzem para aproveitar o embalo. Então, você tem uma mesmice que se repete há muito tempo. (Mario Aratanha, proprietário de uma das mais antigas gravadoras *indies* do país, a Kuarup, especializada em música sertaneja e popular. Entrevista ao autor.)

Esse fato é de enorme gravidade na medida em que levamos em conta que a mídia tem grande influência sobre a vida social, e não é diferente nas atividades do setor musical. Como ressalta Kellner, é inquestionável: assistimos na sociedade atual à hegemonia da "cultura da mídia": "numa cultura contemporânea dominada pela mídia, os meios hegemônicos de informação e entretenimento são fontes profundas e, muitas vezes, não percebidas de pedagogia cultural: contribuem para nos ensinar não só a nos comportar, mas também o que pensar e sentir (...)" (Kellner, 2001, p. 10).

Sem sombra de dúvida, vivemos em uma cultura midiática, espetacularizada e performática, na qual formulações identitárias, estilos de vida, bem como as diversas estratégias narrativas que contribuem para a organização de nossa vida social são forjadas no interior do ambiente comunicacional (Herschmann, 2005). Aliás, no mundo contemporâneo, além da espetacularização, outro fator que vem se evidenciando como estratégico e fundamental para o sucesso dos atores sociais ou das empresas – sejam elas grandes ou pequenas – é o da *alta visibilidade*. À medida que o poder da sociedade atual em propagar imagens e "narrativas midiáticas" (Rincón, 2006) cresce, vem aumentando também significativamente a importância da visibilidade. Graças à moderna tecnologia das comunicações, a capacidade da sociedade de criar visibilidade cresceu exponencialmente: televisão, rádio, cinema, televisão a cabo, revistas, *outdoors* e internet possibilitam hoje a transmissão ininterrupta de imagens para o mundo todo, colocando como necessidade vital, para cada indivíduo, grupo social ou organização, a realização cuidadosa de um trabalho – seja ele planificado de forma amadorística ou profissional – de gestão da imagem. Em grande medida, o futuro, o sucesso ou fracasso da trajetória de cada um dependem do desenvolvimento e aperfeiçoamento da capacidade de administrar sua imagem na cena pública (Herschmann e Pereira, 2003).

Entretanto, mesmo com todo esse poder econômico, o que as *majors* desejam principalmente dos meios de comunicação e nem sempre conseguem é que lhes sejam oferecidas matérias de *mídia espontânea* com a mobilização de jornalistas, pois estão conscientes de que a voz do anunciante aparenta ser "forçada", não possuindo a mesma credibilidade junto ao público. Ao mesmo tempo, é preciso ressaltar que, mesmo com toda a influência que têm sobre os meios de comunicação de massa tradicionais, muitas vezes são oferecidos espaços às *indies* nos noticiários, especialmente os da mídia impressa. Isso ocorre graças ao capital cultural que possuem com o público e com formadores de opinião, em razão de estarem mais próximas das novas tendências, das mudanças na cultura local.

> Acredito que a mídia de modo geral está extremamente focada nas questões comerciais e, portanto, está voltada para os retornos comerciais que, a princípio, estão estabelecidos pelas grandes gravadoras. O espaço na mídia conquistado pelo samba e choro foi em virtude do apreço e da amizade dos jornalistas (...) (Egeu Laus, Presidente do Instituto Jacob do Bandolim. Entrevista ao autor.)

Alguns proprietários de *indies* mais otimistas vão mais longe e identificam uma divisão de espaços de visibilidade no mercado da música.

> A imprensa é um grande aliado da produção independente. Da mesma maneira que a rádio e a tevê nos grandes centros bloqueiam o processo de divulgação, a imprensa abre espaço para nós. A imprensa sabe que o seu público gosta das músicas feitas nas *indies*. Sobretudo a imprensa de melhor qualidade sabe que o

público A e B se interessa por essa diversidade da música. É o público que freqüenta esses novos espaços com formato mais cultural. São pessoas que vão, no Rio, à Livraria da Travessa, à Modern Sound, que em São Paulo compram na FNAC. É um público que vai atrás exatamente disso, da diversidade. A rádio está bloqueada nos grandes centros, e por vários motivos. Na Rob Digital, por exemplo, temos uma estratégia de rádio que é a de estabelecer vínculos duradouros com rádios do Brasil inteiro, cativando especialmente as emissoras que não praticam jabá, por regra. Buscamos cativar emissoras comerciais fora do eixo Rio-São Paulo. Buscamos mostrar o produto, mandar sempre os lançamentos. Tem um custo este tipo de estratégia, mas todos sabem que a longo prazo vai gerar um bom resultado. O problema é que as *majors* pressionam muito os veículos de comunicação. (...) Entretanto, dentro dos segmentos das rádios educativas, culturais, rádio MEC e outras rádios públicas, a interação é muito boa. Há uma aceitação *a priori* dos profissionais e do público. Ou seja, há felizmente pessoas em várias rádios do Brasil muito qualificadas e que gostam de música nacional e estão ajudando a mudar um pouco este cenário. (...) De qualquer modo, dentro do segmento independente, o principal canal de divulgação é a imprensa. A imprensa tem uma afinidade com o produto das independentes. Os cadernos culturais são os principais espaços. As revistas também publicam matérias importantes. Infelizmente, não existe hoje uma grande revista especializada em música, mas há várias revistas de perfil e agenda culturais que publicam muita coisa sobre música. (Roberto de Carvalho, proprietário da Rob Digital, gravadora *indie* especializada em música popular. Entrevista ao autor.)

Há jornalistas que reiteram esses argumentos, afirmando contudo que o *lobby* das *majors* por matérias já foi maior no passado e que hoje há mais espaço – ao menos nos jornais – para todos os gêneros musicais e lançamentos de todas as gravadoras.

O *lobby* das *majors* por matérias já foi maior. Elas próprias perderam o poder de barganha que tinham, mas a gente nunca aceitou imposição e o nosso editor é contra fazer acordos. A gente não tem seguido mais esses esquemas de divulgação de gravadoras... Não que a gente fosse influenciado por um anúncio, mas já fomos um pouco mais suscetíveis. (...) Na imprensa nunca teve esse tipo de jogo de comprar espaço como há em rádio e tevê. Agora, existia bastante pressão e um jogo de sedução: as *majors* pagavam, por exemplo, a viagem de jornalistas para os Estados Unidos para fazer o lançamento dos seus discos. Antigamente isso ocorria e gerava matérias de capa. Hoje, a gente não aceita mais isso. Se a gente for convidado a fazer uma matéria e achar que vale a pena dar um espaço legal, beleza. Mas não vamos com nenhuma obrigação de fazer a entrevista e colocar na capa. Às vezes ligam assessores de imprensa e dizem: "Ah, o medalhão fulano de tal fala antes com você se for capa." Não negociamos esse tipo de coisa hoje. Esse tipo de negociação já existiu. Às vezes isso era interessante para o jornal, mas muitas vezes não. O jornalista não representa os interesses do artista ou da gravadora. Não vamos fechar um acordo de capa e depois constatar que a entrevista não ficou legal. (Antônio Carlos Miguel, crítico musical e jornalista de *O Globo*. Entrevista ao autor.)

Entretanto, mesmo os otimistas reconhecem que certos importantes espaços na mídia, como, por exemplo, o da televisão – ao que tudo indica –, estão "interditados" no Brasil, pois dedicam cada vez menos tempo à música nacional em geral, mas não necessariamente às independentes.

A música perdeu muito espaço na televisão nos anos 1960, com o surgimento de toda uma geração, como Chico, Caetano ou Milton Nascimento, que estava ligada aos festivais, aos programas musicais que, gradativamente, foram perdendo espaço, e as rádios foram ficando sufocadas por essa política das gravadoras de tentar impor o que eles querem vender. Então, a mídia principal para a música, que seriam a tevê e o rádio, está difícil de ser acessada pela música brasileira de modo geral. A imprensa especializada em música passa por crivos. A gente tem alguns jornais independentes que não têm muito peso em revista; temos poucas revistas de música brasileira, e a maioria é ligada ao rock, que é um perfil que tem uma tradição de imprensa alternativa. A gente tem uma carência disso. Eu vejo que os grandes jornais dão bastante espaço à música popular, seja no *JB*, *O Globo* ou na *Folha*. É um tipo de assunto que tem um público forte, e os jornais cobrem muito bem isso. A gente não se preocupa em dar uma capa para um artista independente ou de gravadora grande: o importante é se ele tem um trabalho relevante. (...) Abrimos espaço tanto para o samba quanto para o rock ou para a música eletrônica. Ficamos sempre atentos a tudo, e, evidentemente, não acertamos sempre, já demos muitas "bolas fora". A idéia é tentar refletir ali as tendências na música brasileira hoje. (Antônio Carlos Miguel, crítico musical e jornalista de *O Globo*. Entrevista ao autor.)

Com mais ou menos *lobby* das *majors* hoje, a impressão que se tem é a de que, apesar de possuir ainda um enorme poder simbólico, a comunicação não se resume mais aos meios de comunicação tradicionais. É preciso, por exemplo, destacar também a mobilização dos consumidores alcançada através das redes, seja pela internet e/ou pela divulgação boca a boca, e que indicam que os agentes sociais não se movem apenas de acordo com o mercado e as ferramentas de comunicação massivas, mas também em função de questões identitárias/culturais. Paulo Neves, criador do principal site de divulgação do circuito cultural de samba e choro do Rio de Janeiro, desenvolve a seguinte argumentação a esse respeito:

Criei o site Agenda Samba & Choro em 1996. O crescimento da Agenda do Samba & Choro tem uma ligação direta com o crescimento da Lapa no Rio de Janeiro. Uma coisa foi alimentando a outra. Nessa época, comecei a fazer o site porque havia toda essa programação de samba e choro na cidade, mas você abria o jornal e não encontrava nada divulgando. Não tinha absolutamente nada. (...) Eu comecei sozinho, com algumas colaborações isoladas. (...) Hoje em dia, até tem algo de programação de samba e choro no *O Globo*, no *JB* e no *O Dia*... Essa coisa de escrever sobre um tema no meu computador e que é publicado automaticamente para todo mundo já me fascinava. Esse negócio de internet, na verdade, é a maior cachaça, porque você tem um *feedback* automático do usuário. Na verdade, tudo começou como um *hobby*. Na época, só existia praticamente uma revista, a *Roda de Choro,* e que infelizmente acabou logo. Mas, realmente, não tinha espaço na mídia. Era um momento em que os músicos gravavam disco no Japão em vez de gravar no Brasil, não saía nada no jornal. Tinha, no máximo, a Lena Frias, que ainda escrevia um pouco sobre samba e choro no *Jornal do Brasil*. (Paulo Neves, coordenador do site Agenda Samba & Choro, principal referência desse circuito cultural na Internet. Entrevista ao autor.)

É interessante notar que a internet e outras mídias alternativas são referências importantes para o trabalho dos jornalistas das mídias tradicionais, constituindo-se como fontes importantes de pesquisa dos profissionais desses veículos tradicionais.

A internet, hoje, pauta muito a gente. A gente pega muita novidade através da internet e outras mídias alternativas. Eu acho que ainda não tem nenhum fenômeno propriamente nascido na internet que migrou para o mercado normal, mas é um lugar onde circulam muitas notícias. A gente acompanha também as novidades pelas agendas dos artistas. É uma fonte de informação importante, mas nem sempre confiável. A gente tem que ficar *cercando*, até porque um boato infundado pode se espalhar facilmente pela Internet. (Antônio Carlos Miguel, crítico musical e jornalista de *O Globo*. Entrevista ao autor.)

Em outras palavras, mesmo com todo esse poder sobre os veículos de comunicação tradicionais e massivos, isso não significa que necessariamente o oligopólio global da área midiática, cultural e de entretenimento imponha ou oriente o consumo cultural. Negus, por exemplo, ao analisar o caso do setor musical, fazendo uma previsão mais otimista que a de Frith (2006b), recorda-nos que qualquer gravadora – mesmo as *majors* – consegue, em média, obter êxito com um trabalho a cada oito lançados no mercado (Negus, 2005).

Portanto, ainda que de forma tensa e desigual, os meios de comunicação, concomitantemente, cumprem dois papéis na sociedade contemporânea: por um lado, reproduzem e normatizam a estrutura e dinâmica do capitalismo atual e, por outro, constituem-se na principal arena sociopolítica para onde convergem e ganham visibilidade grupos e segmentos sociais; representações hegemônicas e não-hegemônicas.

Ainda que se possa atestar uma saturação da arena política tradicional e um investimento considerável na fruição, isso não necessariamente revela o desinteresse da sociedade contemporânea pelo político. O espetáculo contemporâneo parece indicar a emergência de uma nova arena política – midiática – e a importância da esfera da cultura ou dos fatores culturais como vetores capazes de mobilizar efetivamente os atores sociais. A hipótese que norteia a argumentação desenvolvida aqui é de que a *espetacularização* e a *alta visibilidade*, construídas no ambiente mediático, são estratégicas para que discursos e ações (políticas) alcancem êxito hoje (Herschmann, 2005).

Além disso, parte-se aqui também do pressuposto de que o espetáculo é um traço característico da sociedade contemporânea, mas não necessariamente reflete aspectos negativos a serem extirpados do social, vindo a se constituir numa ameaça à "razão" – ainda que a crise dos "projetos coletivos" e das noções iluministas seja mais do que evidente. Em outras palavras, o espetáculo deve sempre ser analisado criticamente, mas pode ser agenciado por diferentes atores sociais e organizações, podendo estar a serviço da normatização social ou da construção de uma perspectiva ou de ações críticas que coloque em pauta, por exemplo, reivindicações de diferentes grupos sociais.

Mais do que com a simples teatralização, hoje, convivemos com a espetacularização que, a sua maneira, "reencanta" o drama contemporâneo e o mundo. Não é à toa que autores como Gabler argumentam que a vida social – o *self* –, em certo sentido, virou um "filme" (Gabler, 1999). Esse fato, segundo o autor, traz conseqüências para o debate sobre o impacto da espetacularização na sociedade contemporânea. Se, por um lado, o "filme-vida" (a vida como entretenimento) representa um "escapismo", por outro, as narrativas performáticas dos atores sociais são exibidas na nova arena política (midiática), abastecendo-nos de sentidos e significados e orientando-nos no cotidiano[40].

É preciso reconhecer que o espetáculo, como advertem Hardt e Negri, pode estar hoje a serviço do "biopoder globalizado"[41], promovendo experiências não só de fruição

---

[40] Cabe ressaltar que a mídia emergiria como principal espaço de produção e de experimentação da memória e de construção de sentidos. Poder-se-ia dizer que é especialmente no interior dos espaços midiáticos que se travam as disputas simbólicas que engendram referencialidades, ou seja, é nos circuitos midiáticos de produção e consumo que se constroem interpretações do passado e do presente que disputam hegemonia. Para mais detalhes sobre a importância da mídia como um "lugar de memória" e de construção de sentidos, ver Herschmann e Pereira (2003).

[41] Hardt e Negri (2000) retomam o conceito de *biopoder* de Michel Foucault (2004) à luz das observações realizadas por Gilles Deleuze e Felix Guattari (1998), ressaltando que, se nas sociedades disciplinares o biopoder era parcial (portanto, mais passível de resistência), nas sociedades atuais, de controle (e globalizadas), o quadro é mais complexo, pois todo o corpo social é absorvido nas máquinas de poder. As grandes corporações transnacionais não só produzem mercadorias, mas também – através das *máquinas de subjetivação* (compostas por novas tecnologias de informação sofisticadas e pelos meios de comunicação) – se co-produziriam sentidos e desejos.

e escapismo, mas também reiterando e legitimando idéias, ações, valores e códigos sociais. Entretanto, esses autores ressaltam também que o espetáculo pode também ser agenciado pelas minorias e usado como estratégia para se alcançar mobilização social e realizar "resistências", mobilizando diferentes públicos em torno de um conjunto de questões lançadas na cena midiática.

Não se está, portanto, ignorando a função normatizadora dos meios de comunicação sobre o social. Contudo é importante identificar as possibilidades de fazer emergir o "outro" no campo midiático. Possibilidades que devem ser tomadas como meta pelas ações políticas e culturais. Nesse sentido, esse campo midiático pode vir a se constituir numa arena de luta importante de construção de uma realidade social mais plural e democrática. Entretanto, para que isso aconteça é necessário que os atores sociais, em particular os grupos minoritários, utilizem linguagens e "estratégias" adequadas que serão empregadas nas "máquinas de subjetivação" (Deleuze e Guattari, 1998), fundamentais hoje para a (re)construção de sentidos e significados. Está mais do que óbvio que, no mundo atual, o que não tem intensa visibilidade ou não se espetaculariza dificilmente vai adquirir relevância social ou política.

Para além de uma lógica apenas fordista ou industrial

Analisando as dificuldades para se conseguir obter visibilidade e êxito na indústria da música e tendo em vista a complexidade da dinâmica de produção e consumo do mercado, é possível atestar que as *majors* têm um grande capital financeiro (mais poder econômico), mas as *independentes* têm capital sociocultural. Nesse sentido, as *majors,* sempre que possível, tentam se articular com as *indies*, ou seja, na verdade as *majors* e as *indies* não constroem, com freqüência, uma relação propriamente de oposição, mas sim de complementaridade. Na realidade, existe

> (...) um novo arranjo conforme o qual as *indies* descobrem os músicos e logo os vendem ou licenciam os contratos com as *majors* para que os promovam e distribuam. Em muito poucos casos as *indies* têm conseguido lançar músicos em um nível internacional, porque simplesmente carecem de capital e/ou de pessoal para isso. Algumas *indies* esperam que a distribuição pela internet mude este quadro de grande desequilíbrio (Yúdice, 1999, p. 117).

Assim, vem-se produzindo em grande medida, ao longo das últimas décadas, uma espécie de divisão de trabalho entre *indies* e *majors*: as gravadoras e os selos independentes se especializaram na exploração inicial de novos artistas, e as grandes companhias do disco controlam a produção musical dos artistas "descobertos" (em geral pelas *indies*) que tenham potencial para fazer sucesso em uma escala massiva (o que significa um amplo controle e exploração, por parte dessas empresas, das etapas de promoção, difusão e comercialização).

Mesmo levando em conta que a balança tem pendido a favor das *majors*, é preciso reconhecer que as *indies* possuem um pouco mais de sustentabilidade hoje.

> Os independentes se tornaram viáveis economicamente de forma gradativa, tanto é que a Kuarup existe há trinta anos. Mas se você me pergunta dos anos 1970 pra cá, o que aconteceu de mais significativo foi isso: por um lado, o esplendor e a decadência da grande indústria, por outro, uma fragmentação das *indies* e uma perplexidade muito grande de todos os profissionais dessa área. Muitos não sobreviveram a tantas mudanças e crises, tanto como executivos quanto como empresas. As próprias multinacionais se reorganizaram de uma forma muito típica delas, quer dizer, cortando despesas, diminuindo gastos, forçando muita gente que estava sob o "guarda-chuva" da grande mãe multinacional, da grande gravadora, a sair. Abriram, com isso, espaço para que as pequenas e as novas se organizassem e crescessem. (Mario Aratanha, proprietário de uma das mais antigas gravadoras *indies* do país, a Kuarup, especializada em música sertaneja e popular. Entrevista ao autor.)

Podemos a esta altura perguntar: como está constituída a indústria da música atual? Quais são as suas características? Como as *indies* vêm se tornando competitivas e alcançando êxito?

Para entender isso, é preciso analisar as mudanças estruturais que ocorreram na grande indústria e as dificuldades que essas empresas vêm enfrentando. Yúdice argumenta que, "(...) a partir dos anos 1980, as grandes gravadoras já não se concebiam como simples produtoras e distribuidoras de música, mas sim como conglomerados globais de entretenimento integrado, que incluem a televisão, o cinema, as cadeias da indústria fonográfica, as redes de concertos e mais recentemente a internet, e a difusão por cabo e via satélite" (Yúdice, 1999, p. 116).

Nesse sentido, Negus também enfatiza que

> (...) a indústria fonográfica (...) procura desenvolver personalidades globais que possam ser veiculadas através de vários meios – gravações, vídeos, filmes, televisão, revistas, livros, – e mediante também a publicidade, endossando produtos e o patrocínio de bens de consumo (...). No final do século [XX], a indústria da música é um componente integral de uma rede globalizante de indústrias interconectadas de lazer e entretenimento (Negus, 2005, p. 1).

Boa parte dos autores que analisam essa temática da perspectiva da economia política da comunicação costumam pensar a indústria da música como uma produção fordista. No entanto, sua prática parece indicar mais do que a lógica massiva de uma simples linha de montagem. Parece conviver nesse tipo de produção uma dinâmica também mais flexível, de cunho pós-fordista (Lasch e Urry, 1994). Negus, em sua pesquisa sobre as *majors,* parece chegar à mesma constatação:

> (...) desde sua aparição no século XIX, o negócio da música gravada (e a indústria editorial das partituras nas quais se baseiam muitas práticas de trabalho) foi organizado nos moldes de uma produção de pequena escala e com vendas dirigidas a nichos de mercado instáveis, junto à elaboração de grandes êxitos bombásticos (a maioria das gravações que saíram à luz no século XX nunca se comercializou ou foi vendida a um público de massa). Além disso, desde seu início, a indústria fonográfica empregou diversas atividades de marketing e promocionais, legais e ilegais, em pequena escala e baseadas em equipes, como estratégia para se aproximar dos consumidores através de práticas que poderiam ser etiquetadas como flexíveis (Negus, 2005, p. 41).

Nesse sentido, para alguns autores, como Frith e Negus, há outros fatores que são determinantes para o sucesso da produção musical atual –, tais como a informação e o conhecimento – crescentemente segmentada (Frith, 2006a; Negus, 2005).

Aliás, nos últimos anos, alguns autores argumentam que, principalmente nos países mais desenvolvidos, vem-se fazendo a gestão e a transição para uma *nova economia,* a qual se caracterizaria justamente pela aplicação da informação e do conhecimento na busca da geração de valores agregados associados aos produtos e serviços, produzindo assim importantes reflexos nos processos produtivos e operações comerciais (Castells, 1999; Shapiro e Varian, 2000). Consideram que o capitalismo atual mais uma vez ampliou suas fronteiras, refuncionalizando os processos e relações sociais de produção, segundo as exigências do capital. Ou seja, o capitalismo hoje não é apenas industrial/fordista e/ou pós-industrial/pós-fordista (Piore e Sabel, 1984; Harvey, 1992), mas também uma espécie de capitalismo do conhecimento ou *cognitivo* (Cocco e outros, 2003).

> (...) Na verdade, é conformador do novo modelo de mediação, é a exploração intensiva da produção imaterial como eixo da desarticulação e organização do desenvolvimento social. A esta nova forma de governança vamos denominar "Capitalismo Cognitivo", para designar um sistema cuja lógica de valor baseia-se na difusão do saber e na produção do conhecimento hoje como disciplina e que coloniza também setores como o ensino, a produção cultural, a investigação e o desenvolvimento, a inovação tecnológica ou, em geral, a indústria do entretenimento, sempre em consonância com as necessidades expansivas do capitalismo pós-fordista. Definimos o Capitalismo Cognitivo como um modelo de integração mundial regido por interações e fluxos de informação constantes e acelerados entre países e o controle e a subjugação total de toda atividade social pelo capital (Sierra Caballero, 2005, p. 56-57).

Corsani, todavia, vai mais além e identifica uma ruptura, isto é, a mudança de paradigma no capitalismo atual,

> (...) a passagem de uma lógica de reprodução para uma lógica da inovação, de um regime de repetição para um regime de invenção. Nossa hipótese de trabalho é que as transformações em curso não constituem mutações no âmbito do paradigma do capitalismo industrial. Elas põem em evidência a passagem do capitalismo industrial a algo que poderíamos denominar *capitalismo cognitivo*. (...) No período fordista, a inovação já existia, mas apenas como exceção, pois a valorização repousava essencialmente sobre o domínio do tempo de reprodução de mercadorias padronizadas, produzidas com tecnologias mecânicas. O tempo em questão era um tempo sem outra memória senão a corporal, a do gesto e de uma cooperação estática, inscrita na divisão técnica do trabalho e determinada segundo códigos da organização científica do trabalho. No pós-fordismo, esta exceção, que era a inovação, torna-se regra. A valorização repousa então sobre o conhecimento, sobre o tempo da produção, de sua difusão e de sua socialização, que as novas tecnologias de informação e comunicação permitem como tecnologias cognitivas e relacionais. A um tempo sem memória, tempo da repetição, opõe-se um tempo da invenção, como criação contínua do *novo* (...). (Corsani, 2003, p. 15-17).

Capitalismo Cognitivo ou não, de fato, nota-se que com o impacto das novas tecnologias de informação e comunicação (NTICs), o crescimento da competitividade, a intensificação da globalização e a crise da economia de escala (fordista) vêm transformando o mundo atual.

Na literatura especializada, apesar de algumas discrepâncias entre os autores, costuma-se de modo geral caracterizar a transição ou coexistência do fordismo para o pós-fordismo da seguinte maneira (Lastres e Albagi, 1999; Cocco e outros, 2003; Cocco, 2000; Piore e Sabel, 1984):

a) Empresas: identifica-se um processo de flexibilização das estruturas das organizações, com a fragilização das fronteiras (interna/externa) das empresas, e de flexibilização da produção, com o emprego de novas tecnologias e a redução radical dos estoques.

b) Mercado: passagem de uma produção massiva, estandardizada, para uma produção mais segmentada e customizada.

c) Relacionamento com os consumidores: de um processo pontual (centrado no momento da venda) e unidirecional passa a ser um processo constante (no qual a venda é apenas um momento do relacionamento com os clientes) e caracterizado pela multidirecionalidade (interatividade). Com o emprego das NTICs, há uma ampliação da capacidade comunicativa das empresas e dos consumidores, em especial destes últimos, que passam a estar mais presentes no processo produtivo (através, por exemplo, de demandas *on-line*).

d) Comercialização/Distribuição: com a utilização das NTICs, abre-se a possibilidade de se efetuar um processo tanto de desintermediação quanto de diversificação das formas de comercialização e distribuição (emergência de circuitos alternativos e de novos modelos de negócio *on-line*).

e) Conhecimento: passa a ser um fator primordial, capaz no dia-a-dia de agregar valor aos produtos e serviços e de gerar diferenciais competitivos para as empresas.

f) Estratégias de venda: há uma transição do emprego de estratégias que sejam capazes de *seduzir* os consumidores para estratégias de *fidelização* de clientes. Nesse processo, a interatividade e o agenciamento de repertórios simbólicos na geração de experiências desempenham um papel importante.

g) Contratos e dinâmica de trabalho: reconhece-se uma mudança na dinâmica laboral. Do trabalhador que atua na empresa como funcionário e que efetua atividades nos departamentos realizando tarefas manuais e/ou intelectuais passa-se a ter um trabalhador temporariamente contratado ou terceirizado que age de forma pró-ativa e em rede, realizando trabalho imaterial.

h) Inovação: passa a ser crucial a sua realização, sem a qual a empresa não pode gerar grandes diferenciais competitivos. A inovação pode se traduzir em um novo *know how* ou em alta tecnologia gerada pela empresa, mas é principalmente desenvolvida a partir de conhecimentos tácitos, do *general intelect*,[42] da cultura agenciada do entorno direto e indireto da empresa.

i) Resultados: é possível identificar não só uma hegemonia do setor de serviços sobre a produção industrial, mas também dos produtos imateriais sobre os materiais.

Podemos esquematicamente expor num quadro (a seguir) as *mudanças* e *continuidades* da indústria da música, à luz dos dois paradigmas que coexistem no mundo contemporâneo.

---

[42] O conceito marxista de *general intelect* ou *intelectualidade de massa* é aplicado para compreender a mais-valia gerada pelas informações e conhecimentos que são disponibilizados através da cooperação social ou que estão disponíveis para serem agenciados nos circuitos de produção e consumo (Marx, 1997; Lazzarato e Negri, 2000; Gorz, 2003).

Tabela 1: Continuidades e rupturas na indústria fonográfica

Tópico	Fordismo; Industrial	Pós-Fordismo; Pós-industrial; Economia da Informação do Conhecimento; Capitalismo Cognitivo
a) Empresas	Conglomerados organizados em unidades produtivas (fabris): estrutura organizacional hierarquizada e departamentalizada; terceirização de selos/*indies*; gravadoras independentes pouco competitivas e isoladas.	Pequenas e grandes empresas organizadas em rede: associativismo e parcerias (competem e cooperam); *indies* mais competitivas e organizadas em associações e arranjos produtivos.
b) Mercado	Massivo: nacional e transnacional	Segmentação (pulverização de nichos de mercado): local e glocal
c) Relacionamento com os consumidores	Unilateral pelos mercados e mídias: processo pontual e difusão Lojas e mídias tradicionais (rádio e tevê)	Interativo pelas redes: processo constante e interativo (internet)
d) Comercialização/ Distribuição	Tradicional: através de lojas, *megastores* e supermercados	Alternativos: através da internet (site e/ou desintermediação do processo), de pontos de venda alternativos e de vendas em shows
e) Conhecimento	Mais um recurso entre outros: dados quantitativos de vendas da indústria nos mercados nacionais/internacionais	Diferencial competitivo: estudos quantitativos e qualitativos de comportamento e tendências dos inúmeros nichos de mercado local/glocal
f) Estratégias de venda	Mecanismos de difusão/sedução entre os consumidores: publicidade; listas *top* 40; *star system* dos artistas; supervendas; *lobby* com os formadores de opinião; catálogo dos gêneros musicais; megashows ou grandes festivais	Mecanismos de interação e co-produção com os consumidores: articulação e mobilização dos consumidores; ferramentas de marketing e design; emprego de repertórios simbólicos em sintonia com a cultura local; pequenos e médios concertos e festivais
g) Contratos e dinâmica de trabalho	Contratos: fixos, grande *cast* de artistas, *staff* de publicidade e de Arte & Repertório. Trabalhador: empregado da empresa	Contratos: temporários e *downsizing*. Trabalhador: colaborador/parceiro da empresa
h) Inovação	Sazonal: desenvolvimento de tecnologia e *know how*; renovação/criação de novos gêneros	Constante: desenvolvimento a partir também de conhecimentos tácitos e/ou da cultura local; resultados obtidos através de apropriações e colagens (ato de samplear), repertórios simbólicos, ritmos e sons.
i) Resultados	Produtos e mercadorias: Discos de vinil, DVDs, CDs e outros suportes físicos	Bens imateriais ou serviços: Videogames, *ringtones*, concertos ao vivo, bancos de música *on-line* à *la carte* ou por *assinatura*

Fonte: elaboração própria

Estas mudanças e continuidades na indústria da música lançam desafios, transformando o regime de acumulação da grande indústria e provocando a emergência de novas formas de organização da produção e do consumo: novos modelos de negócio. O que podia parecer, num momento inicial, mero redesenho da economia industrial, através da terceirização, gestão de qualidade e/ou a implementação de uma gestão cada vez mais *online* de estoques, é, na verdade, um deslocamento da própria função produtiva para as atividades imateriais ou "trabalho imaterial" (Lazzarato e Negri, 2001; Gorz, 2003).

Aliás, o *trabalho imaterial* – e ainda tudo aquilo que em geral está relacionado, por um lado, à circulação e, por outro, à inovação – encontra-se no cerne de um novo padrão de acumulação que vem se articulando e se colocando em tensão com o regime de acumulação industrial e cujos processos reprodutivos vêm, surpreendentemente, tornando-se imediatamente produtivos. Assim, crescentemente, as informações geradas nos vários estágios de consumo podem, quando sistematizadas pelas empresas, ser utilizadas no processo produtivo. Houve um incremento da capacidade comunicativa da sociedade atual, e isso vem afetando a maneira como a sociedade produz e consome (Cocco, 1996). Cabe destacar que, apesar da ascensão do trabalho imaterial, a atividade tradicional (que opera com velhas divisões como trabalho intelectual e manual) não desapareceu, mas progressivamente se articula às tarefas imateriais. Mesmo quando se emprega basicamente a força muscular nas tarefas produtivas, esse ato implica hoje, também, em algum nível, o armazenamento e a sistematização de informações (Lazzarato e Negri, 2001).

Essas mudanças não poderiam ter acontecido sem a integração crescente das Novas Tecnologias de Informação e Comunicação (NTICs) aos processos produtivos, principalmente no que diz respeito à constituição de um emaranhado de redes sociais e técnicas que sustentam a cooperação produtiva, não mais restrita ao chão da fábrica. Claramente, a fronteira entre o ambiente interno e o externo das organizações vem se fragilizando: cada vez fica mais difícil o indivíduo dizer se está no ambiente de trabalho ou doméstico, bem como precisar se está realizando uma tarefa profissional ou de lazer (Gorz, 2005). Basta examinarmos o dia-a-dia de um trabalhador terceirizado que, em sua casa, realiza diferentes atividades simultaneamente nas "várias janelas" abertas do seu computador. Ele pode e deve estar operando ao mesmo tempo em múltiplos ambientes, nos quais trabalha, se diverte, joga, cumpre funções rotineiras, etc.

Graças a isso, cada vez mais se imagina uma organização menos pela sua dimensão física e mais pela dimensão imaterial que engloba redes técnicas e sociais (Lazaratto e Negri, 2001). Em outras palavras, as NTICs foram determinantes na incorporação das atividades de comunicação – atividades imateriais – como um momento estratégico da produção e do processo de agregação de valor a produtos e serviços. No momento atual, Mattelart ressalta que se pode notar a presença crescente de uma "intelectualidade de massa" (ou *general intelect*) na emergente sociedade pós-fordista. Entretanto, ele observa que, diferentemente do que apregoam os apologistas da mudança, não se desenvolveu uma sociedade da criação e da cognição libertada das amarras do produtivismo, ao contrário, vem ocorrendo um processo de intensificação da exploração do capital humano (Mattelart, 2006, p. 156-157).

Nesse contexto – de transição de um paradigma de produção (ver tabela 1) –, constata-se que as empresas do setor da música, como outras que trabalham com idéias e ativos imateriais, vêm, de modo geral, superando em competitividade as tradicionais empresas industriais (Romero, 2006). Assim, inúmeras empresas de música que estão focadas apenas na produção em grande escala e que não estão empenhadas em perceber tendências e atuar em nichos de mercado maiores vêm tendo dificuldades de obter êxito. Grande parte da "cultura do fracasso" da indústria da música está relacionada a uma incapacidade dos profissionais deste setor de entenderem e saberem enfrentar essas mudanças de paradigma produtivo. Não é sem motivo que um significativo número de *majors* adota como estratégia importante a busca de uma aliança com os selos independentes. O fato é que várias *majors* demonstram dificuldades de flexibilização e vêm buscando, através de sua articulação com as *indies,* incorporar novas estratégias para enfrentar os novos desafios do mundo capitalista atual.

De acordo com Hardt e Negri (2000), percebe-se uma crescente hegemonia de um novo tipo de trabalho – imaterial, intelectual, afetivo e tecnocientífico – que não constitui um recurso específico de determinada combinação fabril. Trata-se de um recurso geral que advém do território, do tecido social e cooperativo dos próprios fluxos comunicacionais que se tornam produtivos. A produtividade depende dos níveis de subjetividade e está crescentemente relacionada aos níveis de socialização comunicativa do trabalhador. Esses autores enfatizam, portanto, que certas qualidades das atividades produtivas relacionadas à sua dimensão comunicacional e lingüística liberam-se dos parâmetros rígidos e padronizados dos modelos de produção de outrora, assumindo contornos mais fluídos.

Para que o trabalho imaterial de fato agregue valor e produza vantagens competitivas para as organizações, é necessário que realize a mediação entre os vários territórios por intermédio da informação. Suas tarefas não consistem mais na execução de um fim particular, mas em modular, variar e intensificar a cooperação social (Lazzarato e Negri, 2001).

Assim, quando as *indies* investem na articulação com os atores sociais e na cultura local, estão realizando um trabalho dessa natureza (imaterial). DJs e produtores musicais locais fazem um trabalho crucial de mediação entre a produção independente e os nichos de mercado cada vez mais pulverizados em diferentes territórios. Assim, quando a EMI contrata uma cantora como Teresa Cristina da *indie* Deckdisc – que está profundamente articulada à cultura local e ao território da Lapa –, está capitalizando o trabalho imaterial e a produção flexível já realizados por alguns profissionais e pelas pequenas empresas do setor.

Obviamente, não estou querendo dizer com isso que a tradicional estratégia das *majors* em investirem em artistas capazes de produzir "supervendas"[43] – em escala nacional/internacional – não seja mais empregada e exitosa. Continua sendo a principal estratégia adotada por essa grande indústria em transformação hoje. A mesma indústria que parece ter um perfil mais fordista quando lança um CD ou DVD do U2, da Madonna ou do Coldplay é a mesma que busca flexibilizar sua produção, articulando-se a pequenos selos independentes e/ou quando faz contratos (muitas vezes temporários) com jovens que foram capazes de mobilizar um público expressivo utilizando internet, tais como Arctic Monkeys (na Inglaterra) ou Bonde do Rolê e Cansei de ser Sexy (no Brasil). E é em razão disso que se parte do pressuposto aqui de que este momento é mais de transição do que propriamente de ruptura de paradigma produtivo.

Mesmo com o êxito alcançado em vários momentos por essa tradicional estratégia das *majors,* é possível identificar algumas mudanças que sugerem a presença de uma lógica mais pós-fordista nas empresas do setor. Primeiramente, reduziu-se significativamente a ocorrência de supervendas, mesmo de artistas de renome. Nos últimos anos, o número de artistas que alcançam este nível de vendas se reduziu drasticamente, a ponto de várias associações nacionais e internacionais de música estarem pensando seriamente em promover a diminuição dos índices de vendas que eram associados às premiações dos discos (como, por exemplo, de ouro, platina ou diamante). Em segundo lugar, é cada vez mais evidente a dependência crescente das grandes empresas em relação aos profissionais que realizam trabalho imaterial de grande peso simbólico no imaginário dos consumidores, como os marqueteiros e designers. E, finalmente, a constatação de que muitas das grandes empresas de música – que hoje são setores dentro dos grandes conglomerados transnacionais de informação e entretenimento – reduziram tanto suas dimensões (com a redução do *cast* de artistas contratados e da estrutura das empresas pelo emprego da prática do *downsizing*, bem como do estabelecimento de parcerias com os selos independentes) e praticamente terceirizam a maioria das suas atividades, seja na produção, distribuição ou vendas.

Boa parte das estratégias empresariais hoje visa produzir algum nível de integração das organizações com os territórios. Nessa integração deve-se destacar o papel dos colaboradores (eventuais e regulares), consumidores e atores sociais de outras organizações (parceiras e competidoras). Eles disponibilizam informações nas redes técnicas e sociais que podem ser armazenadas e aplicadas estrategicamente pelas instituições.

Aliás, todos potencialmente podem se tornar voluntária ou involuntariamente coprodutores, pois as informações disponibilizadas pelos atores na vida social podem ser incorporadas às atividades do trabalhador imaterial, seja, por exemplo, pelos inúmeros bancos de dados *on-line* existentes hoje na internet, seja pelo emprego das inúmeras câmeras que acompanham a circulação dos indivíduos nas grandes cidades.

---

[43] As *majors* investem em artistas que demonstram capacidade de sobrepujar a concorrência, iniciando assim um "círculo virtuoso" que poderá converter um determinado disco em um campeão de vendas (que geralmente está nas listas dos mais vendidos). Com o aumento das vendas, cresce o espaço ocupado pelo artista ou pela banda nos veículos de comunicação e, conseqüentemente, seu protagonismo no público (Buquet, 2002, p. 79-80).

Portanto, a sociedade como um todo, em alguma medida e de modo crescente, vem participando da produção, sendo cada vez mais difícil distinguir as fases da produção e do consumo, o tempo do trabalho e do lazer ou os limites do espaço interno e do espaço externo das empresas.[44]

Inovação no *business* da música

Nesse novo cenário em que emergem desafios, os profissionais devem ter cada vez mais como meta a busca incessante de inovação e de estratégias que permitam agregar valor a produtos e serviços. Mas o que significa inovar hoje e como isto seria realizado no âmbito da indústria da música?

A contribuição da teoria econômica shumpeteriana e neo-schumpeteriana foi fundamental para um questionamento da abordagem da teoria neoclássica (Schumpeter, 1950 e 1982; Freeman, 1974). A inovação passou a ser considerada simultaneamente como um fator estratégico e estrutural (tornou-se um elemento dinâmico, transformador da estrutura, mas também influenciado pelo aparato político-institucional da indústria), sendo definida como o uso produtivo de conhecimento manifestado no desenvolvimento próspero e na introdução de novos produtos, processos e/ou serviços. A inovação passou a ser reconhecida como sendo o ponto central para a riqueza econômica e o bem-estar social, sendo classificada por sua complexidade, ambigüidade e risco. A inovação, portanto, é hoje considerada "(...) como fator básico de competitividade econômica sustentável, associando-se às transformações de longo prazo na economia e na sociedade" (Redesist, 2006).

Alguns autores defendem que a inovação é mensurável, mas nem sempre é assim. Se nos referimos à inovação que gera grandes saltos evolutivos e está baseada em produção de novo *know how* e tecnologia, é possível aferi-la em alguma medida, pois gera propriedade intelectual (PI) e *copyrights* (Gusmán Cárdenas, 2003, p. 94-96). Entretanto, a inovação que é alcançada por meio de agenciamentos do capital social ou das externalidades positivas produz vantagens competitivas para as organizações – gerando experiências e percepções distintas dos consumidores de produtos e serviços capazes de conquistar os clientes –, mas não resulta necessariamente em direitos de propriedade, sendo difícil mensurá-la.

---

[44] No ambiente criado pela valorização das atividades imateriais, os trabalhadores, evidentemente, estão sendo mais explorados, porque, para agregar valor às suas atividades, precisam ser capazes de lidar com grande volume de informação segmentada (oriunda de vários territórios) e operacionalizá-la cooperativamente nas redes, demonstrando autonomia de decisão no processo produtivo, polivalência e criatividade num ambiente de intensa competição. Antes a empresa era caracterizada por vários departamentos e hierarquias, com informações centralizadas em chefias. Agora, a empresa tende a se constituir de forma horizontal – em rede – e em setores mais integrados internamente e direta e indiretamente com o entorno social (Hofstade, 1999).

Cabe ressaltar que a inovação também não se limita ao produto: uma empresa pode ser altamente inovadora sem vender um produto tecnologicamente superior ao de seus concorrentes. Pode-se inovar de outra forma, e isso pode ter reflexo sobre o sucesso da companhia. Em outras palavras, pode-se alcançar grande êxito investindo tanto no processo de fabricação quanto desenvolvendo novas estratégias de gestão da relação da empresa com os consumidores e, de modo geral, com o mercado (Schumpeter, 1950 e 1982; Porter, 1980; Dosi e outros, 1989; Freeman, 1974).

Portanto, inovar seria criar algum produto, serviço ou processo que seja *novo* para a unidade de negócio. Tushman e Nadler (1986) distinguem dois tipos de inovação: a) a de *produto*, ou seja, quando há mudança no produto que a organização faz ou no serviço que ela fornece; b) e a de *processo*, que é a mudança na forma como um produto é feito ou um serviço fornecido.

Seja mais focado no produto ou no processo, recorrentemente considera-se inovação como sinônima de grandes saltos evolutivos e técnicos, produzidos pelo homem. Evidentemente, esse tipo de inovação mais facilmente identificável pelo grande público oferece grandes vantagens competitivas às empresas. Assim, quando a Sony lançou o *walkman* ou a Apple o reprodutor de MP3, iPod, estavam promovendo uma "revolução no mundo dos usuários de música" e associando de forma significativa o nome da companhia à idéia de qualidade, da oferta de um produto de ponta. Entretanto, o desenvolvimento dessa estratégia encontra duas dificuldades no horizonte: primeiramente, seu custo é muito alto e exige, muitas vezes, anos de pesquisa por parte das empresas e, em segundo lugar, não há nenhum impedimento de que as empresas concorrentes copiem em boa medida os novos produtos da companhia líder do setor (dentro dos limites estabelecidos pelo sistema de *copyright*), o que acaba gerando um emparelhamento da qualidade e da tecnologia dos produtos que são oferecidos no mercado mundial.

Como então uma companhia se destacará no mercado utilizando como estratégia apenas esse tipo de inovação cara e demorada?

Na realidade, a inovação na maioria das vezes hoje é produzida de forma constante, numa escala micro e a partir do agenciamento de elementos simbólicos, ou melhor, na gestão de fatores culturais. A inovação tecnológica de significativo impacto – como, por exemplo, a invenção da máquina a vapor, do transistor, do chip ou do microcomputador – é bem mais sazonal e episódica do que parece, mesmo porque seu custo é bastante elevado. A inovação mais corriqueira no universo produtivo ocorre como resultado de apropriações e agenciamento de informações que estão disponíveis no cotidiano: são realizadas a partir de dados que circulam através das ferramentas e sistemas de comunicação e/ou que são percebidas pelos atores sociais (autônomos ou de uma empresa) como significativas na sua relação face a face com o consumidor/usuário e o entorno cultural. As ferramentas de comunicação, como, por exemplo, os bancos de dados *on-line,* ajudam muito nesse processo de apropriação, fornecendo informações atualizadas das demandas dos consumidores. Os bancos de dados também são acionados quando uma empresa cria uma campanha de marketing para renovar um produto que não pode desenvolver nos seus departamentos de pesquisa por falta de recursos. Nesse caso, a busca de inovação se dará na realização de um plano simbólico (cultural), criando-se uma campanha que esteja em sintonia com as tendências de consumo dos consumidores. A gravadora Biscoito Fino vem crescendo nos últimos anos e se consolidando como uma empresa do ramo fonográfico de porte médio no Brasil porque vem executando uma estratégia – bem-sucedida – em que a companhia vem priorizando o investimento em músicas nacionais e que, em sua maioria, goza de um status quase canônico junto a crítica especializada. Seus gestores vêm construindo junto ao público a imagem positiva de uma empresa que é comprometida com a cultura nacional e em difundir "música de qualidade". Além disso, vem investindo na qualidade gráfica e da informação dos encartes que acompanham os seus CDs. Certamente, é uma empresa que não consegue competir com as *majors* no terreno das estratégias corporativas massivas e que dificilmente inovará no plano tecnológico, contudo, tem sido exitosa junto a um segmento A e B que aprecia MPB e a chamada "música de raiz".

Outro exemplo ainda poderia ser o caso de um grupo de música eletrônica funk que freqüenta os estádios de futebol e que utiliza aparatos eletrônicos para *samplear* os bordões cantados pelas torcidas dos times sabendo que isso *atualizará* o seu trabalho em certos segmentos sociais. Tal como os exemplos das empresas mencionadas, o grupo de música aciona um capital social disponível/público e inova ao se apropriar dele na sua produção, sabendo que esse capital social permitirá sensibilizar de forma mais contundente o público.

Assim, a inovação hoje não passa apenas pelos setores de pesquisa e desenvolvimento de uma organização, como freqüentemente se imagina, mas especialmente pelas redes sociais em que estão imersas as organizações, ou seja, depende de uma articulação das empresas nos territórios em que atuam. As empresas, nesse contexto, devem procurar hoje ser não somente um núcleo irradiador, mas também um nó interativo e aberto na rede, desenhado em grande medida pelas trajetórias de cooperação social, do contrário não conseguirão "fidelizar seus clientes" e conviverão com o "encalhe" dos estoques de seus produtos (Newell, 2000). As organizações estão cientes de que devem buscar cada vez mais saber – através dos vários recursos comunicacionais disponíveis, pesquisa qualitativa e análises desenvolvidas pelos seus funcionários – o que interessa ser comprado pelo exigente consumidor atual e que demanda produtos cada vez mais segmentados ou mesmo personalizados. A produção precisa atender às suas necessidades objetivas e simbólicas, os clientes precisam se sentir culturalmente identificados, pois do contrário podem procurar outros concorrentes que ofereçam condições melhores. Sem conhecer a cultura local, a empresa não perceberá que tipo de produção (e com que características culturais) cativará os clientes (Pereira e Herschmann, 2002).

A indústria cultural que quer ser inovadora e competitiva hoje disponibiliza no mercado *experiências*, porque não só este tipo de enfoque é mais integrado e permite à companhia se dedicar ao produto e ao processo (isto é, na forma como se relaciona com os clientes), mas também porque é uma estratégia de alto valor agregado que dificilmente pode ser copiada pela concorrência.

Assim, as PMEs que estão reunidas no circuito cultural independente da Lapa e que têm como epicentro os concertos de música ao vivo de samba e de choro inovam porque vendem uma experiência que fascina e mobiliza os consumidores que freqüentam a região. Os concertos e as atividades culturais e de entretenimento realizados no Centro Histórico do Rio têm um grande impacto sobre o imaginário social da população. Consumir samba e choro tendo como pano de fundo a paisagem da Lapa inova por se colocar em sintonia com um nicho de mercado que demanda "identidade de raiz". Esse tipo de experiência é bastante valorizado em um mundo globalizado e, em grande medida, desterritorializado, marcado pelas mudanças rápidas e por processos de homogeneização cultural.

Sustentabilidade da produção local nos territórios

Não é só a cultura local que é vista como uma *solução*, um elemento importante no processo de inovação e de competitividade da produção regional; a própria idéia de "local" emerge no mundo globalizado como *locus* de uma nova utopia, capaz de aglomerar políticas alternativas de resistência e de desenvolvimento, especialmente com a crise do Estado-Nação e do Estado de Bem-Estar-Social (Klink, 2002; Ascelard, 2002).

Mas, de fato, o local, ou melhor, a produção regional ou dos territórios pode ser competitiva hoje? Aliás, pode-se indagar o que torna uma região ou um território[45] competitivos hoje:

> A competitividade já não depende dos recursos naturais ou energéticos, da base industrial tradicional, da posição geográfica, da acumulação de capital ou da vontade política de um Estado protetor. A competitividade do território depen-

---

[45] O *território*, segundo Urani, compreende um determinado recorte de espaço cognitivo que: a) possua sinais de identidade coletiva (sociais, culturais, econômicos, políticos, ambientais, históricos, etc.); b) mantenha ou tenha capacidade de promover uma convergência em termos de expectativas de desenvolvimento; c) promova ou seja passível de uma integração econômica e social, no âmbito local. Os territórios, portanto, se caracterizariam: a) pela articulação entre as empresas e pelo relacionamento com outros agentes do local; b) por certa regularidade e intensidade nos relacionamentos e nas articulações entre os diferentes tipos de agentes sociais; c) pela construção de confiança e cooperação; d) e pela troca sistemática de informações e conhecimento que possibilite aprendizagem e ganhos comuns (Urani, 2004, p. 510-511).

derá, sobretudo: a) do funcionamento eficiente do sistema urbano-regional, especialmente no que se refere à mobilidade dos serviços básicos; b) da inserção nos sistemas de comunicação de caráter global e da boa informação dos agentes sociais e econômicos sobre os processos mundiais; c) da qualificação dos recursos humanos (não unicamente dos extratos sociais superiores); d) do apoio público aos agentes econômicos e sociais por meio de políticas de "protecionismo exportador", favorecendo as sinergias e a inovação continuada; e) das instituições políticas representativas, eficazes e transparentes que atuem segundo normas claras e estáveis em suas relações com os agentes privados; f) da definição de um projeto de cidade (ou de região) e de marketing do mesmo; g) da governabilidade do território baseada na coesão social e na participação cívica (Borja e Castells, 1997, p. 183).

Evidentemente, em um mundo globalizado, as grandes cidades são espaços com maior capacidade de competitividade, são locais de concentração e organização do capital. Frente à fragmentação e descentralização do mundo globalizado, grandes megalópoles vêm-se constituindo em núcleos articuladores do capitalismo mundial (Ortiz, 1998, p. 27-28).

Além disso, os territórios são importantes hoje pelo que podem representar para as PMEs:

> (...) apresentam-se como o âmbito que dispõe dos recursos econômicos, sociais e institucionais necessários para a constituição de redes de cooperação entre as PMEs. Além do mais, como acontece, por exemplo, nos distritos industrais italianos, é o território, na sua dimensão social, o elemento que favorece a aprendizagem coletiva, a difusão das inovações tecnológicas e a construção das relações de confiança entre os empreendedores, a sociedade local e as instituições públicas. A importância territorial vem crescendo, à medida que a globalização está colocando fora do alcance dos governos nacionais os parâmetros econômicos, sociais, institucionais e legais que costumavam estar sob seu controle. Ao mesmo tempo, as trajetórias de desenvolvimento dos países estão ainda mais ligadas à competitividade de suas regiões, às fraquezas e às forças de suas economia locais (Urani, 2004, p. 510).

Tendo em vista as características da indústria da música e do capitalismo atual, a grande questão para as economias locais ou nacionais é saber se a indústria cultural regional, especialmente a organizada a partir das PMEs – principal organização responsável pela geração de emprego e renda, especialmente nos países em desenvolvimento –, tem alguma capacidade de se tornar competitiva, sustentável. Assim, neste livro avaliam-se o nível de sustentabilidade das PMEs do circuito cultural independente da Lapa e a sua capacidade de trazer desenvolvimento para a região. Assim, considerei aqui como *território* esta região que compreende parte das localidades da Lapa, Cinelândia e Praça Tiradentes, as quais estão compreendidas nas fronteiras do pólo cultural que vem se estruturando neste espaço geográfico. Evidentemente, para se evitar uma perspectiva muito compartimentada da vida socioeconômica da localidade – e procurando perceber os riscos e as oportunidades que vêm surgindo no horizonte para esta microrregião em função desta aglomeração produtiva –, buscou-se, na medida do possível, levar em conta também a dinâmica deste território com o seu entorno: tanto o Centro da Cidade quanto o restante da área metropolitana do Rio de Janeiro.

Aliás, no contexto contemporâneo, é possível identificar alguns riscos e oportunidades para os pequenos produtores ou atores sociais locais que atuam na indústria da música, seja em pequenas cidades/províncias ou em grandes metrópoles. Dentre os riscos poderíamos listar:

> (...) a) o incremento do crescimento e gigantismo dos grupos transnacionais; b) a redução do quadro dos funcionários que trabalham nesta indústria; c) a canibalização entre novos e velhos atores sociais que atuam nesse setor (fusões, *downsing*, etc.); d) a intensificação da integração vertical entre produção e redes de distribuição (pouco espaço para os independentes); e) o lento e desigual acesso às novas redes; f) a dificuldade de tornar rentáveis os novos negócios digitais (segurança, hábitos e costumes, etc.); g) e o incremento da pirataria generalizada exaurindo a indústria. [E, dentre as oportunidades, poderíamos destacar:] a) articulação e parcerias mais efetivas entre atores sociais tradicionais e novos; b) o investimento e valorização dos conteúdos locais (interesse e hábito de consumir música local); c) menos barreiras para a entrada e afirmação no mercado dos produtos independentes; d) a expansão do mercado dos produtos locais (descoberta e valorização de novos talentos e produtos regionais); e) o sucesso de novos modelos de negócio (especialmente os que se utilizam das redes e da tecnologia digital); f) a redução dos custos e dos preços, e, conseqüentemente, a ampliação dos mercados culturais (atraindo novos nichos consumidores); g) e a perspectiva de uma melhor remuneração dos profissionais que trabalham nesta indústria (Bustamante, 2002, p. 16).[46]

Para os autores que não estão interessados em descrever apenas um quadro sombrio do mundo contemporâneo, acredito que o contexto atual local e internacional analisado aqui – que revela uma reestruturação da indústria da música – indica que é preciso tomar algumas medidas urgentes de modo a se promover o desenvolvimento de políticas culturais e de fomento que possam garantir tanto a diversidade cultural

---

[46] Bustamente e a equipe de investigação coordenada por ele fazem considerações interessantes sobre o contexto espanhol e europeu que podem ser usadas como referências para se analisar o contexto brasileiro e de outras localidades do mundo (mais detalhes ver Bustamante, 2002 e 2003).

quanto o desenvolvimento e a sustentabilidade dessa "indústria criativa"[47] capaz de contribuir de forma fundamental, direta e indiretamente, na produção de "externalidades" positivas[48] para os territórios, trazendo benefícios para os segmentos sociais menos privilegiados e bastante expressivos no Brasil (e em outros países periféricos).

Gusmán Cárdenas chama a atenção para a necessidade de se reconhecer que a cultura também gera *externalidades positivas* derivadas do benefício social produzido pelo desfrute individual dos bens culturais ou do bem-estar gerado pela conservação da herança cultural para as gerações futuras. Além disso, segundo ele, a cultura também gera desenvolvimento sustentável, porque ela mesma se constitui em parte de um "capital social" existente nos territórios (Gusmán Cárdenas, 2004, p. 21).

Por *capital social* estamos considerando os fatores que não estão relacionados diretamente à esfera econômica, mas que geram desenvolvimento regional ou nacional (Mclean e outros, 2002; Gusmán Cárdenas, 2004; Klisksberg e Tomassini, 2000) e desempenham um importante papel no âmbito societal e institucional, afetando os níveis de confiança entre os atores sociais de uma sociedade. O capital social, segundo Gusmán Cárdenas, estaria relacionado: à existência e à prática de normas cívicas por parte da população; ao nível de associativismo do tecido social; e à presença de códigos sociais nas culturas locais que facilitam a convivência e que valorizam a justiça, o respeito e a dignidade para com o *outro* (Gusmán Cárdenas, 2004, p. 27).

Gusmán Cárdenas ressalta que o problema é que as intervenções que poderiam se apropriar estrategicamente das externalidades positivas e do capital social dos territórios orientam-se por um paradigma "desenvolvimentista-incrementalista",

> (...) fundamentado na tese que interpreta o desenvolvimento cultural como um processo de crescimento institucional e programático, desprovido de referências políticas, estratégias e planos em dissonância com a evolução do consumo cultural (hábitos, práticas e gostos) das grandes maiorias. [Isto é], como uma concepção de desenvolvimento cultural substancialista, tradicional e patrimonialista (...) [portanto, devemos desenvolver um marco conceitual] que valorize a vida cultural (...) [que possa colaborar na construção] não só de um serviço público e privado economicamente rentável, mas também de um instrumento catalisador

---

[47] Conceito que começa a ser bastante utilizado como alternativa ao "desgaste" da noção de *indústria cultural*, especialmente nos países anglo-saxões (Hartley, 2005). Na sua gestão, o ministro da Cultura Gilberto Gil adotou a noção e a introduziu no debate nacional, criando inclusive, em Salvador, o Centro Internacional Transdisciplinar de Economia Criativa (Citec) (in "Indústrias Criativas já têm um milhão para tocar projetos", publicada em 20 de fevereiro de 2006, disponível em: <www.seplan.ba.gov.br/conteudo.php?ID=151>. Último acesso: 3 de julho de 2006).

[48] As externalidades são os efeitos secundários gerados por uma atividade qualquer e podem ser positivas, quando desejadas, ou negativas, quando indesejadas (Humphrey e Schmitz, 1996, p. 1861). As *externalidades* de um território, por exemplo, podem ser a infra-estrutura ou os recursos humanos e naturais disponíveis numa localidade.

da identidade e integrador da sociedade em seu conjunto (...) (Gusmán Cárdenas, 2004, p. 14).

Poderia apresentar brevemente alguns eixos de atuação para o desenvolvimento de políticas públicas que tentam não reproduzir políticas culturais *desenvolvimentistas-incrementalistas* e que, quando articulados, tenderiam a ter sua eficácia ampliada sobre determinado território: a) primeiramente, desenvolver um conjunto de ações que visam produzir investimentos em novas tecnologias de comunicação e informação, pois esses recursos podem gerar novas oportunidades e/ou modelos de negócio, ampliar a capacidade de distribuição da produção local, baratear custos de produção e estabelecer novos patamares de qualidade, além de facilitar a comunicação e a geração de inovação por parte dos atores locais e assim por diante (Castells, 1999 e 2001);[49] b) em segundo lugar, procurar atuar de forma mais sistemática e rigorosa na regulação da grande indústria (através, por exemplo, de agências, de observatórios e de entidades sociais, etc.) e na criação de um serviço público, ou melhor, na promoção da revitalização das instituições públicas que atuam no setor cultural com o objetivo de potencializar a capacidade dessas organizações de se constituírem em "novos pólos aglutinadores" e dinamizadores da produção independente local, dos criadores autônomos e das PMEs, dos *clusters*[50], etc. (Bustamante, 2002 e 2003); c) e, finalmente, implementar ações que encorajem as empresas locais a construírem uma "economia da proximidade" (Zallo, 2005a), que poderá permitir às PMEs tornarem-se sustentáveis, desde que se articulem pelo emprego de suas ferramentas de comunicação e de práticas associativas, sempre visando promover uma integração mais efetiva com a cultura local. Evidentemente, para isso é necessário desenvolver políticas públicas que permitam não só estruturar "economias de aglomeração" nas regiões/cidades/territórios (Fischer, 2002; Fujita e Masahisa, 2002), mas também um *ambiente* que favoreça a inovação, a governança (Guimarães e Martin, 2001) e a democracia (de modo a se valorizar a endogenia e o protagonismo dos atores locais).

Cabe ressaltar ainda que as políticas públicas geradas a partir desses eixos devem evitar produzir uma perspectiva muito protecionista e repetir velhos equívocos realizados, no passado, em diferentes regiões,[51] em suma, devem procurar se traduzir em

---

[49] Os riscos de essa perspectiva ser tomada de forma isolada é que, em geral, produz-se uma visão evolucionista, apologética das novas tecnologias e da sociedade da informação (para uma crítica da sociedade da informação, ver Mattelart, 2002).

[50] Os aglomerados industriais ou *clusters* vêm sendo estudados por muitos pesquisadores como estratégia para garantir maior competitividade internacional numa economia globalizada. Porter (1998) define um *cluster* como um agrupamento geograficamente concentrado de empresas inter-relacionadas e instituições correlatas, vinculadas por elementos comuns e complementares, enquanto Kotler (1997) define *cluster* como um grupo de segmentos industriais que compartilham encadeamentos verticais e horizontais positivos. Ambos partem do princípio do compartilhamento entre empresas e instituições e têm como premissas básicas a cooperação e a competição.

[51] Refiro-me aqui, por exemplo, às práticas protecionistas desastrosas que foram aplicadas no passado no Brasil e em outros países da América Latina (para mais informações, ver Giambiagi e outros, 2004).

estratégias de regulação que, combinadas com medidas de fomento e incentivo à produção e ao consumo local, tenham como metas fundamentais a qualidade e o pluralismo cultural da produção, a mobilização e integração dos atores sociais e do território.[52]

Buquet sugere algumas medidas que poderiam ajudar as PMEs de música no contexto da Espanha, mas que poderiam ser tomados como parâmetros de políticas culturais que, por exemplo, poderiam ser implementadas no setor musical brasileiro e que poderiam vir a favorecer o desenvolvimento das regiões ou territórios:

> (...) Criar um IVA [Imposto sobre o Valor Agregado] cultural [ou seja, um benefício fiscal] para o disco; considerar o disco como um produto cultural e portanto solicitar sua equiparação a outros bens culturais; dar apoio e investir nas PMEs fonográficas; incentivar a consolidação das PMES através da ajuda a projetos com um plano de negócios definido, que contemple a produção e o lançamento de um conjunto de discos, definição de audiências como meta, plano de vendas, pré-acordo de distribuição e plano de difusão nos meios massivos de comunicação; apoio à criação de uma associação que agrupe as PMES fonográficas; ampliar os espaços para a música independente nos organismos de radiodifusão pública; incentivar a concessão de espaços de rádio e televisão locais à música independente, bem como apoiar os fanzines e revistas especializadas; apoiar a exportação da música independente; dar continuidade à luta coordenada contra a pirataria; (...) e desenvolver uma investigação sobre a política de fixação de preços das grandes empresas fonográficas (Buquet, 2002, p. 93).

---

[52] A experiência, por exemplo, das políticas culturais desenvolvidas nas últimas décadas na região de Québec (no Canadá) indica que é possível ser bem-sucedido adotando medidas desta natureza (para mais informações sobre estas políticas públicas, ver Trëmblay e Lacroix, 1991; Trëmblay, 1992).

Capítulo 3

Crise das *majors* e oportunidades para as *indies*?[53]

Circunscritos ao campo musical, nos deparamos hoje com uma encruzilhada importante vivida pela indústria do entretenimento, com reflexos profundos sobre a própria música brasileira, uma das principais referências para a construção da identidade nacional que foi consolidada no imaginário social ao longo do século XX.

Dois pontos são importantes aclarar de imediato quando falamos em *crise* da indústria da música. Primeiramente, é preciso reconhecer que, mais do que uma crise dessa indústria, estamos assistindo atualmente a uma reestruturação do grande *business* da música gravada.

> (...) o mercado de música não está em crise nenhuma... O que está em crise é o mercado de disco. O mercado de música nunca esteve tão bom, porque, com a tecnologia de fácil acesso, todo mundo grava, produz. Fui, recentemente, a Belém, ou seja, na periferia do Brasil, e fiquei impressionado com o número de artistas que há nessa região, todos com canções bem gravadas, bem tocadas, boas composições, e estão lançando tudo ao vivo... De modo geral, as pessoas estão com uma visão mais profissional. (...) Não é exatamente uma crise, mas uma reestruturação da indústria. A música participando em todas as mídias possíveis e imagináveis. Em alguns casos, a mídia não tem uma receita direta, mas ela indiretamente está envolvida em todos os negócios, como, por exemplo, celulares e videogame. O videogame era um negócio pequenininho e hoje em dia é uma das maiores fontes de receita de música porque o cara que compra videogame fica jogando aquele negócio vinte vezes por dia, fica ouvindo aquelas musiquinhas. (...) Acredito que isso é o que está acontecendo. Não é porque

---

[53] Alguns dos argumentos presentes neste capítulo (nas partes do capítulo, intituladas: "Concentração e internacionalização no contexto de uma crise anunciada" e "Os impasses e as alternativas geradas pelo desenvolvimento e pela popularização da música *on-line:* pirataria, sonegação e cultura *hacker*") foram desenvolvidos em outros artigos sobre a indústria fonográfica, realizados em parceria com Marcelo Kischinhevsky, entre 2005 e 2007.

a música está sendo pior ou melhor. O que está acontecendo é uma grande oferta de música que enfrenta pouco espaço na grande mídia e que tem que buscar visibilidade nas pequenas mídias. Temos que conviver com pequenas mídias, com pequenas bolhas de consumo de determinadas cenas musicais, e elas vão se amontoando, uma ao lado da outra, ficando maior. Vivemos em uma nova realidade em que não vão existir mais discos de grande vendagem, atingindo marcas como a de um milhão de cópias. Antigamente, você tinha poucos discos, mas que vendiam um milhão de cópias. Agora você tem muitos discos com vendas mais modestas. Os músicos serão famosos cada vez mais regionalmente ou localmente. (Felipe Llerena, sócio-diretor do portal do Imúsica e da gravadora *indie* Nikita Music. Entrevista ao autor.)

Em segundo lugar, é importante ressaltar que as *indies* estão sendo afetadas por esse novo contexto, mas também de forma positiva – estão em relativo crescimento e têm se aberto perspectivas interessantes para o crescimento dessas organizações –, e finalmente, que a *música ao vivo* tem ganhado espaço frente a essa crise da música, o que nos permite afirmar que se há uma crise, é certamente dos fonogramas, especialmente o produzido pelas grandes gravadoras.

Acho que essa é uma crise e tanto. A música produzida em disco começou no início do século passado, sempre crescendo. Já no final dos anos 1980, a mudança de formato do vinil para o CD foi muito bem-sucedida, até aumentou as vendas, porque, além dos lançamentos, a indústria viveu muito de repor catálogo, colocar no formato novo, todos os catálogos que existiam em vinil. Entretanto, nessa entrada na era digital, na internet, num primeiro momento, a grande indústria foi muito cega, não viu que aquele era um meio a mais para se aliar. No início, se esforçou por interditar sites de *download* de música, tentar barrar uma mudança tecnológica que é inevitável. Houve perda de público consumidor para outros meios de lazer: a garotada ligada em jogos de computador ou videogame. Eles logo migraram para o "negócio" de baixar música. Então, há dois anos, com a regularização da venda de música pela internet, principalmente com o surgimento do programa iTunes da Apple, constatou-se que não é uma batalha perdida para as gravadoras. Elas podem continuar ganhando em cima da música através da internet (...). Independente da forma, a música vai continuar cada vez mais forte na rede. O que a gente vê hoje no caso da música nacional, especialmente a que está nas *indies*, como samba e choro, é que ela vem se mantendo sempre meio à margem, mas com grande força e regularidade, principalmente pelo interesse das populações ligadas a esse tipo de música, independente de ser modismo ou não. Hoje, está cada vez mais forte, crescendo através de selos independentes, funcionando em um monte de casas noturnas no Rio, com música ao vivo. Então, eu diria que há um nicho consolidado da indústria independente no Brasil que tem certa autonomia em relação a esta crise atual. (Antônio Carlos Miguel, crítico musical e jornalista de *O Globo*. Entrevista ao autor.)

Alguns autores Burnett (1996), Calvi (2005b) e Buquet (2002), no entanto, não acreditam que esta reestruturação da indústria da música abra necessariamente possibilidades de crescimento para as *indies*. Lembram, de forma cética, que o mercado continua sendo controlado pelas *majors*. Prestes Filho reitera este argumento ao afirmar:

> O mercado está se reestruturando a partir das novas mudanças tecnológicas que se apresentaram no mundo. A música pára de ficar presa dentro de um suporte físico e ganha mais liberdade (...) Acho que estão mudando os modelos de negócio da música. O que está acontecendo com a música é a sua readaptação, e isso está acontecendo com a indústria do livro e outras indústrias da cultura e do entretenimento. (...) No Brasil, há uma lenda que argumenta que as gravadoras independentes estão ocupando muito espaço, que estão descobrindo novos nomes, que estão aparecendo novas oportunidades... Isso é só ilusão. Os selos brasileiros, por mais fortes que sejam e estejam se organizando através de um trabalho fantástico que vem sendo realizado pela Associação Brasileira de Música Independente, não conseguem passar dos 25% ou 30% do mercado. Quem manda no mercado são as empresas multinacionais. As grandes gravadoras continuam dominando o mercado e, evidentemente, não apenas no Brasil: dominam em todos os países latino-americanos e no mundo em geral. (...) Acredito que o que está acontecendo é uma mudança de modelo de negócio. As tecnologias estão oferecendo uma oportunidade de consumo de produtos musicais de uma maneira diferente, o que não havia há alguns anos. As *majors* estão em fase de adaptação neste momento, por isso a sensação de crise hoje. (Luís Carlos Prestes Filho, professor da Universidade Candido Mendes e Superintendente de Economia da Cultura da Secretaria de Estado de Desenvolvimento Econômico do Estado do Rio de Janeiro. Entrevista ao autor.)

Outros acham que há crises, mas que a principal é a de *qualidade*. Alguns atores sociais do ambiente das gravadoras independentes cariocas, como, por exemplo, o músico e empresário Mauricio Carrilho, acreditam que, diferente da maioria das *indies* que estão comprometidas com as culturas locais e a experimentação, as *majors* – que sofrem mais diretamente com a pirataria – não estão preocupadas com a qualidade.

> Há duas crises hoje. A crise de vendas de disco, que as grandes gravadoras enfrentam, com a pirataria, e a crise da qualidade do produto que é vendido por elas. Não tem nada a ver com as independentes. Em relação à qualidade do que é gravado, é muito mais lucrativo para a empresa multinacional uniformizar o

consumo e produzir um disco e vender este disco para todo mundo, do que produzir centenas, milhares de discos de músicas típicas de cada região para vender dez mil ou cinco mil cópias de cada uma delas. É mais lucrativo para as multinacionais uniformizar não só a música, mas tudo: tênis, camiseta, calça jeans, carro, tudo. O caminho é o mesmo. Mas eles fazem isso com a música. Só que a música tem uma importância cultural e social, principalmente no Brasil, onde se ouve efetivamente muito a música daqui. Isso não é levado em conta por estes empresários. (Mauricio Carrilho, músico e proprietário da Acari Records, gravadora *indie* especializada em samba e choro. Entrevista ao autor.)

Sem entrar no mérito da questão da qualidade, o fato é que as empresas – especialmente as grandes empresas – estão tendo dificuldades de acompanhar as mudanças. O editor Dario Alvarez, que trabalhou no escritório da EMI no Brasil, aliás, dá uma "receita" curiosa para enfrentar esse ambiente globalizado e de rápidas mudanças.

As *majors* tentaram diminuir primeiro de tamanho, porque eram empresas muito grandes e nesse mundo veloz e caótico de hoje a sensação é que elas estavam estagnadas. Há um excesso de pessoas trabalhando em diversas áreas, departamentos. Isso cria lentidão, inibe a criação e a iniciativa... Acaba atrapalhando. E se você é uma empresa muito pequenininha também não dá, não tem competitividade no mercado. O segredo é você ser mediano ou ter uma estrutura flexível, em rede, de preferência bastante ágil. Mas não é só isso: o segredo é ficar meio organizado, meio desorganizado, para poder prosseguir nesse caos que é o mercado e o mundo globalizado de hoje. (Dario Alvarez, editor do Grupo Humaitá e ex-editor da EMI e da Trama. Entrevista ao autor.)

Concentração e internacionalização no contexto de uma crise anunciada.

Evidentemente que, olhando o impacto da globalização e da concentração das empresas de comunicação e cultura transnacionais no contexto latino-americano, é possível observar que um dos grandes riscos – como argumenta Canclini – é o de que *as maiorias sejam convertidas em minorias*. Ou seja, há riscos de que significativos segmentos demográficos dessa macrorregião venham a ser convertidos em minorias culturais; que o público passe, no seu cotidiano, a ser induzido a produzir e consumir mais mercadorias transnacionais do que locais (Canclini, 2004a, p. 195-196). Analisando a situação da literatura e da música latino-americanas, Canclini faz a seguinte constatação:

A chamada globalização, em vez de oferecer novos mercados a escritores latino-americanos – como geralmente se publiciza – seleciona aqueles de audiência massiva, "redesenha" seus produtos para que circulem internacionalmente e tira o microfone da mão da enorme maioria dos criadores locais. Na seleção efetuada por gerentes de empresas transnacionais cabem poucas diferenças nacionais ou de região; só interessam aqueles que podem ser convertidos em matrizes digeríveis para os públicos da "literatura internacional" e da "world music" (Canclini, 2004a, p. 196).

A grande indústria, no entanto, apesar de toda a sua condição hegemônica, vem encontrando dificuldades de impor suas regras e normas aos consumidores, especialmente depois do desenvolvimento e popularização das NTICs. Se circularmos na maioria das cidades do planeta, constataremos que há um tipo de "negócio", crescentemente rentável, que traz impactos cada vez mais visíveis para a indústria: a pirataria. Vonk reforça o coro daqueles que identificam a pirataria como principal causador dessa crise no Brasil e em outras localidades do mundo.[54]

A indústria fonográfica vem encolhendo ano a ano, em termos mundiais, mas no Brasil o processo tem sido mais agudo. Entre 1997 e 2003, a retração nas vendas chegou a 50% em valores nominais. No mesmo período, a participação do mercado ilegal atingiu 52% do total, num setor que faturou R$ 601 milhões em 2003 – somando CDs, DVDs e vídeos musicais.[55]

A própria Associação Brasileira dos Produtores de Discos (ABPD) e mesmo o Escritório Central de Arrecadação e Distribuição (Ecad) reconhecem que há outros fatores que levaram à redução do mercado brasileiro, como a concorrência de novos meios de entretenimento e a queda na renda da população, passada a euforia inicial com a estabilidade dos preços ocasionada pelo Plano Real. De qualquer forma, a pirataria é freqüentemente apontada como a maior "vilã". Relatório da ABPD sobre os resultados de 2003 culpa "o descontrole e a falta de fiscalização sobre o comércio informal no país" (ABPD, 2004, p. 2) como razão maior para os prejuízos milionários.

Mas é preciso pôr os números em perspectiva. A indústria fonográfica vem se concentrando intensamente nas últimas décadas, num evidente processo de oligopolização, em que os preços de seus produtos sobem de forma continuada. Em 2004, as quatro grandes gravadoras detinham 71,6% do mercado mundial de fonogramas vendidos, num mercado global que faturou aproximadamente 33 bilhões de dólares (cifra ainda longe da melhor marca alcançada pelo setor, em 1996, de 39

---

[54] Jerôme Vonk, especialista em comunicação dirigida, publicidade e *showbusiness* (entrevista ao autor).

[55] Dados fornecidos pelo anuário da ABPD (ABPD, 2004). Segundo também dados da Associação Protetora dos Direitos Intelectuais Fonográficos (APDIF), considerando a inflação no período, a queda no faturamento com a venda de CDs atinge 68%.

bilhões de dólares). Evidentemente, que, se incluímos além dos fonogramas, os concertos, publicidade e produtos relacionados à música, os números desta indústria podem chegar a 100 bilhões de dólares por ano (Yúdice, 2007).

Assim, segundo os últimos dados divulgados, o mercado da música, até 2004, estava assim dividido: Universal (25,5%), Warner (11,3%), Sony-BMG (21,5%), EMI (13,4%) e *indies* (28,4%).[56] Em 2000, vale lembrar que as "cinco irmãs", como eram conhecidas (e que hoje são quatro em conseqüência da fusão ocorrida entre a BMG e a Sony), responderam a um processo cível, movido por 30 estados americanos, por combinar preços de CDs com redes de varejo, inflando significativamente seus ganhos e encerrando guerras de promoções travadas entre atacadistas (*Bloomberg News*, 2000).

Há, portanto, uma percepção generalizada dos consumidores de que os preços dos discos se situam acima de um preço de mercado normal, há a suspeita de que as empresas praticam um tabelamento, um cartel velado. Também as instituições de regulação européias e as norte-americanas passaram a ter em algum momento esta percepção. Inclusive, em maio de 2000 a Federal Trade Comission (FTC) dos Estados Unidos acusou as empresas distribuidoras das *majors* de impor preços mínimos às lojas minoristas. Uma vez terminada a investigação, a FTC descobriu que essa prática ilegal estava claramente estendida e se realizava por meio de contratos entre as lojas e as distribuidoras, que vinculavam os fundos publicitários cooperativos a preços mínimos, e concluiu que essa prática havia gerado um gasto excessivo aos consumidores de 520 milhões de euros em um período de quatro anos (Buquet, 2002, p. 82).

Como enfrentar a perda de valor da música:
benefícios fiscais e/ou nova centralidade da música ao vivo?

É possível constatar que a música vem perdendo valor dentro da própria indústria. Vem deixando de ser o negócio central da organização e está se tornando cada vez mais uma atividade periférica dos grandes conglomerados transnacionais, da indústria do entretenimento. Com alguma freqüência, os conglomerados utilizam a música como brinde para promover outros produtos de suas empresas de entretenimento e informação. Pode-se, por exemplo, mencionar que recorrentemente as empresas de celular oferecem gratuitamente *ringtones* para promover seus novos modelos de aparelho entre os consumidores.

---

[56] Dados fornecidos pela Federação Internacional de Indústria Fonográfica (IFPI, 2005). Estão incluídos nesses dados as vendas de DVDs e as crescentes vendas *on-line*, que possibilitaram em parte a recuperação da indústria da música em 2004-2005. Os dados da indústria indicam um intenso ritmo de concentração empresarial desse setor: até 1998, eram seis as grandes gravadoras, panorama que mudou com a compra da PolyGram pela Seagram, dona da Universal (ver a respeito: Finotti, 1998; Kishinhevsky, 1998).

Além disso, a pressão nas grandes empresas pelos resultados, pelo retorno comercial, é grande, e isso tende a dificultar o trabalho dos gestores dessas organizações, inibindo a sua capacidade de inovar, de buscar caminhos e soluções. Isso, inclusive, levou muitos profissionais a abandonar espontaneamente os seus postos nas *majors*. André Midani, ex-executivo da Warner, avalia assim o momento atual vivido pela grande indústria.

> Acho que assistimos hoje ao fim de um ciclo (...). Tenho a impressão de que a indústria, tal qual a conhecíamos, tinha se tornado uma entidade grande demais, poderosa demais... Com o tamanho e o poder, e o uso desse tamanho e desse poder, você começa a tomar medidas que não são pelo melhor interesse das próprias companhias que você administra (...) Elas se converteram em paquidermes. Paralelamente a isto, as companhias de disco foram compradas por grupos de comunicação e que estão no mercado de valores em Nova York, nas bolsas do mundo inteiro. A partir daí, a demanda por resultados financeiros passou a se fazer sentir cada vez mais forte. Então, os executivos das companhias de disco começaram a sentir as pressões cada vez mais violentas, exigindo resultados cada vez mais positivos. Na época em que trabalhava como gerente de uma grande gravadora, a gente mandava um orçamento, ele era aprovado ou não, e, no fim do ano seguinte, a gente apresentava o resultado. Passados alguns anos, em vez de ser no fim do ano passamos a apresentar relatórios a cada seis meses. Depois passou para três meses e a cada mês. (...) Com isso, passou-se a ter menos liberdade, a não se ter como planejar a médio ou longo prazo. É tudo realizado a curto prazo, atendendo a necessidades imediatas. Então, os administradores passam a estar sempre muito nervosos e pressionados... não querem assumir riscos. E só se busca resultado imediato. (...) As pessoas que gostam e apreciam música continuam existindo nas *majors*, mas não estão nos cargos de comando... não têm mais poder de decisão. Portanto, se você pegar esse conjunto de fatores, tais como o tamanho, a pressão por resultados imediatos e o distanciamento da companhia de disco dos artistas... você toma estes elementos todos e entende um pouco da catástrofe que estamos vivendo hoje nas grandes companhias. Para aumentar a desgraça, porque ela nunca chega sozinha, ocorreu um crescimento da pirataria no mundo inteiro. Seja pirataria física ou pela internet. Você coloca tudo num saco e tem o quadro atual. Nesse sentido, as multinacionais não são hoje nem a sombra do que foram no passado (...). Naquela época em que estava lá, era um prazer trabalhar numa multinacional porque era um ambiente fervilhante em que descobríamos artistas. Fazíamos com orgulho, e era um mundo maravilhoso. Você tinha os meios que nós temos e, ao mesmo tempo, você valorizava o lado artístico. E se você chegasse com quatro ou cinco artistas novos numa empresa como a Warner você era muito elogiado.

Hoje em dia não é assim. Tudo se resume aos lucros e resultados. (André Midani, ex-presidente da Warner no Brasil. Entrevista ao autor.)

Além disso, convive-se com uma grande competitividade na indústria cultural, que ampliou significativamente as opções de lazer nas últimas décadas.

> Houve uma acomodação muito grande da indústria, acostumada com determinadas estratégias que já não funcionam mais, do tipo "tocou na rádio, vendeu disco", "apareceu na televisão, um disco converte-se em um sucesso de vendas, atingindo um milhão de cópias". Continuou-se a bater nesta tecla durante muito tempo, mesmo depois de se constatar que não funcionava mais. A indústria não renovou sua maneira de vender música, não se aproximou do consumidor para conhecê-lo. É uma das poucas indústrias que ainda não desenvolveram banco de dados sobre seus compradores de disco. Sou freguês há 38 anos, pelas minhas contas já adquiri um pouco mais de 6 mil discos, mas ninguém sabe quem sou eu. Há também a explosão das alternativas de entretenimento e o disco perdeu seu lugar no pódio entre os consumidores. Além das tradicionais opções de lazer, como livro e cinema, hoje você tem várias atividades, tais como passeio no shopping, internet, celular e games que competem junto ao mesmo público. (Jerôme Vonk, especialista em comunicação dirigida, publicidade e *showbusiness*. Entrevista ao autor.)

É possível atestar que a perda de valor não ocorre só internamente: o comportamento dos consumidores revela também uma perda de valor externamente. Quem está disposto a pagar tanto pelo preço de um CD no Brasil e mesmo no exterior? Os consumidores reclamam constantemente e as empresas – sejam elas grandes ou pequenas – reclamam em geral dos impostos cobrados. No Brasil, não é muito diferente, tanto que a ABMI pleiteia no Governo a mesma insenção fiscal que o livro já possui no país, como uma forma de incentivar o crescimento da indústria da música nacional, especialmente a sustentabilidade das PMEs.

> O CD tem muito imposto. Por exemplo, a gente na gravadora Acari tem uma tiragem pequena, quando você faz uma tiragem de mil cópias você paga o preço máximo, se você faz 5 mil cópias você paga menos, se fizer 10 mil, paga menos, então as pequenas gravadoras não têm como cobrar muito, a gente vende um CD a vinte reais, o custo industrial desse disco, só o custo pago, sem contar o custo de produção, que gira em torno de 4 reais. Os impostos são absurdos... Se paga muito imposto. O governo fica com aproximadamente 40% do preço total do CD. (Mauricio Carrilho, músico e proprietário da Acari Records, gravadora *indie* especializada em choro. Entrevista ao autor.)

Assim, várias lideranças e autoridades têm tentado pensar alternativas e medidas compensatórias para a indústria da música e que visam à diminuição do preço final dos produtos como forma de desestimular a pirataria e seduzir os consumidores e, com isso, ampliar as vendas. A questão tributária, isto é, a concessão de um benefício fiscal à música, é um tema que vem produzindo acalorados debates não apenas no Brasil, mas também em outros países.

Há um grupo liderado pela ABMI e por outras associações de música independente que considera o benefício ou insenção fiscal como vital para a sustentabilidade das independentes.

> (...) Queremos que a música tenha o mesmo *status* do livro, que seja vista como ferramenta civilizatória. A gente quer isso para a música gravada. É uma questão de sobrevivência da música gravada, da música nacional e, principalmente, das gravadoras independentes. A melhor ferramenta para acabar com a pirataria é abaixar 40% do custo que está relacionado ao imposto. O disco chegará assim bem mais barato na mão do consumidor. Esta pauta não é brasileira, ela é meio consensual nas associações de música européias e no mundo inteiro. Essas associações estão também sinalizando as mesmas soluções. (Pena Schmidt, quando exercia a função de presidente da ABMI. Entrevista ao autor.)

Para outros, como Prestes Filho, ela também é crucial, mas especialmente porque – diante de um capitalismo global homogeneizante e preocupado apenas com os lucros – só esses benefícios fiscais poderão garantir a perpetuação da diversidade cultural local da música.

> Em 1967, durante o regime militar, foi criado o benefício fiscal para a música, ou seja, autorizavam as gravadoras nacionais e brasileiras a adquirirem um crédito tributário desde que gravassem conteúdo nacional. (...) De 1967 até 1990, todas as gravadoras no Brasil tinham 100% de autorização para não pagar ICMS se comprovassem que gravavam música brasileira. (...) A partir de 1990 ocorreram algumas mudanças na constituição brasileira que permitiram que se reduzissem os benefícios fiscais. De 100% se passou para 70%. Em 2002, caiu para 60% e em 2003, caiu pra 40%. Esse benefício fiscal da música é muito importante porque incentivou as grandes gravadoras internacionais a investirem em artistas brasileiros, abrindo espaço no catálogo dessas empresas à música nacional. Esse foi um incentivo fantástico. Dos 25% de música local que consumíamos antes dos anos 1960, passamos a consumir até os anos 1990, em média, 75% de música nacional. Hoje, se consome a música brasileira em espetáculos, em rádio, em televisão e em venda de disco. Isso só acontece em mercados como o dos Estados Unidos e do Japão. (...) Entregamos o estudo do benefício fiscal da músi-

ca brasileira que realizamos na secretaria e no qual denunciamos isso para o Ministério da Cultura atual, mas nada foi feito. Corremos o risco de a música brasileira voltar ao patamar dos 25% do mercado nacional. (...) Já estamos vendo isso se manifestar recentemente no Ecad. A arrecadação de música estrangeira no Ecad está crescendo porque as grandes gravadoras estão investindo em política de marketing e nos licenciamentos, que tendem a tornar mais lucrativo o lançamento de produtos de fora. Nossa proposta é que se volte a ter 100% de benefício fiscal para a música. (Luís Carlos Prestes Filho, professor da Universidade Cândido Mendes e Superintendente de Economia da Cultura da Secretaria de Estado de Desenvolvimento Econômico do Estado do Rio de Janeiro. Entrevista ao autor.)

Há alguns atores sociais bastante atuantes, como Lerena, dono do Imúsica e da *indie* Nikita, que não acredita na homogeneização cultural e/ou na perda de espaço da música brasileira no mercado.

O benefício fiscal foi importante no passado, quando se tinha uma monocultura. Quando havia cinco empresas que dominavam quase 90% do mercado nacional. É preciso ressaltar que existe uma diferença entre 100% daquilo que é consumido e 100% do que é produzido. (...) Vou te dar um exemplo: a Warner em 2004 só fabricou aproximadamente pouco mais do que uma dezena de discos. No mesmo período tivemos 120 lançamentos das gravadoras independentes. É claro que desses 120 você só ouviu falar de um artista e daquela dezena da Warner o público ouviu falar de todos. O que esses artistas venderam através de uma *major* com certeza supera o que os 120 venderam juntos. Então, tem essa diferença entre o que é produzido e o que é consumido. Não acredito que possamos voltar a ter uma monocultura no mercado brasileiro. O que precisamos é desenvolver mecanismos de divulgação da produção das *indies*. (Felippe Llerena, sócio-diretor do portal do Imúsica e da gravadora indie Nikita Music. Entrevista ao autor.)

E, finalmente, alguns atores sociais vão mais longe e identificam no subsídio fiscal um recurso que tende a basicamente auxiliar os empresários e não necessariamente a abrir espaço para a valorização da diversidade cultural brasileira.

A música brasileira é tecnicamente excelente e não precisa mais de incentivos. É uma música pujante e maravilhosa... É uma música forte, reconhecida internacionalmente. (...) Posso dizer que, desde que a Bossa Nova apareceu (...), se vendiam três discos brasileiros por disco estrangeiro. O subsídio infelizmente foi utilizado para colocar dinheiro no bolso, não necessariamente em prol da cultura. Quer ver um maior incentivo para o futuro da música brasileira? Dedicar-se à exportação. Isso é que precisa ocorrer cada vez mais neste país. O governo pode ajudar dando apoio à exportação da indústria nacional. (André Midani, ex-presidente da Warner no Brasil. Entrevista ao autor.)

Podemos perguntar, a esta altura, se, mais do que uma alteração da distribuição do mercado da música (nacional e estrangeira), na realidade, não estaríamos assistindo a uma clara, e talvez irreversível, perda de valor dos fonogramas gravados.

A própria indústria deu um tiro no pé quando passou a tratar a música como qualquer outro produto que faz parte da grande indústria de entretenimento. Perdeu de certo modo a magia para o consumidor. Quando eu era pequeno e trabalhava com meu pai na loja, lembro que tinha uma coisa que me impressionava muito. Havia pessoas que pegavam ônibus em outra cidade, amanheciam seis horas da manhã na rodoviária do Rio e vinham para a loja às 8 horas da manhã para comprar discos, quando a gente abria as portas. Essa é uma questão importante que a própria indústria matou com a má gestão dos negócios ao incentivar os *downloads* pela rede. Há uma clara perda de valor do disco. Hoje em dia o consumidor diz: ah, vou comprar um disco, mas também poderia dizer um jeans ou uma blusa, daria no mesmo. Não existe mais aquele feitiche, aquele valor do produto musical. (Pedro Tibau, proprietário da loja Modern Sound, no Rio de Janeiro. Entrevista ao autor.)

Como reverter esse quadro? Os especialistas são em geral bastante céticos e não acreditam que o combate à pirataria vá resolver o problema. Parecem identificar a perda de valor como um problema mais profundo, complexo e difícil de ser solucionado.

O combate à pirataria ajuda, mas não resolve a questão. O problema não é só o preço, há na verdade uma crise de valor. Livros, por exemplo, custam tanto ou mais e não são tão questionados. Ou seja, o problema é de valor. As pessoas acham que o CD custa mais do que vale. As causas da insatisfação dos consumidores deveriam ser analisadas com mais seriedade. (Jerôme Vonk, especialista em comunicação dirigida, publicidade e *showbusiness*. Entrevista ao autor.)

Mesmo a relativa recuperação que a indústria está vivenciando desde 2002 é conseqüência dos desdobramentos produzidos pela experiência de se consumir música ao vivo. Os dados de 2004 e 2005 indicam que o êxito das vendas dos DVDs tem permitido que a grande indústria da música *respire* e em parte se recupere um pouco nos últimos anos. Entretanto, este sucesso parece ser um reflexo do consumo cada vez mais valorizado de experimentar a música ao vivo. Este tipo de produto parece que o consumidor está de fato disposto a consumir e pagar.

O crescente número de espetáculos realizados são um forte indicativo da importância econômica desses eventos para mover a indústria atual (Cubillo e Hidalgo,

2006). Os megaeventos continuam sendo realizados apesar dos cachês altos dos artistas e bandas. Ao mesmo tempo, nunca se viram tantos pequenos concertos realizados em diferentes localidades do Brasil e do mundo. Segundo a *Revista Forbes Brasil* (edição de janeiro de 2003), o mercado de espetáculos – de música ao vivo – no Brasil vem crescendo significativamente. Na América Latina, são investidos seis bilhões de dólares por ano em espetáculos, nos quais trabalham em média 500 mil pessoas. No Brasil, o público estimado de música ao vivo é composto de 42 milhões de pessoas. A maior empresa do ramo aqui é a mexicana CIE, que controla o ATL Hall, no Rio, e o Credicard Hall, o Direct TV Music Hall e o Teatro Abril, em São Paulo. Yúdice lembra que os concertos ao vivo representam um percentual cada vez maior dos rendimentos produzidos pela indústria da música: segundo dados de 2005, algo em torno de 15% (Yúdice, 2007, p. 1).

Em contrapartida, temos as músicas gravadas que o consumidor não exita em pagar, especialmente depois do desenvolvimento das novas tecnologias que permitem baixá-las facilmente pela internet.

Curiosamente, mesmos as bandas e os cantores não parecem se opor muito a que isso seja feito. Apesar de a maioria não apoiar abertamente a pirataria, parece haver uma consciência mais ou menos clara não só de que a rede é fundamental para a formação e renovação de seu público, mas também de que os seus ganhos advirão principalmente da comercialização da música executada ao vivo, e que para isso precisam formar públicos. Em um polêmico artigo, bastante conhecido na internet, um dos músicos do grupo espanhol Metallica, Ignácio Escolar (2002), argumenta que é mais lucrativo para ele ser pirateado.

Em outras palavras, o aumento do consumo de música através dos sites *peer to peer* (P2P) produz problemas para a grande indústria, mas não necessariamente efeitos negativos para os artistas, pois essas redes "(...) ajudam a proporcionar mais informações aos fãs, que assim podem descobrir músicas, artistas e selos fonográficos que não têm tanta difusão como as *majors* (...)" (Miguel de Bustos e Arregocés, 2006, p. 42).

Evidentemente, não estou querendo dizer com isso que a música gravada vá se tornar necessariamente complementar à música ao vivo, mas que certamente a música ao vivo não é mais tão periférica em relação à gravada como já foi no passado. Obviamente, os relatórios econômicos da indústria revelam que os maiores ganhos da indústria continuam relacionados à música gravada, mas essa proporção já foi bem maior em anos anteriores (IFPI, 2006). A execução ao vivo – a realização de turnês e festivais – continua sendo uma importante estratégia de promoção porque auxilia o processo de mobilização da mídia para a "cobertura" de um determinado trabalho musical, consolidando uma imagem do produto.

Midani aposta no ressurgimento e na revalorização de uma música gravada em produtos de alta qualidade, bem acima do que temos disponível no mercado hoje.

Esse ex-executivo da Warner acredita que é possível que venham a se formar dois mercados de música gravada: um com produtos de média ou baixa qualidade baixados livremente ou a baixo custo através da rede (como temos hoje com o MP3) e outro com esses produtos de alta qualidade em um suporte físico.[57]

> Tive o privilégio de ter vivido a época do *long play*. Havia um feitiche do consumidor em torno do *long play*, uma fascinação com as capas... Eu acho que a decadência da indústria começou com o CD, mas não por causa do CD. Naquela época, a indústria estava se baseando num produto concreto, físico, mas hoje em dia não. Então, até que ponto a internet vai ser a resposta? A gente ainda não sabe, temos algumas hipóteses, mas a "futurologia" nunca funcionou bem. O que a gente sabe é que o disco físico, mesmo que continue (e certamente vai continuar), vai desenvolver tecnologia mais apurada e com um som perfeito. Isso vai ser muito utilizado pelos produtos associados à música clássica, ao jazz e à música instrumental. (...) Tudo indica também que a distribuição de uma música de qualidade técnica mediana vai ficar sediada na internet. (André Midani, ex-presidente da Warner no Brasil. Entrevista ao autor.)

Certamente, mais do que um *business* claramente rentável para a indústria, os dilemas enfrentados pela música gravada no ciberespaço constituem-se em um grande laboratório para se refletir sobre a perda de valor dos fonogramas, isto é, para se avaliarem os problemas e as alternativas que vêm se abrindo às indústrias culturais de modo geral com o desenvolvimento das novas tecnologias de informação e comunicação (NTICs). Vale lembrar que não é só a música que vem sendo baixada através dos sites P2P: os produtos audiovisuais já circulam no ciberespaço em grande quantidade, preocupando seriamente a grande indústria do setor.

Os impasses e as alternativas geradas pelo desenvolvimento e pela popularização da música *on-line:* pirataria, sonegação e cultura *hacker*

> O problema da indústria da música é parecido com outros setores de mídia: é a concentração econômica. Umas poucas empresas são responsáveis por quase tudo que se ouve no mundo. Isso dificulta a diversidade de ofertas, pois elas estão sempre buscando vender o máximo com apenas um produto. Acho esse

---

[57] Com os arquivos MP3 há uma relativa perda de qualidade de som. Para que o arquivo possa ser manejável pela internet, eliminam-se na compressão sons que em geral só os especialistas percebem, que não são detectáveis por ouvido destreinados. Evidentemente, é recomendado que o arquivo tenha mais que 128 kilobits por segundo para não ocorrer perda de qualidade excessiva (Miguel de Bustos e Arregocés, 2006).

negócio de "crise" meio exagerado. Ocorre que as grandes empresas lucraram muito quando o suporte passou de LP para CD e queriam que isso durasse para sempre. Não contavam com a pirataria, com a internet e com o próprio crescimento das pequenas gravadoras. Se há crise, ela é de um modelo empresarial para o comércio de música pelas grandes, com vistas à obtenção de lucros excessivos. (Felipe Trotta, músico e freqüentador do circuito da Lapa. Entrevista ao autor.)

Os gigantes do setor lutam contra o intercâmbio entre internautas em todo o mundo. Nos Estados Unidos, um dos principais sites do gênero, o Napster, chegou a ser há alguns anos considerado fora-da-lei pelo Departamento de Justiça. No Brasil, a Associação Protetora dos Direitos Intelectuais Fonográficos (APDIF), ligada à ABPD, notificou em 2004 nada menos que 4.125 administradores de páginas na rede mundial de computadores, sobre a oferta considerada ilegal de conteúdo protegido pela legislação de direitos autorais. Do total, 4.113 foram retiradas do ar, mas outras tantas surgem a cada dia, disponibilizando os mesmos arquivos. Rendendo-se às evidências, nesse início de milênio, a indústria ensaia tentativas de lucrar com o *download* de músicas, oferecendo sites de vendas via internet. Só no Brasil, no início de 2006, havia mais de 30 sites oferecendo arquivos musicais a preços entre R$ 1,99 e R$ 2,99 – entre eles, o UOL, com acervo de mais de 200 mil faixas, de uma centena de gravadoras.[58]

Evidentemente, como já foi mencionado antes, quando nos referimos à pirataria estamos tratando de um problema que afeta de forma mais direta as *majors*.

A grande vantagem que possui uma gravadora independente é que está operando abaixo do radar do pirata. Evidentemente, para o pirata só interessa pegar um artista da magnitude de um Roberto Carlos ou uma dupla sertaneja, daquelas que vendem milhões. Aí sim, é um grande negócio. Agora, fazer pirataria com discos que vendem na faixa de menos 30-50 mil não interessa. (André Midani, ex-presidente da Warner no Brasil. Entrevista ao autor.)

Apesar de ser um tema menos debatido na indústria da música, vários atores sociais reconhecem que o crescimento da pirataria produz reflexos indiretos negativos sobre o mercado como um todo e que por isso acaba afetando as *indies* também.

A pirataria atinge os independentes no fechamento das lojas menores. Aquelas às quais você poderia ter acesso. E são vítimas da pirataria. As lojas menores, em cidades menores, que enfrentam o camelô da esquina, não conseguem resistir...

---

[58] Outra estratégia da indústria para recuperar a rentabilidade perdida é o *ringtone*, toque musical de telefone celular, filão que, pelas contas das grandes gravadoras, gerou para a indústria da música em 2005 aproximadamente R$ 100 milhões (Ganem, 2006).

(...) A pirataria é uma atividade predatória em termos de direitos autorais e de receita das grandes gravadoras. Mas ela atinge o mercado como um todo e de forma impiedosa. (Roberto de Carvalho, proprietário da Rob Digital, gravadora *indie* especializada em música popular. Entrevista ao autor.)

Outro problema também enfrentado pelas empresas de música – sejam elas grandes ou pequenas –, e que é menos veiculado na mídia, é o da sonegação dos direitos autorais. Apesar do aperfeiçoamento do trabalho do Ecad, a sonegação dos direitos de execução na forma de produtos – em rádios, televisão, casas de espetáculo, produtos audiovisuais, clubes, festas, etc. – continua ocorrendo com grande freqüência no Brasil. Especialmente, no que se refere ao respeito dos direitos de execução. Segundo alguns especialistas, tudo indica que há uma fundamentação cultural no ato de não se pagarem estes direitos.

O trabalho do Ecad vem melhorando muito. Depois que a Glória Braga veio para a superintendência do Ecad, não só se informatizou a instituição, como se deu uma alavancada enorme no combate à sonegação. E o Ecad vai efetivamente a todas as casas de show, quiosques, etc. O recolhimento dos direitos autorais do Ecad em 1998 foi de 98 milhões aproximadamente. Em 2002, passou a 200 milhões. Agora, ainda é muito pouco se você comparar com a Itália e outros países menores que arrecadam mais. O Brasil é um país de dimensões continentais e a arrecadação tende a crescer... Ainda falta muito porque tem muito produtor, muita rádio, e a grande maioria dos usuários não paga direitos autorais neste país. (...) Há um componente cultural no comportamento do brasileiro... O brasileiro simplesmente não quer pagar! A maioria das rádios pertence a políticos que, obviamente, não pagam ao Ecad. Há casas de show como, por exemplo, o Canecão, que é uma casa considerada como um dos templos da música brasileira, que volta e meia é acusado de não pagar ao Ecad os direitos autorais e por aí vai... (Dario Alvarez, editor do Grupo Humaitá e ex-editor da EMI e da Trama. Entrevista ao autor.)

Apesar dos esforços das gravadoras em mobilizar diversas entidades em vários países, o mercado ilegal de música continua a crescer, pois se estima que de cada três CDs vendidos no mundo um é pirata, totalizando, em 2004, aproximadamente 1,2 bilhão de unidades. No caso dos *downloads* gratuitos, o levantamento é muito impreciso, mas trabalha-se com a estimativa de que, em 2004, existiam 870 milhões de arquivos de música circulando na internet (IFPI, 2005). Ao mesmo tempo, de acordo com a IFPI, o Brasil figura entre os países que mais praticam a pirataria no mundo (está na categoria daqueles países em que a atuação ilegal já domina mais do que 50% do mercado), o que tem levado diversas entidades a se empenharem em minimizar este quadro. De acordo com levantamento da Associação Protetora dos Direitos Intelectuais Fonográficos (APDIF), o número de apreensões de equipamentos para gravar CDs virgens saltou de 280, em 2000, para 4.883, em 2003 – nesse mesmo ano, 142 pessoas foram presas por reprodução ilegal de CDs e o total de discos virgens apreendidos chegou a 11,455 milhões, contra apenas 122,1 mil, em 2000.[59]

A fim de fazer frente à prática do *download* gratuito na rede e à expansão da pirataria, a grande indústria vem atuando com as autoridades, de modo a incentivar: a) a criação de legislação que proteja efetivamente os *copyrights* no ambiente da internet; b) a abertura de delegacias voltadas para crimes contra a propriedade intelectual; c) o investimento na fabricação de fonogramas ou CDs com dispositivos que impeçam em tese a sua reprodução não autorizada (o que até o momento se revelou inócuo diante da perícia dos pirateadores); d) e o lançamento de campanhas para conscientizar o consumidor a respeito dos danos produzidos pela pirataria.

Esse esforço da indústria envolveu também a criação da Secure Digital Music Initiative (SDMI, ou Iniciativa pela Segurança na Música Digital), que reuniu os gigantes do disco e grandes empresas de tecnologia, como AOL, AT&T, IBM, Lucent, Matsushita, Microsoft e Toshiba (*Bloomberg News*, 1998). Após o escândalo e as polêmicas envolvendo sites importantes de *peer to peer* como o Napster e o Kazaa, buscou-se desenvolver sistemas de DRM (Digital Rights Management) que permitam fazer a gestão, restringindo o acesso dos arquivos digitais. Além disso, iniciou-se uma forte campanha de marketing e mesmo judicial contra os usuários que insistiram em continuar praticando de forma rotineira a troca de arquivos (Sandulli e Martín-Barbero, 2006).

Como já mencionei anteriormente, as dificuldades enfrentadas pela indústria em sua cruzada contra a pirataria têm reflexos muito mais amplos do que as cifras deixariam transparecerem à primeira vista: sugerem uma crise de valor, de legitimidade da música produzida e distribuída massivamente pelos grandes conglomerados de música e entretenimento. É importante ressaltar que, apesar de os sites P2P terem afetado a indústria, é preciso analisá-los de uma perspectiva mais ampliada e menos mecanicista. Desta perspectiva se poderá não só atestar também que a pirataria de CDs continua crescendo em todas as localidades do mundo, mas também identificar um processo de demonização do P2P na mídia, que raramente coloca em discussão as possibilidades de intercâmbios culturais e comunicativos que são realizados através dessas redes (Bustamante, 2003, p. 14-15).

A chegada, portanto, do novo suporte digital, da tecnologia de gravação de CDs ao grande público, só intensificou uma crise que se desenhava antes. A introdução de novos suportes ao longo do século XX, como, por exemplo, as fitas K-7, trouxe algu-

---

[59] O número de CDs piratas gravados apreendidos no período no Brasil saltou de 3,223 milhões para 5,686 milhões. O problema assumiu tal proporção que, também em 2003, foram criadas uma Comissão Parlamentar de Inquérito (CPI) da Pirataria e uma Frente Parlamentar de Combate à Falsificação (IFPI, 2005).

mas quedas temporárias nas vendas e facilitou o desenvolvimento da pirataria, mas não chegou a afetar significativamente a grande indústria. Entretanto, a introdução da tecnologia digital de gravação articulada ao desenvolvimento da internet e a popularização dos sites de P2P vêm contribuindo de forma significativa, mas não exclusiva, para que as vendas – que atingiram seu ápice em 1996, totalizando 39 bilhões de dólares em vendas – caíssem de forma gradual até atingir seu patamar mais baixo em 2001, com aproximadamente 30 bilhões de dólares em vendas.

Hoje a indústria demonstra sinais de razoável recuperação, mas isso se deve mais ao crescimento momentâneo do mercado de DVDs do que propriamente a um desenvolvimento do mercado tradicional ou mesmo *on-line* (ABPD, 2005). O que não quer dizer que não seja possível que estejamos na eminência da reorganização desta indústria e na consolidação de novos modelos de negócio que, por um lado, garantirão a reprodução do capital (Negromonte, 1999; Araújo, 2006b) e, por outro, podem abrir novas oportunidades para as PMEs. Aliás, este argumento é defendido por vários autores que vêm investigando o mercado de música *on-line* atual (Leyshon e outros, 2005; Calvi, 2004).

Como ressalta Llerena, proprietário de um dos maiores portais de venda *on-line* de música brasileira, o sucesso do iTunes na rede trouxe esperança de que se está desenhando um novo modelo de negócio no horizonte para internet e que pode tirar a grande indústria dessa crise. Pode estar emergindo o modelo de venda de música *a la carte* (*Digital Download*) ou o modelo por assinatura (*Streaming Subscription Model*).

> No negócio da música *on-line* temos considerado como ano zero o ano de 2003, porque foi quando surgiu o iTunes. Até então a gente não sabia se o que a gente tinha na mão valia alguma coisa. Não sabíamos se era um modelo vencedor porque podíamos propor vender *à la carte* [*Digital Download*] ou oferecer uma assinatura de um banco de músicas aos clientes [*Streaming Subscription Model*]. É um modelo desenvolvido pelo site Napster, um modelo interessante que está começando a pipocar agora também nos Estados Unidos, mas que ainda gera dúvidas. O Brasil ainda não está formatado para esse modelo (...). A questão hoje é saber o que é mais rendoso: ter um milhão de registrados por mês e o cara baixa quando lhe der na telha ou ter quinhentos mil assinantes pagando US$ 10 por mês? O que um empresário prefere? Não temos ainda uma resposta definitiva. (...) O Imúsica ainda não vende por assinatura porque no Brasil não foi desenhado ainda o modelo de *download* por assinatura. Mas nada impede que venhamos a oferecer em breve este tipo de serviço também (...) O Imúsica está fazendo uma média de venda de vinte mil músicas por mês, o que é pouco perto do que a gente sabe que ocorre em outros países. Mas é um número até expressivo, porque a gente trabalha basicamente com mercado independente, que é o equivalente a 20% do mercado global. Sabemos que podemos crescer

muito ainda. Por que as vendas não são maiores? Porque a banda larga ainda é lenta, estreita e não há *players* suficientemente espalhados. Em breve, a gente vai ter o celular como grande aliado, isso vai incentivar o consumidor a baixar mais. Quando ele tiver o celular e o computador mais articulados vai certamente baixar mais música. Infelizmente, no celular não tem como você "browsear" muitas músicas. Você vai olhar ali o Top 15, Top 20 do dia, lançamentos do dia... Mas, poxa, você ficar olhando naquela telinha não é tão prático ou confortável. (Felippe Llerena, sócio-diretor do portal do Imúsica e da gravadora indie Nikita Music. Entrevista ao autor.)

Assim, a internet permanece uma arena imprevisível para a indústria, que, desde fins dos anos 1990, busca fórmulas e modelos de negócio para lucrar na rede mundial de computadores. A grande indústria vem encontrando dificuldades em convencer qualquer consumidor a pagar – seja mais de R$ 30 por um CD, seja um preço simbólico por um *download* legalizado – por algo que está disponível gratuitamente em diversos *sites*. "É difícil competir com algo que é grátis", admitiu em entrevista ao *Wall Street Journal* o diretor-presidente da EMI Recorded Music, Ken Berry (Clark e Peers, 2000).

Apesar das adversidades e mesmo depois do estouro da bolha especulativa das ponto.com, várias companhias transnacionais têm investido pesado no mercado *on-line* apostando no seu potencial de crescimento num futuro próximo: têm comprado várias companhias, da mesma forma que tradicionalmente absorveram as empresas independentes, fora da rede. Já há alguns anos, por exemplo, a BMG comprou a CDNow, parte do Napster e da eMusic, a Universal incorporou parte da MP3.com, e assim por diante (Buquet, 2002, p. 98). Aliás, no Midem (principal feira de negócios da indústria da música realizada em Cannes, na França), realizada em 2005, um detalhe chamou muito a atenção dos visitantes: gigantescos cartazes e bandeiras do outrora grande inimigo da grande indústria, o Napster (e de outros sites de troca e venda *on-line*). Podiam ser vistos em todo o pavilhão do evento, num claro indício de que o setor está se reestruturando para incorporar os negócios *em rede* (Gallego, 2005).

Um outro caso exemplar é o sucesso alcançado pelo site myspace.com (terceiro portal mais procurado da rede, atrás apenas do MSN e do Yahoo), que permite a gestão *on-line* da carreira de artistas, sem a intermediação das grandes gravadoras e editoras do disco. Inaugurado em 2003, este site possui mais de 660 mil bandas associadas ao portal. Vários grupos e bandas, como os Arctic Monkeys, Fall Out Boy e Clap Your Hands Say Yeah, alavancaram suas carreiras usando este tipo de site (outros sites também, como space.msn.com, soundclik.com, people-sound.com, music.download.com, estão entre os mais procurados da rede), e alguns deles têm alcançado números expressivos de execuções e de *downloads* ao dia. A autonomia do myspace.com – desse *indie on-line* –, infelizmente, durou pouco tempo. Ao se dar conta do grande sucesso alcançado em pouco tempo por estes sites e constatando que há a possibilidade real da emergência de um novo modelo de negócio no setor, o megaempresário Rupert Murdoch, dono de um império de comunicação e de cultura, comprou em 2006 a myspace.com, indicando que se prepara para investir pesado no setor (Seidedos, 2006).[60]

Assim, poderia tomar, por exemplo, o caso da comercialização de fonogramas pela rede como uma espécie de "laboratório", um estudo de caso que reuniria várias situações concretas que permitiriam repensar as oportunidades e os riscos sinalizados acima e que estão presentes hoje no universo da música. Poderíamos por meio desse estudo de caso, não só atestar as articulações e tensões entre os consumidores e a indústria da música (*indies* e *majors*), mas também avaliar as possibilidades de construção de novos modelos de negócios. Assim, é possível, através do caso da música *on-line*, analisar os embates entre interesses públicos e privados, discutir a questão dos *copyrights* e os hábitos e culturas dos usuários (Bustamante, 2003, p. 14-15).

Como já assinalei reiteradamente, diversos pesquisadores que analisam a música no ambiente digital registram que, a despeito de se comentarem as possibilidades de criação de novos modelos de negócios, é preciso observar que existe uma "crise de valor" da indústria da música, e que ela afeta especialmente os produtos digitais e dificulta a concretização do *business on-line*. Com as novas tecnologias, de certo modo, os consumidores até aqui conseguiram se recusar a pagar o preço exigido pelas empresas caso não reconheçam que é justo. Como já foi argumentado, as regras na nova economia parecem em boa medida ser outras, e a maioria dos produtos de algum modo vem sendo *comoditizada*, vem se equiparando, e a questão é como se diferenciar da concorrência. Além disso, na comercialização dos produtos digitais, deve-se prestar atenção ao fato de que, diferentemente do que acontece com as mercadorias tradicionais, o preço desses bens na rede é uma percepção do usuário e não o resultado de uma equação com os custos de produção (Sandulli e Barbero, 2006). Calvi identifica na polêmica dos P2P, justamente, não só uma crise de valor e de legitimidade, mas principalmente um embate entre os interesses públicos e privados: "(...) o desenvolvimento dos sistemas P2P revela as atuais contradições e os intentos de regulação da circulação de produtos audiovisuais na internet, que oscilam entre a lógica da mercantilização destes produtos e a lógica de circulação dos mesmos como recursos (legitimamente) públicos e gratuitos" (Calvi, 2005).

Assim, podemos afirmar que o *copyright* está no centro do debate sobre a música *on-line* e vem sendo bastante questionado. Lamentavelmente, quando os consumidores realizam práticas ilegais de pirataria, tendem a esquecer certos "efeitos colaterais"

---

[60] A myspace.com anunciou em setembro de 2006 que se prepara para competir com o iTunes pelo mercado *on-line*. Para isso, o site alterará um pouco seu perfil e se articulará comercialmente com as *majors* (Celis, 2006).

desse ato, isto é, de que não estão só prejudicando com isso as empresas com as quais mantêm uma relação fria ou de repúdio, mas também seus queridos artistas e ídolos. A questão é que o sistema de *copyright* – hegemônico no mundo global –, apesar de ser um recurso para garantir a preservação de direitos autorais e de propriedade, vem produzindo também algumas distorções e injustiças.[61] Muitos dos argumentos debatidos *sobre* e *na* rede devem ser vistos à luz da "cultura *hacker*" (Himanen, 2001) que questionam a legitimidade dos "excessos" dos direitos de propriedade. Entre os usuários da rede discute-se muito a legitimidade da aplicação do sistema de *copyright* a produtos que efetivamente são resultado de uma produção social/coletiva (como por exemplo, manifestações folclóricas ou da tradição oral) e a preservação da rede como espaço de troca de conhecimento e não a sua conformação também como um espaço comercial. Vale lembrar que há uma história, desde suas origens, marcada pela gratuidade na internet e, obviamente, há uma reação cultural, por parte dos usuários, ao seu uso comercial.

Percebe-se nitidamente que as grandes empresas e os países centrais vêm se favorecendo da globalização do sistema de propriedade intelectual e da demonização da pirataria, em detrimento de um possível avanço da humanidade (e um atraso dos países periféricos), caso se "abrissem parcialmente as fontes" na rede – como nas experiências que estão sendo feitas em todo mundo com os *creative commons* e/ou os *copyleft*[62] (Lessing, 2006) – ou se reduzisse o tempo de vigência dos direitos de propriedade ou mesmo se criasse um outro sistema de *copyright* que atendesse mais aos interesses públicos ou coletivos (McCourt e Burkart, 2003; Smiers, 2004; Cooper e Harrison, 2001). Aliás, dentro desse "espírito hacker" existem hoje na rede muitos portais nos quais é possível baixar milhares de canções com licenças *copyleft*, tais como www.jamendo.com e www.promocioname.net.

Em outras palavras, nos países em desenvolvimento (como os da América Latina), vem crescendo a percepção de que o desenvolvimento da criatividade, processo-cha-

---

[61] Os Estados Unidos são o grande defensor do sistema de *copyright* hegemônico no mundo atual. O país está preocupado em manter a altíssima lucratividade que vem obtendo nos últimos anos com a aplicação desse sistema. Em 2000, as indústrias do *copyright* nos Estados Unidos movimentaram cerca de 600 bilhões de dólares, ou o equivalente a 7,5% do PIB do país, empregando 7,6 milhões de pessoas. Desde 1997, as indústrias de *copyright* lideram o *ranking* norte-americano nas exportações, ficando à frente da agricultura e da indústria automobilística (Stolovich, 2002, p. 1).

[62] São iniciativas exemplares da cultura *hacker* hoje. Os *creative commons* (CC) constituem-se em uma organização sem fins lucrativos dedicada a expandir a quantidade de trabalho criativo, para que outros possam legalmente partilhar e criar outros trabalhos. O site do Creative Commons permite a detentores de *copyright* oferecer alguns dos seus direitos ao público, enquanto retêm outros, através de uma variedade de licenças e de contratos. Estes podem incluir licenças de domínio público ou de conteúdo aberto. A intenção é evitar problemas com a lei atual sobre *copyright*. Já o *copyleft* é uma forma de proteção de direitos de autor que tem como objetivo garantir que não sejam colocadas barreiras à utilização, difusão e modificação de uma obra criativa em virtude da aplicação clássica das normas de Propriedade Intelectual. O termo *copyleft* é um trocadilho com *copyright*. Traduzindo literalmente, "copyleft" significa "deixamos copiar" (Himanen, 2001; Stalmann, 1998).

ve para agregação de valor à produção e geração de riqueza, está relacionado à liberdade e à socialização do conhecimento e é hoje, em grande medida, obstacularizado pelo sistema hegemônico de *copyright*. Como nos recorda Martín-Barbero, "(...) não obstante as precárias condições em que as redes e a criatividade digitais se desenvolvem na América Latina, elas representam cada dia mais o incontrolável sugimento e conformação de um novo espaço e de novos modos de criação cultural" (Martín-Barbero, 2004, p. 55).

O caso da música *on-line* é apenas a "ponta do iceberg" das tensões vividas pelo capitalismo atualmente no âmbito da internet, em razão da popularização das tecnologias digitais. Até o momento, vemos os usuários muito mais próximos da cultura *hacker* do que dispostos a aceitar a *web* como um novo ambiente para trocas comerciais. De qualquer modo, esse processo está ainda em curso, e o desfecho é ainda imprevisível. Como ressalta Calvi, os grandes grupos transnacionais ainda estão se ajustando ao novo ambiente e não colocaram ainda todos os recursos disponíveis em ação para fazer valer seus interesses.

> Neste novo contexto, os grandes grupos multimídia necessitarão de um novo marco de regulação político-normativa que estenda seus direitos exclusivos de distribuição, reprodução e exploração comercial dos produtos culturais, para poder instaurar, finalmente, um novo modelo de exploração dos mesmos na Internet (Calvi, 2005b, p. 335).

Fragilização da noção de autoria e "desaparição" da atividade de crítico musical no contexto da intensificação do processo de perda de valor da música gravada.

As novas tecnologias de comunicação e informação afetaram não só a produção musical ou cultural, mas também a produção em geral, especialmente, na sua dimensão autoral.

Na verdade, se já havia uma crise da noção de *autor* – que começou na substituição da produção artesanal (em que a obra é tida como singular e o papel do autor é fundamental) pela a produção industrial (em que a produção é freqüentemente feita em série, de forma maquínica e anônima) –, ela tende a se intensificar com o emprego cada vez mais rotineiro das novas tecnologias. Se, por um lado, o pensamento contemporâneo colaborou questionando o mito da originalidade e postulando que tudo é resultado de processos de intertextualidade, por outro, o uso cotidiano e intenso das NTICs em redes "enterrou" de vez a noção de autoria, tornando tudo na prática passível de ser visto como pastiche, ou seja, como resultado de práticas constantes de apropriação e agenciamento de atos criativos já existentes (Bauman, 1999; Harvey, 1989; Connor, 1993). Aliás, essa profunda crise da noção de autoria tem trazido inúmeros problemas ao debate sobre direitos autorais envolvendo especialmente um tipo de produção digital que é resultado de vários processos de *assemblages* ou em mercadorias que são resultado de agenciamentos da tradição oral e do folclore de sociedades de países perféricos que foram disponibilizados através das redes sociais e eletrônicas (Smiers, 2004).

No universo da música, além das mudanças na esfera dos negócios, as NTICs permitiram o surgimento de um novo autor musical, cuja produção consiste em fazer um uso criativo de trechos de música. Seu conhecimento se aproxima mais do conhecimento dos técnicos de som e dos consumidores do que propriamente dos músicos. Esses novos criadores são conhecidos como DJs e hoje gozam quase do mesmo prestígio que os músicos, aliás, muitos deles são artistas fundamentais nos novos grupos de música que usam bases de música eletrônica.

> Graças ao desenvolvimento de tecnologias digitais para lidar com o som, em *softwares* que permitem a criação de ritmos e timbres no computador, além da colagem de sons de outros compositores, surge uma nova categoria de músicos – a de DJ/produtores que trabalham em estúdios caseiros, dentro da lógica do "*do it yourself*" [faça você mesmo], reciclando materiais em busca de novas sonoridades (Sá, 2005, p. 70).

Além disso, não podemos deixar de ressaltar o impacto da disseminação da tecnologia eletrônica (e digital) no mundo musical, especialmente a partir dos anos 1990, quando proliferaram os chamados "projetos". A tendência da música *faceless* (ou seja, de artistas "sem rosto", ocultos por trás de uma parafernália tecnológica) acabou barateando os custos de produção das gravadoras e propiciou uma explosão de novos selos especializados (Miguel, 1998; Albuquerque, 1996).

De certa forma, o *boom* da música eletrônica contemporânea remete ao punk rock de fins dos anos 1970 e ao conceito de *do-it-youself*, franqueando o acesso de não-músicos ao mundo pop. Do outro lado da balança, isso contribuiu de alguma maneira para o sucateamento do mercado de trabalho musical, pois os *disc-jockeys* (DJs) passavam a assumir as funções antes distribuídas por diversos profissionais. É uma espécie de radicalização da cultura do *sampler* consagrada no universo hip-hop nos anos 1980 e 1990, em que DJs, munidos de vitrolas e bases pré-gravadas, mesclavam sons de outros artistas, obtendo resultados os mais diversos – fenômeno que, por si só, já suscitava debates furiosos sobre a questão da autoria e da legitimidade artísticas. Como alguns autores sugerem, a popularização e a apropriação da música eletrônica e da atividade de DJ poderiam ser vistas como um importante passo dado pelos consumidores na direção da apropriação (parcial) da produção (Leyshon e outros, 2005).

Esse é um argumento que deve ser analisado com cautela (de forma não ingênua), mas que permite se repensar a importância da construção hoje de circuitos culturais alternativos, que não estejam regidos predominantemente pela lógica mercantil da indústria e que podem contar com a participação mais efetiva dos consumidores. As possibilidades abertas pelas novas tecnologias produzem impactos socioeconômicos e culturais, interferindo em alguma medida no nível de articulação dos atores de um determinado território que devem ser analisados com atenção.

Dentro desse novo cenário emergente hoje, não cabe aqui atribuir juízos de valor às novas tendências da música e ao destaque alcançado pela música eletrônica, especialmente junto às novas audiências. No entanto, é possível detectar fenômenos no âmbito da indústria do disco que vêm tendo impacto sobre a cultura. E há motivos de sobra para preocupações sobre o futuro da diversidade musical brasileira (do pluralismo cultural) diante do atual processo de reordenação do setor fonográfico. Organizador de diversas iniciativas que visam intensificar o contato entre as produções locais ou regionais do país, o antropólogo Hermano Vianna identifica no Brasil uma produção musical rica, variada e híbrida, que mistura o acústico e o eletrônico, e que necessita de mais visibilidade para sobreviver. Ele lamenta que a crítica e o jornalismo cultural sejam tão suscetíveis às estratégias de marketing das grandes gravadoras e que invistam tão pouco em matérias que coloquem em cena as novas experiências musicais realizadas em diferentes localidades do país:

Quando lancei *Música do Brasil*, projeto que documenta músicas na sua maioria sem nenhum registro anterior, de 82 municípios brasileiros, houve muitas matérias celebratórias, não posso me queixar. Mas não houve nenhum artigo analisando a produção musical ali revelada. O mesmo aconteceu com tudo que fiz na televisão. Nunca li nenhum artigo interessante, falando bem ou mal, que me ajudasse a pensar sobre o que estou fazendo (...) (Vianna, 2003, p. 145).

As manifestações culturais são dinâmicas e devem ter desdobramentos econômicos, para garantir sua sustentabilidade no longo prazo. Mas a crescente fixação das grandes gravadoras na maximização de lucros deve ser objeto de debates, não apenas no mundo da música, mas também no âmbito dos órgãos de defesa da concorrência – em virtude da crescente concentração empresarial no setor – e no campo acadêmico, especialmente entre os estudiosos da questão da identidade e da diversidade culturais.

O jornalista Antônio Carlos Miguel parece lamentar também a tendência da "desaparição" da atividade de crítico musical ou mesmo da reflexão mais crítica na mídia impressa.

Lamentavelmente, no jornal há menos espaço para a crítica, menos espaço para a matéria reflexiva. Cada vez mais a receita, com a qual não concordo e que vigora de forma mais intensa, é: "o leitor tem pouco tempo e gosta de ler menos". A impressão que tenho é de que com isso os jornais no mundo inteiro estão perdendo leitores, que estão migrando para a internet. O jornal não tem como competir com a televisão e outros veículos. Ele tem que aprofundar o pensamento crítico, eu acho que o caminho é esse... É oferecer um tipo de informação diferente do que o público vai encontrar no rádio, na televisão ou na internet. (...) Os teóricos que têm influenciado as cúpulas de jornais do mundo todo dizem o contrário, ou seja, que o leitor não tem mais tempo para a reflexão, lê rápido... Então, isso é uma discussão que está comendo solta nas redações. (...) Há uma queda de braço aí. Os jornais têm cadernos semanais, alguns mais direcionados à reflexão: a *Folha* tem o "Mais", *O Globo* tem o "Prosa e Verso". No caderno de domingo há mais espaço para matérias maiores e mais reflexivas. Aqui buscamos trabalhar dentro de um perfil mais crítico e evitar a realização de matérias apenas de divulgação, mas reconheço que o texto crítico de modo geral vem se reduzindo nos jornais. (Antônio Carlos Miguel, crítico e jornalista de *O Globo*. Entrevista ao autor.)

**Queda nas vendas e emergência das *indies*:
as associações "vão à luta" num cenário de indefinições**

Não são só a crise de valor da música gravada, a falta de críticos especializados e a pirataria *on-line* que dificultam as vendas de discos; o desaparecimento de inúmeras lojas de discos tem agravado também o quadro atual de crise. No Brasil, as lojas de disco de rua (e mesmo as localizadas em shoppings) praticamente desapareceram nos últimos anos. Só em 2001, segundo dados divulgados pela APDIF, aproximadamente duas mil lojas que existiam no país foram fechadas. À exceção de algumas lojas que conseguem oferecer algum diferencial ao público, em geral, os consumidores hoje compram discos pelo sistema *on-line*, em grandes atacadistas como Lojas Americanas, Carrefour, Saraiva e FNAC ou em grandes cadeias de supermercados que têm grande poder de barganha e, em razão disso, possuem os melhores preços do mercado. Isso intensificou os já graves problemas de distribuição que existiam para as empresas de música, especialmente para as *indies*.

> A própria indústria – lá fora e aqui – matou as lojas especializadas, as de bairro, dando descontos maiores e longos prazos de crédito aos grandes clientes. Muitas vezes, por exemplo, o pequeno lojista compra o disco mais barato nas Lojas Americanas do que na própria gravadora. Quanto a pontos de vendas alternativos, acho isto salutar. Mas tem que ser feito com inteligência (...) (Jerôme Vonk, especialista em comunicação dirigida, publicidade e *showbusiness*. Entrevista ao autor.)

Mas que pontos alternativos são estes? São realmente viáveis? Como agregar valor ao disco e ao ato de vendê-lo? A produção de uma "experiência prazerosa" de alto valor agregado, especialmente envolvendo a música ao vivo, parece ser um caminho que tem ajudado no sucesso de vários profissionais do setor de vendas de música. Luiz Antônio Mandarino, o "Luizinho", que acompanha todos os eventos de samba e choro no Rio, é um exemplo de que a música gravada pode ter um papel complementar, favorecido pela exibição ao vivo. Quando feita esta articulação, atesta-se que o ato de vender música passa a ter outro valor.

> No meu segmento de venda de CDs em pontos alternativos, acho que me beneficiou o fato de as gravadoras apostarem no produto descartável, de massa. Sabemos que o custo final de um trabalho desse tipo implica marketing e outras tantas coisas. Isso encarece muito o custo final do disco... Além do "jabá" que pagam às rádios e às tevês. Esse segmento que a gente trabalha, que é exatamente samba de raiz, com música de choro e instrumental (...), vai na contramão desse mercado. Então, se hoje existem menos lojas, em quantidade, continuam existindo as lojas superespecializadas. Por exemplo, você entra na Modern Sound, na Livraria da Travessa, você tem vendedores com conhecimento de música, mas é uma exceção. Nestas lojas costumam até dividir: você tem vendedor para jazz, para samba, para MPB e vendedor para internacional... Porque você tem que ter um mínimo de conhecimento. Já nas lojas de rua, de modo geral, falta mão-de-obra especializada. (...) Acho que por conta disso tenho um pequeno espaço no mercado. Fui beneficiado por essa indústria do descartável das multinacionais, me beneficiei da sua crise. Porque eu vejo que o lojista não quer vender produtos para um público pequeno, não tem interesse nesses CDs mesmo, até porque vender o último CD do Zeca Pagodinho, do Caetano Veloso e de outros medalhões é mais fácil. (...) Vender o último CD de um músico como o Zeca é mole: você compra no Carrefour ou em outro grande atacadista. O difícil é você ter o primeiro dele, que é raridade. Então, é mais ou menos por aí que eu trilhei o meu caminho. (...) Sempre apostei na qualidade, e não na quantidade. (...) Lamentavelmente, os empresários de show não acordaram para a possibilidade de vender ali CDs. Por exemplo, o Centro Cultural Carioca tem uma lojinha, o Carioca da Gema tem alguma coisa, mas é tudo muito precário. (...) Além disso, há muito preconceito com os pontos alternativos de venda de CD. (...) Quando você fala de vender CD na rua você pensa logo em pirataria. Então, se você não impõe respeito pelo seu trabalho, vira bagunça. (Luiz Antônio Mandarino, conhecido vendedor autônomo de CDs do Rio de Janeiro que freqüentemente está presente nos eventos de samba e choro. Entrevista ao autor.)

Várias *indies* admitem que utilizam estratégias parecidas com a do "Luizinho", vendendo CDs em shows para o público. Várias delas constataram que boa parte de sua receita *é* e *pode ser* gerada nesses eventos.

> (...) grande parte dos discos que a Acari vende é em show, o grosso da nossa venda é em show, e não em loja ou internet. As vendas durante os shows acontecem porque, na hora em que o consumidor ouve, se entusiasma e compra o disco no impulso, não dá tempo para ele pensar que tem conta pra pagar no fim do mês. (Mauricio Carrilho, músico e proprietário da Acari Records, gravadora *indie* especializada em choro. Entrevista ao autor.)

A "economia da experiência" (Pine e Gilmore, 2001) – bastante valorizada pelos consumidores hoje – tem ajudado também a consolidar o sucesso de lojas famosas como a Travessa e a Modern Sound.

> Hoje, os outros empresários estão atrás de mim. Está todo mundo em desvantagem, querendo fazer o que a gente faz já há algum tempo. (...) É muito importante a loja de discos ser mais do que uma loja. Acho que hoje em dia não existe um negócio só. Aquela loja poeira, sem ar-condicionado, de rua, que só vende disco, desapareceu. Essa morreu mesmo, essa não tem jeito de voltar a existir. Para atraírem o público as lojas têm que ter algum tipo de *mix*, com eventos. (...) Hoje em dia, a diferença é a seguinte: você vê o cara comprar aqui ou comprar na Travessa, e não é pelo preço. Se for pelo preço ele compra através de um site em casa ou no supermercado. (...) O diferencial é o serviço, a qualidade do atendimento, os eventos, o ambiente (...). Hoje em dia, eu trabalho com muitas partituras de música popular, trabalho com produtos de música, cinema e teatro. A gente tem uma assessoria de imprensa que dá resultado. Temos conseguido muita mídia espontânea nos jornais e mesmo na televisão e no rádio. (Pedro Tibau, proprietário da loja de rua Modern Sound, localizada no Rio de Janeiro. Entrevista ao autor.)

Além disso, evidentemente há outros fatores que explicam o sucesso dessas lojas superespecializadas. Ao contrário de várias grandes lojas que surgiram e fecharam – e diferentemente dos grandes supermercados e magazines –, que ficaram ou são reféns das distribuidoras e das *majors*, lojas como a Travessa e a Modern Sound no Rio de Janeiro têm apostado não só na valorização da experiência, da produção de um bom ambiente, com atendimento de qualidade, mas também no investimento em produtos não massivos, na valorização de um estoque bastante variado e segmentado. Como ressalta Tibau, "é muito difícil você saber controlar a ingerência do outro sobre seu estoque, no seu negócio, de empresas te dizendo *o que* e *como* vender". (Pedro Tibau, proprietário da loja Modern Sound. Entrevista ao autor.)

As *indies* vêm também buscando superar os problemas de distribuição e sua pouca visibilidade, investindo na internet como uma alternativa.

Acho que hoje as distorções que acontecem na televisão e na rádio, felizmente, não são reproduzidas nas rádios públicas, comunitárias e na internet. A internet abre uma perspectiva de novos circuitos de distribuição. A Acari tem um site onde vendemos nossos discos. A internet abre a possibilidade de alguém te achar, de alguém que quer teu produto te encontrar (...). Estamos vendendo MP3 no site da Acari por um real. Estamos oferecendo a partitura gratuitamente, até como forma de divulgação da música, e estamos tendo um retorno interessante. (Mauricio Carrilho, músico e proprietário da Acari Records, gravadora *indie* especializada em choro. Entrevista ao autor.)

Entretanto, mesmo mais adaptadas aos novos desafios de buscar visibilidade e circuitos de distribuição alternativos, as *indies*, como qualquer empresa de música, ainda têm grande dificuldade de avaliar, de auditar a melhor estratégia para atingir os melhores resultados.

Na internet há uma ploriferação de sites de informação de música, apesar de que em muitos deles você não consegue avaliar o alcance. Mas a internet é um canal muito forte de divulgação. O problema é que não é um canal que você possa auditar. É diferente de quando sai uma matéria de um disco nosso na capa de um jornal como o Segundo Caderno de *O Globo*... Aquilo tem um impacto que você pode medir. (...) A tendência das independentes é entrar através de distribuidores digitais e/ou de sites de comércio, mas às vezes é meio complicado saber qual é o melhor canal, o mais rentável para seu negócio (...). (Roberto de Carvalho, proprietário da Rob Digital, gravadora *indie* especializada em música popular. Entrevista ao autor.)

Aliás, como já foi assinalado, sob a alegação de que o mercado clandestino reduz sua capacidade de investimento em novos produtos, as grandes gravadoras vêm alterando dramaticamente o perfil de seus elencos, privilegiando a importação de artistas lançados em suas matrizes, numa estratégia de diluição de custos. Assim, as estratégias e os recursos de lançamento de um CD como, por exemplo, o da Madonna são definidos previamente pela matriz da grande gravadora transnacional e replicados em diferentes partes do mundo, o que em geral reduz significativamente os custos de marketing, design, produção de videoclipes e material publicitário. Passa-se a investir menos na customização de alguns tipos de produtos transnacionais (embora se siga customizando outros).

Nesse sentido, embora as vendas de CDs de repertório nacional totalizem 77% do mercado brasileiro, o elenco das grandes gravadoras passou a ser sistematicamente enxugado (ABPD, 2005). Dados da ABPD indicam a redução de cerca de 50% dos postos de trabalho diretos na grande indústria do disco entre 1997 e 2003, o que afetou diretamente artistas, técnicos de estúdio, departamentos de marketing e pessoal de apoio.

Seria inadequado utilizar dados quantitativos como medida única para aferir tendências no campo da cultura. Mas, com a ressalva de que quantidade não é qualidade, cumpre assinalar uma queda expressiva no número de lançamentos de artistas nacionais. Em 2002, foram 1.472, contra 1.414 estrangeiros. No ano seguinte, totalizaram apenas 1.080, ao passo que os internacionais saltaram para 2.171. Considerando que dezenove entre as vinte músicas mais executadas nas rádios brasileiras ao longo de 2003 eram de artistas nacionais, podemos deduzir que a redução nos lançamentos da "prata da casa" se deu justamente nas faixas de menores vendagens. Esse processo aumenta o risco de queda na diversidade cultural, banindo das prateleiras das lojas de discos, muitas vezes, artistas que não atinjam uma cota mínima de cópias comercializadas.

Com a queda de investimentos, a concorrência da pirataria e o achatamento da renda da população a partir de 1996, mesmo o seleto clube dos artistas que vendem grandes quantidades de discos sofreu um esvaziamento. Em 2000, distintamente dos anos anteriores, apenas a dupla Sandy & Júnior atingiu a marca de um milhão de cópias (Araújo, 2000). Evidentemente, a crise da indústria fonográfica não provoca apenas a dispensa de artistas que não mobilizam grandes segmentos de público. Na prática, astros da música global, com maior poder de barganha, há alguns anos, já vinham antecipando o movimento de reordenação das gravadoras e buscando caminhos próprios (Araújo, 2001).

O cantor e multiinstrumentista Prince, por exemplo, rompeu com sua gravadora, a Warner, em meados dos anos 1990. Como foi forçado a cumprir um contrato draconiano, trocou seu nome artístico por um símbolo impronunciável e lançou discos experimentais. Vencido o contrato, retomou o nome e fechou, em 2004, um novo acordo, dessa vez com a Columbia, um selo da Sony Music, pelo qual obteve total autonomia artística e garantiu a distribuição de seu novo disco, *Musicology*, com percentual inédito de *royalties* sobre o preço de capa. Com o álbum, voltou ao topo das paradas americanas e engordou sua conta bancária em milhões de dólares. No Brasil, o cantor Lobão, um dos artistas revelados nos anos 1980 durante o estouro do chamado Rock Brasil, brigou com a gravadora Universal e com toda a indústria do disco ao denunciar a ausência de numeração das cópias, o que facilitava a pirataria dentro das próprias empresas do setor. Empenhado em provar que a margem de lucro das gravadoras era abusiva, produziu e lançou, com um sistema de distribuição focado em bancas de jornal, o álbum *A vida é doce*, vendido pela metade do preço dos discos de artistas das *majors*. Todos os álbuns eram numerados e também vendidos nos shows, o que proporcionou uma tiragem de mais de 100 mil cópias, pagando o investimento feito com folga. Vale ressaltar ainda a grande qualidade técnica do trabalho, num período em que os equipamentos de gravação de alta fidelidade se tornam cada vez mais acessíveis e quando proliferam pequenos estúdios independentes (Kischinhevsky e Herschmann, 2006).

Lobão pode ter sido um caso extremo, mas não chegou a ser o pioneiro no Brasil. Outros artistas de renome vinham, desde os anos 1990, lançando selos próprios, na esteira do esvaziamento dos elencos das grandes gravadoras, cada vez mais preocupadas em maximizar seus lucros. Selos como Velas (de Ivan Lins e Vítor Martins), Dubas (de Ronaldo Bastos) e Rock It! (de Dado Villa-Lobos, ex-Legião Urbana) somaram-se aos independentes egressos dos anos 1980 para tentar ampliar os mercados e buscar alternativas. Muitos fecharam acordos com grandes gravadoras, para tentar driblar a maior dificuldade dos pequenos selos: a distribuição (Miguel, 1997).

Nem todos prosperaram, em virtude da concorrência predatória das grandes gravadoras e à própria retração do mercado nacional. As limitações financeiras dos pequenos selos e a repulsa das *majors* da indústria aos artistas de vendagens menos expressivas levaram a situações paradoxais, como a redescoberta de clássicos da música brasileira por selos estrangeiros. Joyce, Marcos Valle, João Donato e outros estouraram no Japão e na Europa com álbuns originalmente lançados há décadas e que permanecem fora de catálogo no Brasil. Em alguns casos, o sucesso é tamanho que esses artistas lançam novos trabalhos exclusivamente no mercado externo (Sukman, 2000).

Entretanto, importa dizer que já é possível identificar um novo horizonte em que talvez as gravadoras pequenas ou independentes tenham um papel mais significativo:[63]

> Enquanto as cinco multinacionais fecharão o ano [de 2004] com cerca de treze lançamentos nacionais (incluindo o formato CD e DVD), muitos deles feitos em parcerias com artistas, as cinco principais gravadoras independentes (Biscoito Fino, Trama, Deckdisc, Indie e MZA) chegam ao fim de 2004 com 108 discos. Números que reafirmam o crescimento do segmento. (...) No crescente mercado independente, a gravadora Indie [por exemplo] apostou em 38 discos, de diversos segmentos, aproveitando artistas que nos últimos anos foram desprezados pelas grandes: entre outros, Alceu Valença, Beth Carvalho, Jorge Aragão, Luiz Melodia e Alcione (Miguel e Pimentel, 2004, p. 1).

---

[63] Até bem pouco tempo, as pequenas gravadoras quase não podiam competir com as *majors*. O que em geral elas faziam era se articular, produzindo selos independentes que eram absorvidos pela grande indústria. Ou seja, sua atividade era complementar à da grande indústria. Para mais detalhes do quadro que tínhamos até recentemente na cadeia produtiva da música, ver Yúdice, 1999.

As perspectivas das *indies* no mercado vêm melhorando e, em grande medida, por causa do auxílio das novas tecnologias, do empreendedorismo dos donos das gravadoras e do crescimento do interesse do público.

> O surgimento do CD e das tecnologias digitais foi fundamental nesse momento. Você soma estas mudanças com o crescimento das casas noturnas e o interesse crescente do público que alimenta essas casas noturnas. Alimentando essas casas noturnas, você tem os músicos que ali tocam gravando seus disquinhos independentes, e isso acaba se refletindo nas pequenas gravadoras. Você tem pelo menos alguns selos que foram marcos fundamentais no crescimento das *indies*, como Kuarup, Acari e Rob Digital. Seus donos são grandes empreendedores e referência no circuito das *indies*. Depois, apareceu um selo fundamental que está olhando a música brasileira com outra visão que é a Biscoito Fino. Esta é um marco de qualidade de uma gravadora com alcance nacional. Mesmo assim, é uma *indie* de peso. (Egeu Laus, presidente do Instituto Jacob do Bandolim. Entrevista ao autor.)

Evidentemente, as novas tecnologias colaboraram democratizando um pouco os meios de produção, facilitando o *boom* da produção independente e oferecendo canais de distribuição alternativos. Entretanto, não resolveram a grande questão que é como alcançar visibilidade e efetivamente chegar ao grande público que consome música.

> Anos atrás, a casa de um músico tinha, tipicamente, instrumentos e outros equipamentos ligados ao *métier*, acompanhados, às vezes, de um gravador, onde o compositor registrava suas idéias. Hoje em dia é difícil um músico não ter um computador e outras geringonças que o ajudem a realizar, em casa, gravações de melhor qualidade. Com a democratização da tecnologia, ficou mais fácil gravar um disco, em casa ou no estúdio (caseiro ou não) de um amigo. Um reflexo disso – auxiliado pela crise das gravadoras, que as levou a reduzir, e muito, seus elencos – é a proliferação de discos e selos independentes, que muitas vezes envolvem artistas consagrados, como o Quitanda, de Maria Bethânia, o Duncan Discos, de Zélia Duncan, e a Saravá Discos, de Zeca Baleiro. Mas o mundo ainda não está salvo: se gravar um disco não é mais tão difícil e caro quanto antigamente, o problema está em conseguir fazer as pessoas o escutarem. O grupo vocal Chicas, por exemplo, finalizou as gravações de seu CD há seis meses, e, depois de muitas reuniões e promessas não cumpridas, resolveu lançá-lo como independente. (...) A internet, que pode ser uma alternativa – principalmente no dia em que o *download* legal de músicas for uma instituição forte no Brasil –, funciona mais para artistas independentes. Bandas como Bonde do Rolê e Cansei de Ser Sexy popularizaram-se no Brasil e no exterior sem depen-

der de CDs – diz o produtor e músico Alexandre Kassin. – A produção mais barata ajuda artistas fora do eixo. Para o baterista Fred, dos Raimundos – que está estreando outra banda, o Supergalo –, quem conseguir entregar um disco bem gravado já pronto a uma companhia sai em vantagem. Hoje em dia tudo é muito rápido, as pessoas procuram as bandas na internet, e elas mudam a cada semana — diz ele, que já lançou um disco com os Raimundos pela internet (Araújo, 2006, p. 1-2).

A Associação Brasileira de Música Independente e suas coalizões *em cena*

Certamente, nos últimos anos, um dos grandes acontecimentos na indústria da música mundial foi a criação e o fortalecimento das associações das PMES, das chamadas gravadoras alternativas ou independentes, tais como: Independent Music Companies Association (Impala), que reúne várias *indies* de países da União Européia; Australian Association of Independent Record Labels (AIR), da Austrália; Association of Independent Music (AIM), da Inglaterra; Association of American Independent Music (AAIM), dos Estados Unidos; Unión Fonográfica Independente (UFI), da Espanha; Independent Music New Zealand Incorporated (IMNZ), da Nova Zelândia; Canadian Independent Record Production Association (CIRPA), do Canadá; e a Associação Brasileira da Música Independente (ABMI) (cf. http://www.impalasite.org/).

No Brasil, a ABMI, criada em janeiro de 2002, vem realizando um trabalho de grande importância que está reconformando o mercado e propondo políticas culturais que efetivamente defendem os interesses locais e nacionais. Por causa dela, a ABPD, que tradicionalmente era o interlocutor político do setor, vem perdendo parte de sua força política. Essa associação congrega as principais *indies* do país (cerca de 100 associados diretos entre selos, gravadoras e distribuidoras de todo o Brasil).

> Criamos a ABMI com o objetivo de ser uma associação das empresas. Hoje nós temos cem sócios, talvez quinze desses tenham mais do que três ou quatro funcionários. A gente está neste instante fazendo um levantamento dessa parte, dos nossos sócios. Quinze ou vinte empresas podem ter mais do que três funcionários e a grande maioria são empresas muito pequenas. (...) A base da produção fonográfica no Brasil tem essas dimensões. Dentro das vinte empresas maiores, a gente tem duas ou três que já são médias, que contam com vinte a trinta funcionários. E o nosso horizonte termina aí. Não temos nenhuma grande empresa independente. São todas médias. Dentre os sócios, temos os selos que são iniciativas mais pontuais e temos também os distribuidores, que são pessoas que fazem este trabalho de receber a produção, cuidar do estoque, cuidar da

venda e colocar no mercado. Entre os distribuidores a gente tem um universo de empresas que não são sócias da ABMI diretamente, mas vendem indiretamente, pelo menos a produção de 200 a 300 pequenas empresas. Estamos falando de uma comunidade hoje de cerca de 400 empresas, todas elas formais. Destes 400, cem são sócios pagantes que mantêm a estrutura da ABMI. (Pena Schmidt, quando exerce a função de presidente da ABMI. Entrevista ao autor.)

Sobre a dinâmica democrática de funcionamento e de tomada de decisões dessa associação, seu presidente faz o seguinte comentário:

> A associação nasceu por demanda da classe, a gente aprendeu muito, do zero mesmo, o que faz uma associação, como funciona, qual é o mecanismo, qual deve ser o tráfego da informação da necessidade do sócio até percorrer o caminho e se transformar em uma iniciativa da associação. A gente aprendeu a agir por demanda (...). Hoje, a gente tem uma agenda dos temas que estão sendo discutidos aqui dentro ao longo dos anos. Alguns continuam sendo discutidos e em quatro anos ainda não chegamos a uma solução. Em alguns a gente já partiu para a prática e já resolveu, virou a página. E tem uma boa parte que está em andamento (...). (Pena Schmidt, quando exerce a função de presidente da ABMI. Entrevista ao autor.)

Como principais bandeiras da associação estão a luta pela redução dos impostos pagos pelas gravadoras que se propõem produzir música nacional (e/ou aqueles gêneros de menor apelo comercial) e a garantia de melhores condições para as *indies* para a comercialização de produtos no mercado brasileiro e no exterior.[64] Tradicionalmente, as *majors* conseguem melhores condições junto às editoras e as distribuidoras, mas a ABMI vem conseguindo, em conseqüência de uma série de práticas associativas e ações políticas (utilizando convênios e contratos coletivos), alcançar algumas condições mais vantajosas para seus associados, inclusive, no mercado externo e *on-line*. A respeito disso, Roberto de Carvalho, um dos mais antigos associados e bem-sucedidos empresários do universo *indie* no Brasil, faz o seguinte comentário:

> A chegada da ABMI representou duas coisas fundamentais: uma é o convênio com as editoras, que antes era uma negociação individual, a outra, a possibilidade

---

[64] Os objetivos da ABMI são: a) Identificar e promover atividades de interesse comum em benefício da produção musical independente brasileira; b) Divulgar as realizações da produção musical independente; c) Organizar e manter a comunicação entre os sócios para assuntos de interesse comum dentro dos objetivos da associação; d) Promover o encontro anual dos sócios com mostra de produtos, artistas e premiações; e) Promover o aperfeiçoamento técnico e operacional inerente às atividades da produção independente musical brasileira; f) Representar os anseios e demandas da produção musical brasileira no país e no exterior (mais informações, ver site da ABMI: www.abmi.com.br).

de viabilizar exportações. Esta foi uma questão fundamental, resolvida pela atuação da ABMI. Porque o controle de repertório era um negócio muito complicado. Você ia pedir autorização para gravar alguma coisa e cada editora pedia um preço, todo mundo cobrava adiantado, não tinha um modelo de contrato (...). Na verdade, temos no Brasil duas instituições importantes para as *indies*. A ABMI, que atua junto ao repertório e ao mercado nacional e estrangeiro, e a *Brazilian Music & Arts* (BM&A), que fica com a parte promocional, de organização das feiras. A presença das *indies* brasileiras no Midem pelo terceiro ano consecutivo é um fato consolidado e viabilizado em grande medida pela ABMI. Isso abre um novo foco de negócios que também não era possível para os independentes, que é o do licenciamento e da exportação. Podemos, hoje, licenciar títulos inteiros e, sobretudo, é mais fácil também o licenciamento de fonogramas para compilações feitas no exterior. Durante dez anos era atividade exclusiva das *majors*... Ninguém metia a mão nessa cumbuca. Não é um mercado de alta lucratividade, mas permite compor seu *mix* de faturamento para sobreviver. É importante as pequenas também mostrarem a cara lá fora. Hoje, as *indies* têm uma cultura associativa, isso também é novidade. A ABMI nos permitiu um salto de qualidade. (...) O interessante da ABMI é que a informação estratégica do mercado é compartilhada. Você pode ser um selo pequenininho que tem dois funcionários, dois músicos e poucos títulos, mas sua empresa tem acesso ao mesmo conjunto de informações que qualquer outro filiado tem. Além disso, a empresa passa a ter convênio automático com as editoras. (Roberto de Carvalho, proprietário da Rob Digital, gravadora *indie* especializada em música popular. Entrevista ao autor.)

Recentemente, a ABMI organizou com agências de fomento e entidades de exportação o envio de lotes da produção dos seus associados à Europa.

> Através da organização da iniciativa de exportação conjunta de música brasileira passamos a ter apoio do Sebrae e de outras agências de fomento. O Sebrae nacional está chegando via Agência de Promoção de Exportações e Investimentos (Apex) e nos apoiando neste projeto. No Brasil hoje em dia existe o projeto da cachaça, o do café, e agora tem o da música. E fazemos parte desta história. (Pena Schmidt, quando exercia a função de presidente da ABMI. Entrevista ao autor.)

Além disso, a ABMI vem realizando também alianças com as associações de *indies* de outros países visando à consolidação de uma grande associação internacional de gravadoras independentes – que estão constituídas hoje numa Coalizão Mundial Independente que reúne 15 entidades nacionais da música independente de diferentes países – a fim de defender o interesse dessas empresas que detêm quase 30% do mercado mundial, mas que individualmente (evidentemente) são "presas fáceis" para as grandes empresas.[65]

Sobre a importância da atuação da ABMI, um dos empresários de *indies* mais antigos, Aratanha, faz um comentário bastante revelador da importância desta instituição em comparação à importância da associação das grandes gravadoras, a Associação Brasileira dos Produtores de Discos: "A ABPD tem um projeto para o país de ontem, mas ABMI tem um projeto para a realidade do Brasil de hoje." (Mario Aratanha, proprietário da Kuarup, uma das mais antigas gravadoras *indies* do país, especializada em música sertaneja e popular. Entrevista ao autor.)

Perspectivas para as *indies* hoje: enfrentando um contexto adverso e de incremento de interatividade com as *majors*

Assistimos certamente hoje a uma explosão da produção da música brasileira dentro do universo das *indies*, mas que não deixa demasiadamente otimistas os atores sociais ligados direta e indiretamente ao universo das gravadoras independentes.

> (...) Nunca se gravou no Brasil tanta boa música como se grava hoje em dia. Por isso não faz sentido falar em crise de produção artística, pois temos músicos maravilhosos e de todos os estilos. Hoje em dia, aquela idéia de que só as gravadoras são detentoras dos meios de produção não existe mais. Com a tecnologia isso barateou muito, tem pessoas que têm estúdio em casa, que mandam prensar cinco mil discos. Hoje em dia, o problema não é a produção, mas sim como se conseguir visibilidade, como chegar ao consumidor e gerar sustentabilidade. (Paulo Neves, coordenador do site Agenda Samba & Choro. Entrevista ao autor.)

Evidentemente, apesar dos avanços e das conquistas, "nem tudo são flores" no universo das independentes. Apesar de estarem mais organizadas em torno da associação e de estarem tentando abrir caminho também no mercado externo, os donos das gravadoras *indies* estão conscientes das suas possibilidades e limitações.

> Infelizmente o mercado externo ainda é um mito. A música brasileira nunca teve uma explosão de consumo mundial tão grande como a que experimentou a música cubana recentemente. Vemos o mercado externo com os olhos muito mais cheios de ilusão do que ele realmente se apresenta a nós. Um artista, por

---

[65] Entrevista realizada com Pena Schmidt, presidente da ABMI.

exemplo, como o Chico Buarque, na França, vende mil ou mil e quinhentos discos por ano. Não é um mercado tão grande assim... Mas, claro, é um mercado interessante. (...) O nosso mercado por enquanto é aqui, isto é, o lugar da música brasileira é no Brasil basicamente. (...) Esse é um país que ama sua música. (Mario Aratanha, proprietário da Kuarup, uma das mais antigas gravadoras *indies* em atividade do país, especializada em música sertaneja e popular. Entrevista ao autor.)

Como ressalta Mauricio Carrilho, a sustentabilidade das *indies* é ainda bastante precária e, muitas vezes, ela depende de patrocínio (público ou privado) para levar adiante seus projetos, o ritmo dos lançamentos, enfim, a construção de seus catálogos.

A gente consegue lançar alguns *hits*, mas tem um bando gente que bate à nossa porta querendo lançar novos trabalhos, mas não é tão simples assim... O retorno do investimento na gravação de um disco, na pequena gravadora, que trabalha com vendagens em torno de dois mil, três mil cópias, como a Acari, é um retorno lento, demora-se em média dois ou três anos para recuperar o que se investiu. Então, não dá para fazer ininterruptamente uma leva grande de trabalho sem que se consiga patrocínio. Por isso a gente vive fazendo projetos e entrando em editais para conseguir apoio. (Mauricio Carrilho, músico e proprietário da Acari Records, gravadora *indie* especializada em samba e choro. Entrevista ao autor.)

Entretanto, várias gravadoras independentes estão se adaptando e encontrando um caminho neste novo cenário. Aratanha, dono de umas das *indies* mais antigas em atividade no mercado, comenta algumas das suas estratégias atuais de venda:

Fomos a primeira gravadora a começar a vender discos pela internet, diretamente. A primeira gravadora a abrir um site para vender seus próprios discos foi a Kuarup... E tudo isso em 1995. Antes disso, esse mesmo tipo de relacionamento com o cliente já existia através do correio, do reembolso postal, do fax, do telefone... Sempre houve um canal de venda direto com o consumidor pelo Brasil inteiro (...). Por correio, hoje, mandamos três ou quatro mil encomendas em média por mês. A internet veio apenas agilizar esse tipo de comunicação. Antes dela a gente já usava o e-mail e outros recursos. Hoje, a internet dá mais ou menos uns 20% do nosso faturamento (...). Nós já assinamos um contrato com o iTunes e de acordo com as autorizações que a gente recebe dos editores, a gente vai mandando para lá. Também estamos nos preparando para vender MP3 na nossa página nos próximos meses. (Mario Aratanha, proprietário da Kuarup, uma das mais antigas gravadoras *indies* em atividade no país, especializada em música sertaneja e popular. Entrevista ao autor.)

Schmidt comenta as razões por que as *indies* ainda têm um *gap* de competitividade em relação às *majors* e a importância cultural das independentes que estão reunidas nessa associação:

> O artista independente, como não tem verba de marketing, não tem esquema de divulgação (...). Não existe isso no mundo do independente. O que existe é o artista, ele buscar o seu público, fazer show para 22 pessoas, 80 pessoas, 150 pessoas... Se ele tiver uma carreira boa ele começa a tocar três vezes por semana e consegue fazer um público e até vende um pouco de disco ali no show. O selo se coloca como parceiro ao lado dele. Então, o selo independente trabalha muito isso assim, em fortalecer essa base de público que o artista tem. O selo tenta ampliar isso, fazer um *release*, distribuir para a imprensa. Se por acaso recebe-se uma crítica boa, a gravadora manda para todo mundo: "Olha, presta atenção, esse cara está sendo elogiado." Mas é um trabalho com sérias limitações. (...) Nós estamos construindo uma associação muito importante para o país. Dentro da ABMI nós temos 7 mil discos à venda, somando o catálogo de todo mundo. (...) Isso é mais do que todas as grandes companhias, em termos de catálogo oferecido à venda. Aqui dentro da ABMI é que existe a tal da diversidade, de verdade. A prova disso é que são 7 mil discos vendendo 7 milhões de unidades por ano. Mil discos por ano de cada título, essa é a média mundial do que vende um disco independente. É um mercado que é pequeno, mas importante. Há discos que vendem 100 mil e outros duzentos ou trezentos discos por ano. Mas acho que isso tem uma importância grande. Aqui está a riqueza do nosso repertório cultural. Não discutimos qualidade, não interessa se é brega ou se é música clássica, mas é exatamente da soma disso tudo que se constitui a música brasileira. Estamos falando praticamente de música 100% feita no Brasil (...). (Pena Schmidt, quando exercia a função de presidente da ABMI. Entrevista ao autor.)

Ao mesmo tempo, é preciso reconhecer que as *indies* estão mais competitivas hoje, ainda que numa tradicional relação de *complementaridade* com as *majors*.

> O problema das *majors* é seu tamanho. O custo fixo é de tal ordem, que somente produtos com grande expectativa de altas vendagens são levados em consideração. Absoluta miopia dos executivos, dos gestores. (...) Os selos independentes são (foram e serão) o celeiro de novos artistas. Esta é uma vocação intrínseca e atávica das *indies*. Mas há diversas oportunidades, há diversos nichos a serem explorados. Especialmente nesse momento em que assistimos à quebra do monopólio das grandes pelo desenvolvimento de canais de distribuição independente. O desenvolvimento de novos canais de consumo, de formatos digitais, de mídias fragmentadas, concorre para isto. Torna-se possível, cada vez mais, fazer música para públicos menores, mas mais fiéis e mais engajados. (Jerôme Vonk,

especialista em comunicação dirigida, publicidade e *showbusiness*. Entrevista ao autor.)

Entretanto, as tensões e articulações entre *indies* e *majors* vêm mudando de natureza e *qualidade* nos últimos anos. Esse fato parece estar associado à relativa perda de poder atual das grandes gravadoras e ao desenvolvimento de uma capacidade organizativa e associativa das gravadoras independentes nos últimos anos.

A relação entre as *indies* e as *majors* está mudando de qualidade, mas ainda não mudou na quantidade do que poderia vir a se constituir no futuro. Esse fenômeno também já ocorreu nos Estados Unidos... Isso aconteceu quando as pequenas começaram a se consolidar e a se profissionalizar, e aí a interação entre as pequenas e as grandes se tornou um fato corriqueiro. Aqui existia muito pouco isso... Existia sempre de uma forma definida, em que era uma independente que propunha certo tipo de trabalho e que era vinculado ou não ao das *majors*, através basicamente dos canais de distribuição. Entretanto, não havia nenhuma interação. Hoje já existe. Uma independente aborda uma *major* para liberar um fonograma para uma coletânea e, ao mesmo tempo, você libera um artista exclusivo para dar uma canja numa faixa de um disco das *majors*. São coisas que não aconteciam antes. A percepção do universo independente pelas *majors* também melhorou de qualidade, porque as *majors* viram que os independentes se estruturaram e se profissionalizaram. Em resumo, abriu-se um diálogo que tende a crescer daqui para frente. (Roberto de Carvalho, proprietário da Rob Digital, gravadora *indie* especializada em música popular. Entrevista ao autor.)

Quais são as perspectivas no horizonte para a indústria da música, sejam elas *majors* ou *indies* no Brasil? É difícil prever... A tendência talvez seja, por um lado, a da persistência do processo de fusões, mas, por outro, constata-se a intensificação do processo de formação de empresas menos descentralizadas e organizadas na forma de redes.

Hoje em dia, a indústria de multinacional está em vias de desaparecimento ou, pelo menos, parece que terá uma atuação bem menos ativa no futuro. Talvez tenhamos essas grandes empresas mais articuladas, na forma de redes, ou mais integradas, com todas essas inúmeras independentes que estão aparecendo. Hoje em dia deve haver cerca de quinhentas companhias independentes atuando no mercado brasileiro. (...) Dentro desse panorama que começa a se desenhar, começamos a ver algumas empresas independentes com um catálogo melhor... É o caso, por exemplo, da Biscoito Fino e da Trama. Existem várias que já estão começando a tomar proporções de companhias de tamanho médio, e isso é muito interessante. O grande obstáculo, como sempre, é a capacidade de distribuição dessas novas organizações. (André Midani, ex-presidente da Warner no Brasil. Entrevista ao autor.)

Anexo:
A indústria da música em números

a) No mundo:

Tabela 2: Evolução das vendas de fonogramas por empresa em escala mundial (%)

Empresas	2003	2004
EMI	13,5%	13,4%
Sony BMG	22,1%	21,5%
Universal	23,4%	25,5%
Warner	12,5%	11,3%
Indies	28,5%	28,4%

Fonte: IFPI, 2005

Tabela 3: Principais mercados de música (*off-line* e *on-line*) de 2005

	País	Total de vendas em milhões de dólares	Total do percentual das vendas
1	EUA	7.011,9	34%
2	Japão	3.718,4	18%
3	Inglaterra	2.162,2	10%
4	Alemanha	1.457,5	7%
5	França	1,248,3	6%
6	Canadá	544,3	3%
7	Austrália	440,0	2%
8	Itália	428,5	2%
9	Espanha	368,9	2%
10	Brasil	265,4	1%

Fonte: IFPI, 2006

Tabela 4: Principais mercados de DVDs de 2005

	País	Total de vendas em milhões de dólares	Total do percentual das vendas
1	Japão	404,9	26%
2	EUA	273,7	18%
3	França	136,4	9%
4	Alemanha	132,0	9%
5	Inglaterra	115,0	7%
6	Brasil	66,5	4%
7	Canadá	55,2	4%
8	Holanda	45,4	3%
9	Austrália	44,5	3%
10	Espanha	32,4	2%

Fonte: IFPI, 2006

Quadro 2: Total de venda de músicas no globo (1975-2005)

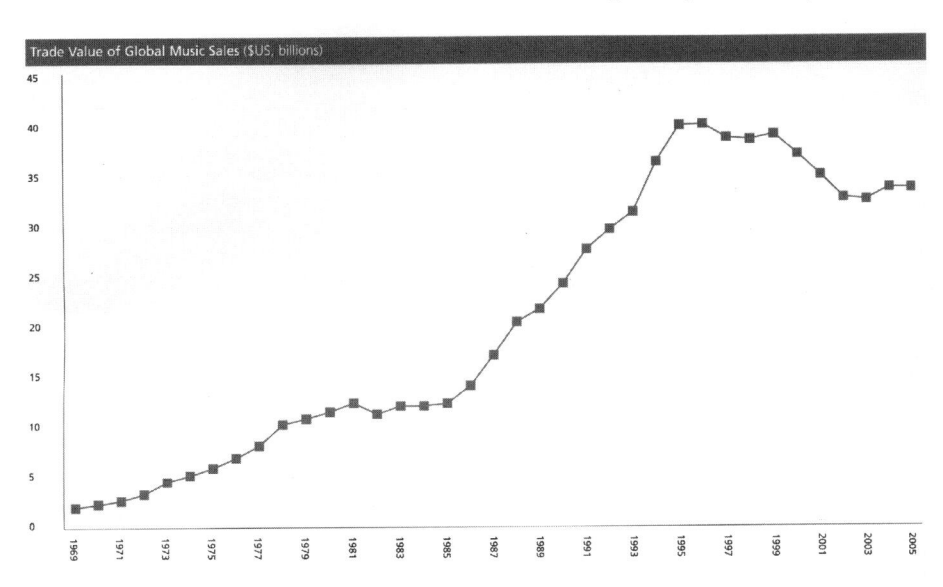

Fonte: IFPI, 2006

Quadro 3: Total de venda de fonogramas por suporte (1975-2005)

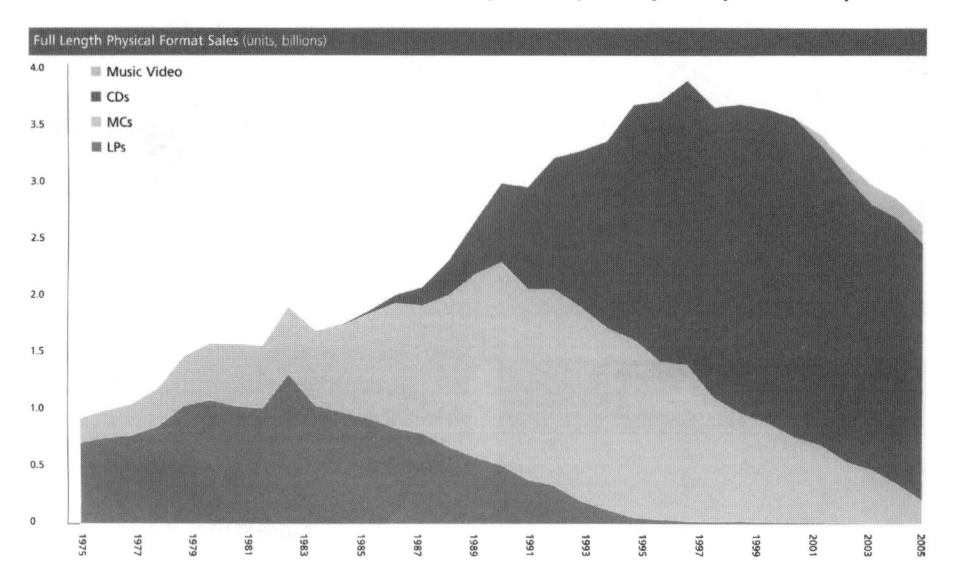

Fonte: IFPI, 2006

b) No Brasil:

Tabela 5: Dados básicos da indústria da música brasileira em 2005[66]

Colocação no ranking mundial	10º
Participação no mercado global (%)	1%
Nível da pirataria física	Oscila entre 25 e 50% do mercado

Fonte: ABPD, 2006

---

[66] As premiações por vendas da indústria da música no Brasil eram até bem pouco tempo as seguintes (os volumes de vendas atualmente foram reduzidos pela ABPD). Para os álbuns: disco de ouro (50 mil cópias vendidas), platina (125 mil) e diamante (500 mil). Apenas cinco álbuns conseguiram ganhar em 2005 o disco diamante. Para os DVDs os prêmios estão divididos assim: disco de ouro (25 mil cópias vendidas), platina (50 mil) e diamante (100 mil). Em 2005, 8 DVDs atingiram a premiação máxima (ABPD, 2006).

**Tabela 6: Evolução do percentual de venda
por tipo de suporte físico (em milhões de dólares)**[67]

Ano	CD	DVD	Outros	Total	Variação percentual (%)
2005	42,3	6,5	4,5	53,3	-19,2%
2004	51,5	7,6	6,9	66,0	18,3%
2003	54,2	3,3	0,1	55,8	-25,0%
2002	79,5	2,8	0,4	82,7	3,4%
2001	78,2	1,7	0,1	80,0	23,2%

Fonte: ABPD, 2006

**Tabela 7: Vendas por tipo de suporte (*off-line* e *on-line*) em 2005
(em valores percentuais)**

Formatos	Total (%)
CD (álbum)	73%
DVD	25%
Digital (*on-line*, celular)	1%
Outros (discos *singles*, LPs, MC, VHS)	1%

Fonte: ABPD, 2006

**Tabela 8: Vendas em 2005 por origem dos repertórios
(em valores percentuais)**

Ano	Nacional	Internacional/regional	Clássico
2005	70%	28%	2%
2004	74%	24%	2%
2003	72%	26%	2%
2002	68%	30%	2%
2001	70%	28%	2%

Fonte: ABPD, 2006

---

[67] Em outros estão incluídos LP, K-7, Minidisc, SACD, DVD-A e VHS (ABPD, 2006).

Tabela 9: Vendas em 2005 por gêneros musicais (em valores percentuais)

Gênero	Total (%)
Pop/Rock	34%
Country/Sertanejo	13%
Gospel	13%
Pagode/Samba	11%
Música regional/Forró	10%
MPB	8%
Axé Music	4%
Música infantil	2%
Música Clássica	2%
Outros	3%

Fonte: *ABPD, 2006*

Parte III

Pesquisa e Políticas Públicas

Capítulo 4

Uma nova agenda de pesquisa – analisando a produção da cultura e a cultura da produção

Os objetivos, nesta última parte deste livro, são os de apresentar, por um lado, os referenciais teórico-metodológicos que alicerçaram a pesquisa realizada na Lapa e analisada aqui; e, por outro lado, os fundamentos dos argumentos que me levaram a considerar este estudo de caso (deste circuito cultural) como sendo capaz de subsidiar a elaboração de novas políticas públicas.

Centralidade da comunicação e da cultura no capitalismo atual

A centralidade da comunicação hoje parece ser incontestável: há um grande consenso sobre sua vital importância para a economia e para a vida social. Como fenômeno, a comunicação se faz bastante presente, interferindo em vários setores da vida privada ou pública e em inúmeras áreas do conhecimento.

> As comunicações constituem, ao mesmo tempo, um importantíssimo setor industrial, um universo simbólico que é objeto de consumo massivo, um investimento tecnológico em expansão ininterrupta, uma experiência individual diária, um terreno de confronto político, um sistema de intervenção cultural e de agregação social, uma maneira de informar-se, de entreter-se, de passar o tempo, etc (Wolf, 1987, p.13).

Ao mesmo tempo, apesar de sua crucial importância hoje, as atividades econômicas do setor cultural (resultado do entrelaçamento entre a economia e a cultura) ou mesmo as atividades da *economia da comunicação e da cultura* não gozam do mesmo *status*, especialmente no meio acadêmico.

Por economia da comunicação e da cultura estão sendo considerados aqui as atividades produtivas desenvolvidas por organizações relacionadas à informação/comunicação e ao entretenimento/cultura, as quais desempenham um papel estratégico nos níveis ideológico (transmissão de comportamentos e valores, construção de identidades, etc.) e econômico (produção, faturamento, emprego, consumo, etc.) nas sociedades capitalistas contemporâneas. De modo geral, reconhece-se a importância financeira da comunicação, mas infelizmente, nos debates na esfera pública, não se considera a cultura como sendo tão importante hoje. Por um lado, nota-se que pouco se discutem essas questões, e por outro, constata-se que os grandes conglomerados transnacionais, desde os anos 1980, continuam procurando incorporar, por meio de fusões, além das empresas de comunicação, aquelas dedicadas à cultura e ao entretenimento. Não é só uma estratégia conhecida como "bastão de cego", em que as empresas vão comprando tudo o que podem numa época marcada por evidentes incertezas no mundo dos negócios; faz parte também de uma estratégia de médio e longo prazos que visa produzir sinergias cruciais entre as empresas que atuam em um mesmo conglomerado.

Buscando escapar do lugar-comum, poderíamos indagar: como a economia afeta a cultura e como a cultura afeta a economia? Estas certamente são perguntas cruciais que orientam este livro. Curiosamente, a indagação de como a *cultura afeta a economia* é um tema considerado "menor" e permanece periférico/marginal no meio acadêmico. Ao mesmo tempo, contraditoriamente, a cultura vem sendo considerada como um fator decisivo pela nova literatura de *business*: ela é cada vez mais incorporada e pensada em termos das organizações, as quais crescentemente apostam na cultura como forma de gerar um diferencial ou vantagens competitivas. Assim, cada vez mais as empresas financiam a cultura e o governo sente menos necessidade de se empenhar para estimular a produção cultural.

Entretanto, lentamente vai aumentando a percepção de que cultura e negócios não são incompatíveis, ainda que haja a denúncia crítica dos impactos de uma forte lógica mercantil na produção. Um tanto tardiamente, vai se tomando consciência de que a arte, a beleza e a verdade não estão em tanta oposição ao *business* e à racionalidade econômica quanto já se imaginou.

Será que é possível uma integração mais harmônica entre esses dois universos? E a que preço? Qual é a autonomia para a produção de cultura na indústria?

A *economia* e a *cultura* não são universos coincidentes, mas são categorias que, durante muito tempo, estiveram excessiva e artificialmente separadas. Especialmente nos países ibero-americanos, estivemos marcados durante muito tempo por uma tradição de estudos humanistas que considerava a cultura como um conjunto de manifestações do "espírito" que deveria estar desvinculado dos produtos culturais e de qualquer relação com a economia (Gusmán Cárdenas, 2003).

Geralmente a economia é vista como um mundo *hard* e a cultura como *soft*, mas isso é uma falsa percepção construída pela visão marxista tradicional, que considerava a cultura como parte da superestrutura. Podemos afirmar que um dos pressupostos básicos deste livro é o de que a economia e a cultura estão interligadas e que ambas são determinantes da realidade, ou seja, são infra-estruturais. Lamentavelmente, alguns investigadores costumam reproduzir esse tipo de equívoco, o de desconsiderar a importância da cultura. Quando analisamos de forma "desencarnada" a vida social, tendemos a desvalorizar a cultura, isto é, quando realizamos um trabalho de campo e estudos de caráter empírico constatamos que a cultura é fundamental para se entender a complexidade das mudanças da sociedade no cotidiano, ainda que isso venha a exigir um grande esforço e rigor científico.

Assim, a indústria produz a cultura e a vida social: em grande medida, a produção cultural, na forma e no conteúdo, vem sendo condicionada pela indústria que se orienta por parâmetros comerciais. Mas isso não é tudo. A obra de arte evidentemente é condicionada pela indústria, pela lógica mercantil, mas há algo em sua dinâmica que escapa desta visão reducionista e instrumental, hoje hegemônica. Como entender, por exemplo, o sucesso de público e a dinâmica de práticas culturais artesanais ou tradicionais, algumas reunidas sob o rótulo de folclóricas? Como compreender também que inúmeros produtos lançados no mercado pelos grandes conglomerados – de comunicação, cultura e entretenimento – e que vêm utilizando inúmeros recursos midiáticos e publicitários não obtenham sempre êxito junto ao grande público?

Para autores como Du Gay, Hall e Negus (Du Gay et al., 1997) nas sociedades atuais, fazer a gestão e/ou a administração dos negócios é lidar em grande medida também com normas e valores. Ao mesmo tempo, fazer cultura hoje é produzir, realizar um ato industrial regido por certas regras (à exceção de alguma produção artesanal). Nesse sentido, podemos afirmar que a velha dicotomia entre a economia e a cultura é cada vez mais insustentável hoje. Para esta corrente de estudos é preciso romper com o determinismo econômico do marxismo tradicional. Infelizmente, muitos trabalhos enfatizam a distribuição, o controle das empresas, os modelos de negócio, a acumulação do capital, mas não consideram como sendo significativos os valores e a dimensão cultural nos processos produtivos. Em função disso, esses autores (Du Gay et al., 1997) trabalham com a idéia de "cultura da produção": como uma dimensão explicativa da realidade que os investigadores devem incluir nas suas agendas de pesquisa.

O grande desafio, portanto, se constitui em analisar as práticas econômicas como sendo também práticas culturais: assim, as técnicas de gestão e a própria organização estão impregnadas de valores, hábitos que são influenciados pela dimensão cultural. Parte-se do pressuposto de que a economia seria determinada também pelas condições culturais. As estratégias econômicas, portanto, se traduziriam em diversas representações, e nesse sentido podem ser vistas como fenômenos culturais. Em outras palavras, os processos de produção não são apenas estruturas objetivas, são também processos culturais sedimentados em reuniões, assembléias, crenças e hábitos, ou seja, as medidas administrativas tomadas pelas organizações são também de caráter subjetivo, ainda que isso não seja assumido publicamente pelos atores sociais. Assim, alguns pesquisadores vinculados aos estudos culturais (Du Gay et al., 1997) argumentam que a cultura econômica ajudaria a pensar a importância da linguagem e da representação não só para o universo da economia, mas também para o consumo e a construção de identidades. Williams ressalta que a cultura é um dos quatro conceitos-chave para o conhecimento social no mundo contemporâneo. Para ele, a cultura é a descrição particular de um estilo de vida que expressa valores e significados não só no campo da arte, mas também em instituições e comportamentos (Williams, 1983).

Outro ponto importante para se refletir sobre a articulação entre economia e cultura hoje é atentar para o fato de que as atividades econômicas atualmente estão *culturalizadas*: as empresas dependem da cultura para o seu sucesso, ou melhor, cada vez mais as organizações necessitam atuar de forma estratégica na *mídia*, empregando publicidade e marketing para alcançar êxito. Na verdade, o que vem ocorrendo é uma intensa articulação do campo da economia não só com o da cultura, mas também com o da comunicação. Esta articulação se revela cada vez mais fundamental para o sucesso das organizações. A formação de grandes conglomerados de entretenimento, informação, cultura e mídia indica esta importância: o objetivo da empresa de qualquer setor é agregar valor aos seus produtos e serviços com as sinergias que realiza com suas empresas do setor comunicacional e cultural. A *culturalização* do universo da economia, por exemplo, aparece de forma gritante na hora de vender, pois ela é crucial para sensibilizar e mobilizar os consumidores. Isso é facilmente constatável, por exemplo, quando avaliamos a importância dos ídolos de cinema avalizando produtos em publicidade na televisão, ou a forte presença das grandes corporações e suas logomarcas nos grandes eventos de música dirigidas ao público jovem (Klein, 2002).

Segundo Daniel Bell, a cultura teria adquirido uma enorme importância hoje, por duas razões complementares:

> Primeiramente, a cultura se converteu no componente mais dinâmico de nossa civilização, superando até o dinamismo da tecnologia. Existe atualmente na arte – como vem ocorrendo de maneira crescente nos últimos cem anos – um impulso dominante em direção ao novo e ao original, uma busca consciente de formas e sensações futuras, de tal modo que a idéia de mudança e de novidade supera as dimensões dadas pelas mudanças reais. Em segundo lugar, aproximadamente nos últimos cinqüenta anos se produziu legitimação deste impulso cultural. (...) Na verdade, a sociedade fez mais do que aceitar passivamente as inovações: conformou-se um mercado que consome avidamente o novo, porque o considera superior em valor a todas as velha formas. Assim, nossa cultura tem uma missão sem precedentes: a de buscar incessantemente uma nova sensibilidade (Bell, 1976, p. 45-46).

Nesse novo contexto, alguns intermediários culturais passam a ser fundamentais para as empresas, como os publicitários, marqueteiros e designers: eles serão responsáveis por articular os produtos e serviços com um campo de significados, para estabelecer uma identificação mais clara e efetiva entre os produtos e os consumidores. Há alguns anos, por exemplo, a Sony foi bastante exitosa com seu *walkman*, mas para isso foi necessário identificá-lo a um "estilo de vida"[68] ou a "subculturas"[69] junto a diferentes grupos sociais (Du Gay et al., 1997).

Transpondo esse conjunto de questões para universo da música, Negus (2005) observa que as grandes indústrias estão empenhadas sempre em tentar condicionar o consumo, mas sua empreitada nem sempre é bem-sucedida. Nesse sentido, Negus ressalta que se, por um lado, é verdade que com alguma freqüência as *majors* conseguem conformar uma produção globalizada e massificada em diferentes territórios, por outro, há certo limite da capacidade de penetração destes produtos nos mercados locais. Por mais que as empresas busquem "manipular o consumo", impor produtos, as companhias esbarram em limites culturais. Um dos pressupostos em que se apóia este livro é o de que a empresa terá sucesso se tiver em sintonia com a cultura local ou "glocal",[70] e que, nestas condições, ela ampliaria sua capacidade de "fidelizar consumidores" (Newell, 2000). Evidentemente, isso não significa que exista uma "resistência" natural da sociedade e/ou um nível de consciência social de que é preciso resistir, mas é preciso reconhecer que a prática do consumo quase sempre foi vista no âmbito acadêmico de forma pouco nobre, submissa e preconceituosa (Barbosa, 2004).

---

[68] Aplica-se aqui o conceito de estilo de vida no sentido atribuído por Bourdieu: "(...) como produtos sistemáticos do *habitus* que são percebidos em suas mútuas relações segundo os esquemas do *habitus*, derivando de sistemas de signos socialmente qualificados (como 'distintos', 'vulgares', etc.)" (Bourdieu, 1991, p. 171-172).

[69] Apesar de reconhecermos o processo de distinção social que se produz a partir da externalização dos estilos, não se está associando aqui a noção de estilo à idéia de "subcultura" como notabilizou Hebdige, em seus estudos da música popular. O consumo do circuito cultural do samba e do choro não chega a configurar uma subcultura como, por exemplo, a subcultura punk estudada por ele nos anos 1970 (Hebdige, 2004). Aliás, vários autores questionam a validade de se trabalhar ainda hoje com este conceito, já que ele sugere uma "oposição/resistência" à cultura hegemônica que não necessariamente existe nos universos culturais associados à música hoje (Herschmann, 2000 e Freire Filho e Fernandes, 2005). Para os modelos simplistas derivados do marxismo a questão é saber se uma expressão musical gera uma oposição radical. Se o conceito de subcultura é de algum modo aplicável, é mais no sentido atribuído por Thornton, que não identifica nas culturas juvenis (musicais) contemporâneas uma preocupação em produzir uma oposição à cultura hegemônica, inclusive, mantendo uma relação bastante simbiótica com os meios de comunicação (Thornton, 1996). Entretanto, na minha investigação sinto-me um pouco distanciado conceitualmente de Thornton, quando afirma que todas as expressões culturais atuais são "apolíticas". Gilbert e Pearson (2003) criticam também esta idéia, fazendo considerações interessantes a respeito da dimensão política das culturas juvenis atuais, relendo a obra de Laclau e Mouffe (1987).

[70] Conforme argumenta Roland Robertson, esse termo tem origem na expressão japonesa *dochakuka*, derivada de *dochaku*, ou "viver da própria terra". A *glocalização* – idéia popular no mundo dos negócios do Japão a partir dos anos 1980 – significa produzir localmente, com um olhar global. O conceito foi extrapolado para o campo cultural, especialmente a partir dos anos 1990, na esteira dos estudos sobre os desdobramentos da globalização (Robertson, 1999).

Há alguns dados da economia global que reforçam este argumento. Parte significativa da produção consumida no mundo ainda é local – cerca de 70% do que é consumido hoje é resultado de uma produção doméstica (Cavalcanti, 2001) –, seja no setor das indústrias culturais, seja na economia de modo geral. O que não quer dizer que não se deva regular e propor estratégias de proteção/incentivo ao desenvolvimento da produção da diversidade local. Há, inclusive, um risco maior, que é o de os grandes conglomerados comprarem estas empresas locais ou se associarem, controlando em grande medida essa produção local. Isto tem ocorrido de forma eficiente em boa parte do planeta e coloca a questão da regulação como central hoje para a elaboração de políticas públicas democráticas.

A preocupação com este tipo de risco está tradicionalmente na agenda de investigação da economia política da comunicação. Esses estudos estão comprometidos especialmente com a justiça, a igualdade e o bem público. Em geral, os estudiosos dessa corrente sempre se fazem as seguintes perguntas em seus trabalhos: quais as conseqüências do controle das grandes empresas sobre a produção? Que desdobramentos o quadro econômico atual traz para os trabalhadores e para o público em geral? Como os grandes grupos mantêm o controle e a hegemonia? Em linha geral, estão preocupados com os riscos de que os conglomerados, com suas estratégias de construção de alianças e fusões, ampliem as desigualdades econômicas, culturais e de informação dentro das regiões e dos países (especialmente os periféricos), em escala mundial (Bolaño et al. 2005).

Negus, apesar de reconhecer a relevância desses estudos, faz algumas críticas à boa parte das pesquisas realizadas pela economia política da comunicação sobre as indústrias culturais:

> (...) as conclusões da economia política são em geral previsíveis, pois descrevem a propriedade das multinacionais como um fator que leva a formas rígidas de controle social, com um impacto negativo nas atividades criativas dos músicos, sobre os empregados das multinacionais e sobre os clientes da indústria fonográfica.(...) As pessimistas conclusões alcançadas por grande parte da economia política [por exemplo] nos transmite a imagem de poderosos proprietários que exercem um poder quase onipotente sobre as práticas dos músicos e as opções dos consumidores (Negus, 2005, p. 38).

Ou seja, segundo o autor, haveria uma tendência de a economia política da comunicação considerar os conglomerados como uma estrutura monolítica e os artistas, funcionários e consumidores como completamente guiados e absorvidos pela lógica da indústria do entretenimento.

Assim, o que este autor busca denunciar é que muitos estudos conservadores não dão conta da complexidade social. Não contemplam o pressuposto de que a cultura também conforma a produção: de que as práticas culturais da organização e do entorno (cultura local) afetam a produção, e que a aparentemente fria e objetiva lógica empresarial está impregnada de subjetividade e de valores. Negus, em grande medida, comprovou sua hipótese, quando analisou as empresas, atestando que são guiadas por tradições, hábitos, costumes (ainda que estejam também sendo afetadas pela lógica mercantil que se traduz, por exemplo, pelas megafusões empresarias que ocorrem em larga escala hoje). Os estudos culturais inaugurados por Williams, Hoggart, Thompson e Hall têm isso também como um postulado fundamental: o de que a cultura também conforma modos de vida, idéias e a realidade social (Williams, 1980; Hoggart, 1972; Thompson, 1897; Hall, 2003b). Então, pode-se afirmar que as atividades das pessoas que trabalham na indústria estão condicionadas pelos aspectos econômicos, bem como pelos estilos de vida, e é a partir disso que moldam suas tarefas profissionais. Práticas destas organizações não estão só regidas pelo econômico, pois há vários sentidos circulando na organização. Assim, quando se adota uma estratégia empresarial e não outra, deveríamos vê-la também como uma resposta subjetiva dos atores sociais ao contexto no qual estão inseridos. Em outras palavras, para se entender a produção cultural não é possível apenas analisá-la como produto criado por meio de práticas institucionais; é preciso entender a cultura também "(...) como ações mediante as quais as pessoas criam mundos, sentidos e significados" (Negus, 2005, p. 47).

Portanto, para autores como Hall, Du Gay e Negus, estudar a produção e como ela conforma a cultura é tão importante quanto investigar como a cultura conforma a produção:

> (...) [a cultura da produção seria] a maneira pelas quais os processos e práticas de produção constituem-se, ao mesmo tempo, em fenômenos culturais. (...) Isso não só tem implicações no que se refere a pensar a relação entre cultura e indústria, mas também coloca questões sobre a idéia de uma indústria da cultura (Negus, 2005, p. 48).

Para além da evidente "contaminação" entre o campo da economia e o da cultura hoje, cada vez mais se considera também o setor cultural em si como um segmento de atividades extremamente relevante para as economias locais/nacionais e internacionais.

> O entrelaçamento da economia e da cultura está se tornando lugar-comum no pensamento mundial. Os altos investimentos exigidos pela produção das indústrias culturais (cinema, televisão, música, informática) e os ganhos espetaculares produzidos nesses campos converteram as empresas de cultura em uma parte significativa da economia global. Se a indústria cultural na América Latina já movimentava em meados da década de 1990 perto de 40 bilhões de dólares por ano, 90% dos quais se concentravam nas *majors* transnacionais, sua importância econômica se acentuou no último ano com as megafusões entre as empresas de informáticas e de entretenimento (...) (Canclini, 2004c, p. 44).

Infelizmente, no contexto contemporâneo em que se vem evidenciando a importância econômica da cultura, há vários dados que revelam uma clara vantagem dos países centrais nesse tipo de atividades econômicas[71]. Canclini enfatiza que a economia gerada pelo setor cultural na América Latina é lamentavelmente frágil:

> A expansão econômica e comunicacional propiciada pelas indústrias culturais não beneficia de forma eqüitativa a todos os países ou regiões. Os Estados Unidos têm ficado com 55% dos ganhos mundiais, a União Européia com 25%, Japão e Ásia com 15% e os países latino-americanos com apenas 5%. A desvantagem econômica mais evidente é a da América Latina, que é resultado dos baixos investimentos de seus governos em ciência, tecnologia e produção industrial de cultura, o que acaba condicionando a escassa competitividade global e a difusão (...) da maioria de livros, filmes, vídeos e discos. É interessante correlacionar a distribuição econômica dos benefícios comunicacionais com a distribuição geolingüística: o espanhol é a terceira língua mundial, com quase 450 milhões de falantes, se incluídos os 30 milhões que vivem nos Estados Unidos. É preciso destacar que a assimetria na globalização das indústrias culturais não gera só as desigualdades na distribuição dos benefícios econômicos. Também agrava os desequilíbrios históricos dos intercâmbios comunicacionais no acesso à informação e ao entretenimento (...) O predomínio norte-americano nos mercados comunicacionais reduziu o papel das antigas metrópoles culturais: aquele que Espanha e Portugal (desde o século XVII) e França (desde o século XIX) tiveram na América Latina, até pelo menos os princípios do século XX (Canclini, 2004b, p. 45-46).

Mesmo reconhecendo sua importância econômica, é preciso diferenciar os bens culturais do restante da produção. Quando nos referimos a estes bens (ou serviços), estamos tratando de uma produção que tenta atender à demanda específica cultural. É um tipo de produção que tem um evidente valor simbólico (as outras também têm, mas isso não é tão claro para o público em geral) e está caracterizado por uma "(...) relação estreita entre a *vida cultural* (instituições culturais e socioculturais públicas,

---

[71] Segundo dados de um informe da Organização das Nações Unidas para a Educação, a Ciência e a Cultura (Unesco), de 1980 a 1998, as importações de bens culturais, em nível mundial, passaram de US$ 47,8 bilhões em 1980 para US$ 213,7 bilhões em 1998. As exportações, por sua vez, passaram, no mesmo período, de US$ 47,5 bilhões para US$ 174 bilhões, ainda que esse fluxo de bens culturais se concentre em um número limitado de países. Em 1998, apenas treze países (Estados Unidos, Japão, China e países da União Européia) eram responsáveis por mais de 80% das importações e exportações. Os países do Hemisfério Sul são marginais nesse campo, mas são grandes consumidores. Apesar de uma queda em seu mercado, os Estados Unidos seguem constituindo o mais importante mercado de bens culturais. Segundo o Instituto de Estatística da Unesco, o volume de bens culturais exportados pelos países desenvolvidos, que representam apenas 23% da população mundial, correspondeu a US$ 122,5 bilhões em 1998 contra US$ 51,8 bilhões para os países em vias de desenvolvimento, que representam 77% da população mundial (Unesco, 2000).

teatros, museus, centros de arte, enclaves artísticos urbanos ou rurais, escolas de arte, conservatórios, etc.) e a *economia da cultura* (mercado de artes cênicas, mercados de arte e patrimônio cultural, as indústrias do livro, publicações periódicas, fonogramas, audiovisual, produção cinematográfica e videográfica, rádio, televisão, publicidade, fotografia desenho, arquitetura, ofícios relacionados com arte, proteção de monumentos históricos e turismo)" (Gusmán Cárdenas, 2004, p. 25). Ou seja, é necessário analisar e considerar a produção cultural para além da lógica mercantil, pelo seu papel social e como um direito universal das diferentes sociedades (Unesco, 1999).

Em parte, essa indiferenciação ocorre em razão de interesses econômicos das grandes corporações que se fazem presentes nos acordos econômicos supranacionais realizados nas últimas décadas, mas também porque o *campo da economia* se apropriou do tema há mais tempo que outras disciplinas do campo das ciências sociais. Enquanto as ciências sociais tinham inúmeros preconceitos ou consideravam um tema menor analisar as articulações entre economia e cultura, a economia fundou o campo de estudos, quase uma espécie de subdisciplina do campo da economia, para tratar do tema ainda na década de 1960.

Na realidade, o trabalho que inaugurou esse campo de estudos foi o livro de Baumol e Bowen, publicado em 1966, sobre a economia das artes cênicas apresentadas ao vivo (Baumol e Bowen, 1993). Posteriormente, em 1973, foi fundada a Association for Cultural Economics International; em 1997, William Hendon, da Universidade de Akron, fundou o *Journal of Cultural Economics*, que se tornou referência para esta subdisciplina; e, finalmente, em 1979, foi realizada a primeira Conferência Internacional de Economia da Cultura, em Edimburgo (na Escócia).

Bonet comenta a trajetória dos estudos de *economia da cultura* e ressalta que, apesar de ser gritante a importância das indústrias culturais para as economias nacionais, continua existindo certa dificuldade em se elaborar uma perspectiva que integre a economia e a cultura, não só por parte dos acadêmicos das outras disciplinas de tradição mais humanista, mas também na agenda de parte dos gestores e autoridades de forma geral. Segundo ele, fazendo um breve histórico da economia da cultura, nos países anglo-saxões há uma visão que integra com mais naturalidade expressões artístico-culturais e economia (Bonet, 2004, p. 38). Não é à toa que freqüentemente, nesses países, praticamente não se separa a noção de cultura e de entretenimento.

Ressalta Bonet que a cultura só entrou efetivamente na agenda global das autoridades depois da Conferência Mundial de Políticas Públicas, realizada no México em 1982. Infelizmente, segundo o autor, há ainda um receio que tende a separar cultura das atividades de entretenimento, pois ainda é recorrente e hegemônica a percepção muito purista e/ou elitista da cultura.

> (...) Finalmente, na Conferência Mundial sobre políticas culturais celebrada no México em 1982 [promovida pela Unesco] se estabelece e define o conceito de cultura. Primeiramente, se decide colocar ênfase na idéia de culturas em substituição à cultura no singular, pois seus participantes eram fieis ao paradigma de "democracia cultural" e se pretendia favorecer o diálogo entre várias culturas sem prejulgar preferências. Para a Unesco, a cultura reuniria o conjunto de interações do indivíduo com o seu entorno. Cultura seria "o conjunto de vida de uma coletividade sobre a base de um substrato comum de tradições e saberes, assim como as distintas formas de expressão e de realização do indivíduo no seio da sociedade". Essa definição não terminou com a polêmica terminológica, pois não estabeleceu os limites conceituais. (...) Também persiste a diferenciação entre cultura artística, cultura humanística e cultura tecnocientífica, que atuam como matizes do que entendemos por cultura. Situação semelhante se passa com a alta cultura, cultura tradicional e cultura de massa. Evidentemente, o conceito de cultura admite múltiplas aproximações e dimensões (Bonet, 2004, p. 40).

Segundo Getino, os estudos mais sistemáticos de economia da cultura só se popularizaram tardiamente, nos anos 1990, e, ainda por cima, de forma incipiente.

> (...) alguns estudos deveriam rever muitos dos seus pressupostos, avaliando se são válidos para as diversas atividades econômicas. Possivelmente, descobrir-se-ia que não são para o campo cultural em que a função principal é produzir bens imateriais e intangíveis, o que requer uma estrutura econômica e industrial tecnológica parecida a outras estruturas, mas, ao mesmo tempo, uma estrutura distinta e que possui características específicas que não são fáceis de avaliar. Em que pese a comprovada importância das indústrias culturais para o campo do desenvolvimento regional, seu papel de fato só recentemente começou a ser considerado com alguma seriedade pelos responsáveis por políticas públicas e pesquisadores do campo acadêmico (...). Até então, as indústrias culturais foram objeto de abordagens setorizadas e parciais (alguns setores têm sido mais estudados que outros), as quais resultaram não só em numerosas investigações críticas associadas a vários campos acadêmicos, mas também em legislações de regulação dirigidas para determinados setores (em geral os mais representativos econômica e culturalmente), voltados para a proteção e o fomento da indústria local (Getino, 2004, p. 54).

Como já mencionamos anteriormente, reconhecer que a economia e a cultura estão integradas não significa assumir que seus campos são coincidentes. Há inúmeras práticas culturais presentes hoje, por exemplo, que escapam à lógica mercantil (Smiers, 2004). Pode-se mencionar a festa tradicional do carnaval que existe em diferentes localidades do planeta. Ainda que os eventos que compõem essa festa estejam cada vez mais orientados por uma lógica comercial, há uma série de aspectos e motivações dos atores e grupos sociais que não são apenas explicáveis sob a ótica mercantil. O que leva, por exemplo, as pessoas a formarem espontaneamente blocos de rua ou a investirem tanto tempo em ensaios para desfilar em escolas de samba?

Além de uma desmedida "mercantilização da cultura" (Unesco, 2005; Galperin, 1998), há outro grande risco, bastante presente hoje. Como nos recorda Getino, há a ameaça de se submeter a cultura aos interesses políticos:

> A arte e a cultura aparecem subordinadas aos interesses políticos (...) este argumento justifica a idéia de que é preciso calcular em grande medida o valor da cultura em termos econômicos. Além disso, o interesse crescente de alguns organismos financeiros internacionais pela dimensão econômica das atividades culturais vem emergindo orientado não tanto pelo fortalecimento da própria cultura, mas mais por valer-se da mesma para melhorar a balança comercial dos países e atenuar os índices de desemprego, exclusão e/ou violência social (Getino, 2004, p. 52).

Para Yúdice (2004), este é o principal risco no mundo contemporâneo, e não é de hoje. As indústrias culturais "unificaram" muitos países no passado – primeiramente, nos séculos XIX e XX, a indústria editorial e de jornalismo e, posteriormente, das últimas décadas do século XX até hoje, as empresas audiovisuais –, desempenhando um importante papel na consolidação de uma identidade nacional.

A cultura hoje vem intensificando seu papel político: não é à toa que vem conformando as políticas públicas atuais, pois a esfera da cultura foi acionada pelas grandes corporações e pela elite dirigente como uma estratégia para administração de conflitos. Yúdice, por exemplo, não identifica grande rentabilidade ou maiores conseqüências políticas no consumo cultural, isto é, não considera que com isso, por exemplo, tenham se garantido mais direitos às minorias nos Estados Unidos. Para ele, a cultura é um *recurso*, muito mais do que uma mercadoria: é um recurso para normatizar, "disciplinar a sociedade" (Foucault, 2001) e/ou minimizar tensões sociais. Em suas próprias palavras: "(...) o gerenciamento, a conservação, o acesso, a distribuição e o investimento – em cultura e seus resultados – tornaram-se prioritários" (Yúdice, 2004, p. 13).

Em outras palavras, para Yúdice a cultura se converte em uma moeda para negociar a diversidade com inúmeros segmentos sociais, questão tão cara ao funcionamento do capitalismo. Além disso, os gestores de negócios teriam descoberto a importância das atividades culturais. Os empresários estão crescentemente preocupados em "preservar" parte da diversidade cultural para com isso obterem lucros futuros ao redesenhar esses produtos numa versão globalizada para o consumo. Assim, o autor ressalta que os gestores foram se dando conta de que investir ou preservar a cultura é criar atrativos para o desenvolvimento econômico e turístico, como mola propulsora das indústrias culturais e como uma fonte inesgotável para as novas indústrias que dependem da propriedade (Yúdice, 2004, p. 13-15).

Apesar das suas críticas ao uso que o capital faz da cultura, Yúdice reconhece que a partir dela se pode promover, em alguma medida, desenvolvimento local.

> Tanto no nível nacional como no transnacional, os governos deveriam colocar em prática políticas sociais ativas para promover empreendimentos associativos de base solidária. Essas políticas deveriam incluir mecanismos de capacitação, financiamento, fornecimento de informações sobre oportunidade de mercado, etc. (Yúdice, 2002, p. 4).

Entretanto, o autor desconfia que esses investimentos socioculturais em sua maioria não sejam revertidos para a sociedade como um todo: sua hipótese é a de que a riqueza se mantém concentrada e que as chamadas "boas ações democráticas" e "cidadãs" ficam em geral no plano da *performance*. Yúdice argumenta, assim, que a cultura é um recurso para mobilizar diferentes públicos num território: ele afirma que em geral não traz propriamente melhorias sociopolíticas e econômicas, mas aumenta a participação popular numa era de envolvimento político decadente. Ele, por um lado, identifica um inédito protagonismo da esfera cultural, maior do que em qualquer momento histórico da modernidade, e, por outro, denuncia a utilização da cultura como sinônimo de "pseudopreocupação com o social e/ou com o desenvolvimento da região", como no caso da popularização das campanhas de Responsabilidade Social desenvolvidas largamente por várias empresas hoje. Acredita que, em sua maioria, estas companhias ficam no plano discursivo, traduzem sua atuação em campanhas de caráter publicitário que visam incorporar a agenda multicultural e fazer um uso comercial da mesma. O autor acredita que o discurso da "Responsabilidade Social Corporativa" (Instituto Ethos, 2002) encobre a diminuição que ocorreu com gastos na área social, com a crise do Estado de Bem-Estar Social. Lamenta também constatar que a arte não é mais transcendente e destaca que ela se tornou utilitária: está a serviço da "normatização do social" e/ou da geração de empregos ou inclusão social. O autor, em suma, considera isso como uma distorção do papel da cultura (Yúdice, 2004).

Yúdice, portanto, critica a idéia de um consumo cultural que afirmaria identidades ou uma cidadania em alguma medida *potente*. Parte do pressuposto de que os consumidores quase sempre consomem o que é induzido pelos grandes conglomerados transnacionais. Sugere, assim, que os mesmos façam a si a seguinte pergunta: que identidade é essa construída a partir do consumo? Ela seria resultado de uma opção "genuína"? A sensação que o leitor tem ao ler a obra de Yúdice (2004) é a de que ele considera os consumidores não exatamente como "irracionais", como já fizeram inúmeros outros autores, mas sim como "acomodados". Seu argumento sugere que os consumidores se comportam mais de forma reativa do que propriamente como indivíduos livres e ativos. O pouco de "inconformismo" e de ativismo político que o autor identifica na sociedade contemporânea é realizado por grupos políticos tradicionais ou por algumas organizações não-governamentais (ONGs) mais *orgânicas* vinculadas, efetivamente, às camadas menos privilegiadas da população. Assim, para ele, os consumidores se contentam com as opções e "migalhas" oferecidas pelo capitalismo atual.

Talvez o consumo deva ser avaliado de forma menos monolítica, já que em torno dele também se fundam movimentos de conotação mais política, tais como os que têm levado os indivíduos a terem reações intensas contra produtos trangênicos em lanchonetes de *fast food* como o McDonald no Rio de Janeiro, a externalizarem seu descontentamento na forma de protestos contra a globalização neoliberal em Davos, nas manifestações que são realizadas no Fórum Mundial Social em diversas partes do globo ou em outras diversas ações coletivas – da "multidão" – tão freqüentes hoje (Hardt e Negri, 2005).

Em suma, apesar de a esfera da cultura não coincidir com a da economia e nem mesmo com a da política, é preciso reconhecer que todas essas esferas em alguma medida estão interligadas. Nota-se que é necessário desenvolver um instrumental crítico que nos permita avaliar os usos, as articulações e tensões entre elas e seu impacto social.

Importância das indústrias culturais na sociedade contemporânea

Mattelart e Neveu (2004) lamentam que durante muito tempo as questões culturais estiveram deslocadas para a alçada da Organização Mundial do Comércio (OMC), isto é, que os debates sobre cultura e legitimidade das políticas culturais foram transferidos para a área de negociação de serviços.[72] Para os autores, a comunicação e a cultura têm hoje um papel estratégico para o mundo dos negócios, mas não devem ser avaliadas apenas da ótica comercial:

> As redes e indústrias da cultura e da comunicação estão na origem das novas formas de construção da hegemonia. Por isso é que os conflitos em torno da exceção cultural, do direito moral dos autores, da governança do ciberespaço, alcançaram uma relevância tão estratégica. Esta é a nova centralidade do cultural que vem ratificada pela noção de *soft power*, significando qualquer forma de poder que não recorre à força e participa da capacidade que possuem as potências

---

[72] Esta situação se manteve até pelo menos outubro de 2005, quando ocorreu a 33ª Conferência Geral da Unesco para debater a diversidade cultural que colocou a exceção cultural em outras bases, como um direito universal das sociedades. Nesse encontro discutiu-se o anteprojeto da "Convenção sobre a Proteção da Diversidade dos Conteúdos Culturais e Expressões Artísticas" e se produziram alguns avanços, no sentido de se gerarem acordos internacionais que protejam o pluralismo cultural (Zallo, 2005b).

hegemônicas para manter a ordem social, de tal forma que modela as preferências de outras nações (Mattelart e Neveu, 2004, p. 160).

Nesse sentido, também Zallo enfatiza que "as indústrias culturais representam o capitalismo como sistema econômico e como cultura, convertendo o capital econômico em capital simbólico e vice-versa, valorizando e acumulando capital e, ao mesmo tempo, construindo os elementos da articulação social" (Zallo, 1992, p. 13). Assim, a comunicação e a cultura passam a ser estratégicas no mundo atual, pois, segundo Williams, mais do que nunca os atores sociais hoje são comunicativos, em contínuo diálogo com a cultura, com o outro e o seu tempo (Williams, 1992).

As indústrias culturais, portanto, são centrais hoje em virtude de sua importância econômica e, sobretudo, em razão da sua enorme transcendência sobre a cultura e a sociedade (Bustamante, 2002, p. 15-20). Apesar de sua relevância, Bustamante denuncia que continuamos carecendo de estudos mais sistemáticos sobre as mesmas, não só no Brasil, mas também nos países ibero-americanos.

> Do ponto de vista das indústrias culturais e comunicativas, da sua relação com as novas redes digitais e frente aos estudos realizados em outras latitudes, continuamos carecendo de estudos sérios e sistemáticos sobre suas conseqüências econômicas, comunicativas e culturais (...) (Bustamante, 2002, p. 29).

Bustamante ressalta que, apesar de vários setores da indústria cultural estarem integrados, nem sempre o campo acadêmico da comunicação os tem encarado assim. Em conseqüência disso, segundo o autor, objetos de estudo relevantes como o cinema, a indústria editorial ou a fonográfica – só para citar os mais relevantes na sociedade – ficaram como um "não-lugar" acadêmico e de investigação, isto é, lamentavelmente nem os centros de formação de belas-artes e/ou as escolas profissionalizantes de cinema chegaram a se ocupar deles de forma cuidadosa (Bustamante, 2002).

Para Getino, as indústrias culturais são fundamentais em virtude do seu crescimento explosivo nas últimas décadas:

> Certamente, o crescimento quase explosivo, verificado ao longo da última parte do século XX em matéria de mercados das atividades e serviços das indústrias culturais levou a que, primeiramente, os grandes conglomerados do setor realizassem significativos investimentos no estudo desses temas – incorporando não só economistas, antropólogos, sociólogos, psicólogos e artistas – com o objetivo de utilizar seus resultados, sempre no nível privado, em razão de uma maior rentabilidade econômica e de uma exploração mais sofisticada dos mercados. Com isso, o capitalismo tornou-se mais inteligente na consolidação de seus interesses, ampliou a rentabilidade tradicional obtida a partir do tempo livre de trabalho das pessoas (...) (Getino, 2004, p. 51).

Getino reforça seu argumento, colocando em cena alguns dados divulgados pela Organização das Nações Unidas para a Educação, a Ciência e a Cultura (Unesco), do ano 2000, para o setor das indústrias culturais. Esses dados projetavam um grande crescimento em escala mundial, estimando-se o faturamento em aproximadamente 831 milhões de dólares, prevendo-se que esta mesma cifra seria elevada, em 2005, a 1,3 bilhão de dólares, o que supõe um crescimento nessa década da ordem de 7,2% anuais. Se a isso se somasse o faturamento das Novas Tecnologias de Informação e Comunicação (NTICs) que estão cada vez mais inter-relacionadas com a indústria do entretenimento e cultura, chegar-se-ia ao montante de 2,1 bilhões de dólares, com uma expectativa de crescimento fantástica para esse megassetor nos próximos anos.

Na mesma linha da denúncia feita por Bustamante e Getino, Canclini (1994) adverte que os estudos sobre indústria cultural feitos em geral nas últimas quatro décadas são bastante incipientes, pois, a despeito de existirem alguns poucos que são capazes de dizer algo sobre a estrutura empresarial das mídias e sobre seu poder ideológico, há raríssimas pesquisas com capacidade de avaliar seu impacto sobre o consumo e as mudanças que ela produz nos comportamentos e na consciência social. O autor ressalta que mesmo havendo o reconhecimento de que as indústrias culturais na América Latina, nos anos 1990, eram responsáveis por cerca de um a três por cento do Produto Interno Bruto (PIB) de seus respectivos países, poucos pesquisadores estiveram empenhados em refletir sobre a relevância econômica e política das mesmas.

Não refletir sobre esse lugar estratégico das indústrias culturais, portanto, significa deixar de analisar, por exemplo, o fenômeno da concentração das grandes empresas nas mãos de poucos *players* e os riscos que isso pode representar para a democracia, para os interesses públicos e pluralismo cultural. Alguns autores, no entanto, têm se empenhado em analisar não só a concentração vertical (as formas como essas organizações controlam distintas fases do produto), mas também a horizontal (em distintos produtos e setores), observando inclusive a formação de conglomerados (controlando diversos setores ao mesmo tempo). Inúmeros estudiosos – especialmente de economia política – tiveram o mérito de se empenharem quase sempre em dar um importante alerta: que os conglomerados já estão super inseridos nas economias nacionais, visando ganhar novos mercados domésticos, e para isso buscam customizar produtos e serviços. Aliás, ressaltam que as desregulamentações, que ocorreram principalmente ao longo dos anos 1980 e 1990, foram um dos resultados do efeito do enfraquecimento do Estado perante esse poder transnacional. Sugerem que, infelizmente, ocorreu em algum momento uma aliança entre o Estado e o grande capital (Bustamante, 2002; Bustamante e Zallo, 1988; Miguel de Bustos, 1993; Zallo, 1988; Bolaño et al., 2005).

Usos e críticas ao emprego do conceito de Indústria Cultural

A esta altura caberia perguntar: no que as atividades desenvolvidas pelas indústrias culturais se diferenciariam das desenvolvidas por outros setores industriais? Tendo em vista as mudanças que vêm ocorrendo no capitalismo atual, faria sentido ainda se trabalhar com o conceito de "indústria cultural" hoje?

Cabe destacar que a noção tradicional de "indústria cultural" é utilizada aqui com reservas, na medida em que reconheço a necessidade de repensarmos um novo quadro conceitual de análise (diferente do proposto pela Escola de Frankfurt) a partir do qual seja possível uma melhor compreensão da dinâmica contemporânea no campo da produção (bem como da circulação e do consumo) de produtos culturais, de informação e de entretenimento na Era da Informação e do Conhecimento (Bolaño, 2000; Albornoz, 2005). Zallo propõe a seguinte definição que traz alguns avanços importantes, isto é, ele considera as indústrias culturais como "(...) um conjunto de setores, segmentos e atividades auxiliares industriais produtoras e distribuidoras de mercadoria com conteúdos simbólicos concebidos por um trabalho criativo, organizadas por um capital que valoriza e é destinado ao mercado de consumo, com uma função de reprodução ideológica e social" (Zallo, 1988, p. 26). Ainda segundo Zallo,

> (...) as indústrias culturais – por sua razão de ser e por sua necessidade de legitimação social – estão condenadas a preservar, em algum grau, traços essenciais da produção cultural: a criatividade, a sistemática de renovação cultural em torno de protótipos, a experimentação e, por conseguinte, as incertezas da resposta do mercado (...). As dificuldades para objetivar o valor do trabalho criativo; a imaterialidade do conteúdo; o caráter de protótipo de cada obra; a persistência do regime de direitos de autor frente ao regime salarial; a manutenção da propriedade intelectual por parte dos autores engendrando sua fixação, reprodução, uso ou comunicação pública; o respeito à integridade da obra; a cláusula de consciência do jornalista; a incerteza de uma demanda de difícil gestão e que é sempre posterior a uma oferta sempre nova; a funcionalidade estrutural das grandes e pequenas empresas; a presença do Estado, seja como regulador, promotor, financiador ou agente direto; a enorme influência social ideológica, estética e perceptiva das indústrias culturais (...). São traços que diferenciam a produção cultural de outras atividades industriais (Zallo, 1992, p. 12-13).

De uma outra perspectiva, Negus critica o emprego do conceito de "indústria cultural", afirmando que a Escola de Frankfurt tratava a produção cultural como qualquer outra atividade manufatureira. Segundo ele, da perspectiva dessa corrente teórica, a produção atual seria necessariamente de massa, estandardizada, e careceria de originalidade (Negus, 2005, p. 48-55). Miége também critica e denuncia a visão monolítica frankfurtiana, pois ressalta que existiriam traços básicos em comum, mas também várias obras de arte que escapariam, em alguma medida, da lógica mercantil, ou seja, alguns produtos seriam mais artesanais que outros. Segundo ainda Miége, cada indústria tem suas particularidades, e ele adverte para os riscos destas generalizações. Assim, a indústria da música não é a mesma dos jornais ou da tevê (por exemplo, o custo e os problemas enfrentados pela música não são os mesmos de um filme ou de um programa de televisão).

Além disso, outra imprecisão gerada pelo termo é ainda enfatizada por Negus: todas as indústrias são culturais, ou seja, não só possuem um entorno cultural que as afeta, mas também todos os serviços e produtos são culturais, pois devem ser interpretados num determinado contexto sociocultural (Negus, 2005, p. 51). Além disso, como assinalamos anteriormente, o capitalismo está hoje culturalizado: é difícil encontrar uma atividade econômica bem-sucedida que não utilize a cultura como fator agregador de valor. Não é à toa que se gasta tanta verba com publicidade e marketing hoje: o objetivo é negociar sentidos e significados.

Assim, Negus sugere que nas indústrias culturais não deveriam estar compreendidas apenas as *entidades e organizações artístico-midiáticas*, mas todas as empresas com capacidade competitiva do capitalismo atual.

Mesmo reconhecendo a imprecisão desse conceito, especialmente numa época em que se debate tanto a crise ou o "fim do trabalho" (Rifkin, 1996) e a importância crescente do "trabalho imaterial" (Lazaratto e Negri, 2001), em que o capitalismo se dedica mais ao setor de serviços do que propriamente às atividades fabril-industriais tradicionais e valoriza cada vez mais o conhecimento – um capitalismo tendencialmente "cognitivo" (Cocco e outros, 2004) –, talvez o termo "indústria cultural", apesar de precário, ainda seja útil. Não só permite ao leitor identificar um conjunto de organizações e problemáticas (ainda que de forma imprecisa), mas também recorda-nos de algum modo que estamos num momento de transição do modo de produção vigente, no qual convivem práticas fordistas/industriais com outras pós-fordistas/pós-industriais. Vive-se uma época marcada por continuidades e descontinuidades (Aron, 1986), em que a sociedade e a lógica industrial não foram completamente superadas.

Apostando na validade de se trabalhar ainda com o conceito de indústria cultural, este livro se apropria de uma tipologia proposta por Bustamante para compreender a dinâmica dessas organizações e principalmente os produtos por elas gerados (Bustamante, 2002, p. 26). Adaptando essa tipologia ao novo contexto que está sendo intensamente impactado pela "convergência tecnológica" (Galvão, 1998) e pela globalização, propomos a seguinte classificação:

    a) Teríamos *mercadorias culturais* – como os fonogramas e os livros –, que são protótipos criativos individualizados (protegidos por *copyright*), reproduzidos sobre diferentes tipos de suportes materiais ou imateriais, em cópias ou direito de acesso adquiridos privativamente, financiadas pelo pagamento do consumidor segundo um mercado massivo, mas que experimenta uma crescente segmentação. O efeito de catálogo ou da marca da empresa até o momento tem um papel secundário.

b) Os *produtos culturais de fluxo contínuo,* como, por exemplo, o rádio e a televisão – aberta e por assinatura, que trabalham com pacotes de criação reproduzidos em continuidade sobre suportes imateriais –, difundidos simultaneamente sob financiamento indireto (impostos, subvenções públicas, publicidade) ou mesmo direto (por meio de assinaturas). Historicamente, esses produtos têm sido dirigidos a um público massivo, mas tendem, com a difusão das tecnologias digitais, a se tornar mais caros, mais segmentados e um pouco mais interativos. A estratégia do catálogo e também a gestão da grade de programação são importantes na composição da organização e na "fidelização" do público.

c) E, finalmente, uma categoria de caráter mais híbrido, que seriam as *mercadorias culturais passíveis de serem veiculadas em fluxo contínuo*, na qual estaria localizada a imprensa periódica (diária ou não), que é mercadoria cultural, individualizada, mas pode ser transmitida/distribuída em pacotes contínuos de informação. É financiada de forma direta e/ou indireta pela publicidade e pelo consumidor, e, apesar de historicamente massiva, vem, de modo geral, se constatando a tendência de segmentação, de especialização e de um crescimento das características interativas.

Carência de dados e algumas pesquisas pioneiras

Tendo em vista a importância estratégica da economia da comunicação e cultura e, de modo geral, das indústrias culturais, pode-se indagar: como elaborar políticas públicas que não sejam paliativas, exógenas, se não conhecemos em profundidade a dinâmica da indústria da música ou mesmo das indústrias culturais no Brasil?

Analisa-se neste livro um setor da indústria cultural muito debatido, especialmente no Brasil – em virtude da sua vitalidade –, mas, infelizmente, ainda pouco conhecido. A contribuição dos estudiosos para esmiuçar a estrutura e a dinâmica desse "circuito cultural" (Hall, 2003a; Du Gay et al., 1997) – que envolve as etapas de produção, consumo, regulação, representação e identidade – é quase nula, ou melhor, o pouco que se conhece dessa indústria no país são as pesquisas oficiais elaboradas pelo Ministério da Cultura, através de seus consultores (Prestes Filho, 2002; Prestes Filho e outros, 2004).

No campo da comunicação, a lacuna de estudos que tratem do quadro local é ainda mais gritante: há pouquíssimos trabalhos gerados pelos pesquisadores da área, e o pouco que há é dedicado a: a) enfocar as tradições, os aspectos ritualísticos da música no Brasil (Caiafa, 1985; Sodré, 1988; DaMatta, 1981; Cavalcanti, 1995; Vianna, 1988 e 1999; Pereira, 2003); b) elaborar uma produção memorialista por intermédio de relatos marcadamente jornalísticos (Ruy Castro, 2001; Essinger, 1999 e 2005; Souza, 2003); c) recuperar personagens, estilos musicais e celebrações com forte enfoque nos estudos das expressões folclóricas (Cabral, 1974; Tinhorão, 1969); d) refletir sobre a relação sociopolítica e cultural das expressões musicais populares com a grande indústria, com a crítica especializada e com os meios de comunicação (Dias, 2000; Freire Filho e Herschmann, 2003; Sá, 2003 e 2005; Herschmann, 1997 e 2000; Janotti Jr., 2003 e 2004); e) e, finalmente, avaliações das qualidades estéticas dos gêneros (Máximo e Didier, 1990; Cazes, 1998).

Convivemos, portanto, com a quase total falta de dados sobre o funcionamento do mercado da música (aliás, esta carência não é exclusividade do setor da música, mas também de outros setores da indústria cultural do Brasil). Na realidade, a situação é muito mais grave. Temos alguns dados esparsos, alguns indícios, mas não conhecemos, efetivamente, nem a indústria da música, nem as indústrias culturais do país como um todo: estamos impossibilitados de avaliar de forma mais precisa o seu potencial e sua importância para a economia nacional. No final da década 1980 e início da de 1990 se começou a debater no aparato estatal a necessidade de indicadores culturais, mas a questão não teve prosseguimento, só tendo sido retomada nos últimos anos.[73]

---

[73] Segundo Oliveira, "(...) de fato não existe uma base de dados organizada sobre estatísticas ou informações culturais. Tudo o que existe é muito fluido, derivado de outras pesquisas que não tiveram como finalidade específica a construção de estatísticas ou de indicadores culturais. Todo o processo de construção dessa base de dados vai depender de uma longa, articulada e integrada discussão a respeito de conceitos, de metodologias e de definição dos objetivos a serem perseguidos. Com certeza, o Instituto Brasileiro de Geografia e Estatística (IBGE) não se furtará a entrar nessa discussão e a participar de um trabalho desses, embora reconhecendo que a sua realização depende, em grande medida, da articulação da área produtora cultural neste país" (Oliveira, 2003, p. 205). Oliveira, ao relatar brevemente o debate sobre a carência dos indicadores culturais no Brasil, destaca alguns momentos importantes: "(...) na década de 1980, por iniciativa do Ministério da Cultura, chegou-se a produzir um inquérito sobre cultura no Brasil, chamado por alguns de Censo Cultural. A pesquisa foi precedida por várias articulações e discussões entre técnicos do IBGE e os diversos segmentos da cultura, como cinema, radiodifusão, editoras de livros e do Patrimônio Histórico. Houve várias reuniões para a definição dos instrumentos de coleta. A pesquisa foi a campo em 1988 e o material foi entregue ao Ministério da Cultura para posterior processamento e apuração. O resultado, contudo, não chegou a ser divulgado em razão de mudanças institucionais ocorridas à época. O fato é que essa foi a última iniciativa da esfera federal no sentido da construção de bases de informações, de bases de dados na área da cultura. Entre 1995 e 1996, o Ministério da Cultura contactou o IBGE sobre a possibilidade da realização de um novo Censo Cultural ou inquérito cultural, mas a idéia não teve prosseguimento. Em relação à atual base de pesquisas do IBGE, as informações que de algum modo podem ter alguma relação com cultura, ou com indicadores de cultura, são extremamente esparsas, dispersas, porque as pesquisas não foram montadas para atender a essa demanda. Podemos até obter algumas informações a partir do Censo Demográfico da Pesquisa Nacional por Amostra de Domicílios (PNAD) ou da Pesquisa de Informações Básicas Municipais, mas, na realidade, elas não bastariam para constituir um sistema de dados para a área da cultura. São indicadores, quesitos e informações básicas que constam de várias pesquisas do IBGE, voltadas para outras temáticas, nas quais não houve nenhuma preocupação em definir ou conceituar a cultura" (Oliveira, 2003, p. 190-191).

Assim, assistimos praticamente no Brasil a uma ausência de dados públicos sobre a economia da cultura, pois não existem parâmetros sendo aplicados para construir um diagnóstico das indústrias culturais no país, o que tem dificultado muito o trabalho dos investigadores, gestores culturais, empresários e autoridades (Boulay, 2004). Prestes Filho, um dos pioneiros no estudo das indústrias culturais, comenta o ambiente de "obscurantismo" vivido no Brasil:

> Criamos na Secretaria do Estado do Rio uma metodologia própria para começar a dissipar este obscurantismo dos dados. Como não existem fontes de informação sobre dados econômicos da cultura, nós contamos com o apoio da Secretaria de Estado de Fazenda e da Secretaria Municipal de Fazenda da Cidade do Rio de Janeiro. E foi nessa pesquisa de 1999 que nós identificamos que o PIB da cultura chega a 3,8% em média. Em ICMS, a economia da cultura gerou, no ano de 1999, R$ 499 bilhões, sendo que, no mesmo período, a indústria metalúrgica gerou R$ 310 bilhões e a indústria química gerou R$ 209 bilhões. A indústria da cultura ficou de igual pra igual com a indústria de bebida, que é um segmento forte de geração de ICMS. (...) Para se ter uma idéia de como é difícil mudar a mentalidade das pessoas: chegamos a receber uma correspondência oficial da Secretaria de Fazenda dizendo que a cultura no Estado do Rio era um fator de geração de despesas e não um fator de geração de receita tributária. Ao mesmo tempo em que o secretário de Fazenda estava certo ao escrever isso, ele também estava equivocado. Não só entendemos que a cultura gera economia, como também não existe diretamente um indicador da atividade cultural porque a visão que o Estado brasileiro tem sobre as atividades econômicas é uma visão ainda de um Brasil industrial. Nós estamos ainda focados no Brasil industrial. Isso é uma reforma que o Estado Brasileiro está ainda por realizar, e terá de fazer isso nos seus próximos dez anos se quiser crescer. Uma reforma que poderia ser feita no governo Fernando Henrique Cardoso quando foram criados grupos de trabalho que se prepararam para a formação do levantamento do censo nacional do ano 2000. Como o ministro Weffort não indicou ninguém do Ministério da Cultura e ele também não participou das atividades desses grupos de trabalho que estavam reformulando o catálogo nacional de atividades econômicas, a cultura não foi identificada como atividade econômica, ou seja, não foi isolada para ser avaliada estatisticamente. Não foram isolados todos os códigos tributários para, no índice, você poder ir às atividades enquadradas. Isso não foi feito em oito anos do governo Fernando Henrique Cardoso, mas nós alertamos sobre isso o atual Governo. Logo após a eleição do presidente Lula foi enviada uma correspondência com documentos para o ministro Gilberto Gil e para seus assessores Paulo Miguez e Juca Ferreira. Mas também nada foi feito. É injustificável que três anos passem assim sem que

nada tenha sido feito. (...) Entretanto, apesar das dificuldades, conseguimos na secretaria do Rio de Janeiro isolar as atividades econômicas dentro do Catálogo Estadual de Atividades Econômicas. Foi o único estado brasileiro que até hoje conseguiu realizar um levantamento sobre a contribuição da cultura para a formação do PIB. Nós montamos uma metodologia e, logo em seguida à realização da pesquisa, nós realizamos um seminário de avaliação dos resultados dessa pesquisa. O seminário foi realizado no final de 2001 na Academia Brasileira de Letras pela Secretaria de Desenvolvimento Econômico junto com o Conselho de Estado de Cultura, sob coordenação do professor Carlos Lessa. (...). Nós identificamos que a música era uma grande oportunidade para se estudar porque é estratégica, assim como a tevê aberta no Brasil: é um tipo de produção que trabalha muito com o conteúdo nacional. Então, seria interessante estudar essa cadeia produtiva porque movimenta bilhões e é uma atividade econômica importante do Rio. Há muitas grandes empresas trabalhando e gerando negócios, com muito conteúdo brasileiro. Além disso, essas empresas possuem uma capilaridade, uma grande penetração no país e no exterior. (Luís Carlos Prestes Filho, professor da Universidade Cândido Mendes e Superintendente de Economia da Cultura da Secretaria de Desenvolvimento Econômico do Estado do Rio de Janeiro. Entrevista ao autor.)

Curiosamente, em uma entrevista concedida aos principais jornais do país em 2005, o próprio ministro da Cultura, Gilberto Gil – citado por Prestes Filho –, queixava-se publicamente de que se ressentia justamente deste tipo de informação: na ocasião, ele ressaltava que tinha consciência da importância das atividades culturais para o país, de que, por exemplo, empregava mais do que a indústria automobilística, mas que infelizmente não possuía em mãos um conjunto de dados expressivos (sólidos) para balizar seu argumento, e que isso, sem dúvida, dificultava a elaboração de políticas culturais que efetivamente contribuíssem com o desenvolvimento do país.

No Brasil, vem crescendo o consenso entre os atores sociais de que há uma grande pertinência em se reunirem indicadores culturais, isto é, dados quantitativos e qualitativos que permitam construir uma reflexão econômica (sobre a magnitude da produção e do consumo cultural de um território) e análises da política cultural, bem como estudos, de médio e longo prazos, do comportamento e da vida culturais.

O próprio MinC, em seu site oficial na internet, revela que este tipo de preocupação de fato tem levado as autoridades a se mobilizarem mais recentemente. Em seu artigo intitulado "Indicadores Culturais", Lins relata que, em dezembro de 2004, o Instituto Brasileiro de Geografia e Estatística (IBGE) e o MinC assinaram um acordo de cooperação técnica com o objetivo de organizar e sistematizar as informações relacionadas ao setor cultural a partir de pesquisas já existentes, contratando o Instituto de Pesquisas Econômicas Aplicadas (Ipea) e a Casa de Rui Barbosa para produzir uma base consistente de informações relacionadas ao setor cultural (Lins, 2006). Sucintamente, os objetivos da investigação são: a) organizar e sistematizar informações relacionadas ao setor cultural a partir das pesquisas existentes; b) formular uma estratégia para construção de um conjunto articulado de estatísticas e indicadores culturais; c) propor o desenvolvimento de linhas de pesquisa para suprir as lacunas existentes da produção de estatísticas nacionais; d) e, em longo prazo, expandir a capacidade específica de análise para esse setor com a construção de uma conta satélite para medir o peso da cultura no produto interno bruto nacional (Lins, 2006, p. 2).

Infelizmente, a carência de dados sobre a economia gerada pela atividade cultural[74] – que dificulta tanto uma percepção mais clara do seu papel estratégico para o desenvolvimento do país – é mantida, por um lado, pela "miopia" das autoridades no passado e, por outro, porque a sociedade brasileira não acredita que se beneficiará com o fim da informalidade e da sonegação fiscal.

> É fundamental reconhecer que a cultura é um bem que pode gerar renda e ajudar o país a crescer de forma decisiva. (...) Acho que isto é um problema sério no país, mas há também uma característica do empreendedor brasileiro, que raramente admite que possui um problema, achando que pode resolver tudo sozinho. Raciocina de forma individualizada demais e tem pouca experiência associativa. Some-se a isto a aposta na informalidade e na sonegação fiscal... Como se pode imaginar, este quadro, quando montadas as peças, fica lindo! (Jerôme Vonk, especialista em comunicação dirigida, publicidade e *showbusiness*. Entrevista ao autor.)

A questão da informalidade é bastante grave no Brasil, e especialmente no Rio. Segundo dados divulgados pela Fundação Getúlio Vargas (FGV), no Estado do Rio de Janeiro 37% da população ativa está envolvida em atividades não regularizadas, e a economia dessa localidade perde a cada ano aproximadamente 4,4 bilhões de reais (Soler, 2006).

Em alguns países da América Latina a situação é um pouco melhor, mas, de modo geral, constatam-se grandes lacunas ou a presença de dados pouco confiáveis, pois em geral são produzidos não por entidades públicas, mas sim por associações de grandes empresas produtoras e distribuidoras.

---

[74] Não é só a carência de dados que dificulta a produção de uma transparência das informações, mas a própria qualidade dos bancos de dados existentes. Em geral, os bancos de dados sobre a economia da cultura apresentam os seguintes problemas: trazem informações genéricas ou até contraditórias; são incompletos e/ou inadequados, não possuem sistematização; e, finalmente, são dispersos e descontínuos (Gusmán Cárdenas, 2004, p. 19).

Stolovich denuncia outro problema nos poucos estudos que vêm sendo realizados na última década: o de que um número expressivo deles foi realizado com uma finalidade excessivamente instrumental, isto é, buscando fundamentar a necessidade de incrementar subsídios econômicos públicos e privados para as atividades culturais (Stolovich, 2002, p. 2).

Por todas essas dificuldades registradas, são de grande relevância as pesquisas que nas últimas décadas começaram a ser realizadas no mercado, em diversos países ibero-americanos, por vários investigadores sobre o comportamento e o consumo culturais (Sunkel, 1999; Convenio Andrés Bello, 2000; Gobierno de Chile, 2001; Canclini, 1994; Martín-Barbero e outros, 2005; Vogel, 2004). Mesmo realizando este esforço, a elaboração de um mapeamento mais preciso do consumo cultural e mesmo musical freqüentemente esbarra em certas limitações das investigações ou até em análises estatísticas simplificadoras.[75] Nesse sentido, Straw chama a atenção para as distorções estatísticas produzidas corriqueiramente pela indústria da música:

> Muitas cadeias de lojas de varejo, na hora de vender os CDs, agora colocam discos usados junto aos novos, competindo com as centenárias lojas de segunda mão (...) os adolescentes compram discos de vinil em lojas de pechincha ou especializadas em *dance music* (...). Outros se dedicam a fazer cópias de CDs em suas casas ou escritórios e trocam com outros fãs que conhecem através da internet. No site de leilões *on-line* E-bay, o número de gravações disponíveis em um dia típico alcança a cifra de 250 mil ou até mais. Essas formas de consumo musical raras vezes aparecem refletidas nas cifras de venda ou listas de popularidade que a indústria maneja. Com tanto consumo invisível aos olhos estatísticos da indústria, as vozes que comentam as grandes mudanças nos padrões de consumo são ouvidas de forma suspeita. (...) As estatísticas parecem só medir os hábitos de consumo daqueles que continuam comprando música pelos canais tradicionais (...) (Straw, 2006, p. 88).

---

[75] Yúdice e Durán questionam os bancos de dados disponíveis para avaliação da economia da cultura, pois, de acordo com eles: a) os bancos de dados consistem em sistemas de categorias muitas vezes não questionadas; b) os bancos e seus componentes são seleções que permitem criar mapas úteis de uma realidade cada vez mais complexa e que nos permitem nela nos localizarmos de maneira pertinente, tomar decisões ou assumir posições; c) essa seleção não é nunca neutra, mas está condicionada por necessidades, interesses e tendências específicas; d) não se trata de instrumentos plenamente objetivos, mas que servem para potenciar algumas instituições, comunidades, indivíduos, empresas, manifestações, etc. em sua visibilidade, na distribuição e no uso dos recursos associados a eles; e) essas características não invalidam os bancos de dados, mas proporcionam as condições para assumi-los como instrumentos de persuasão, cujos componentes e formas de operar são sempre questionáveis e opináveis, ou seja, devem estar abertos ao debate público; f) requer-se a incorporação de opções flexíveis no desenho e na concepção dos bancos de dados, assunto que propomos na conclusão (Yúdice e Durán, 2003, p. 174).

Além das dificuldades aqui assinaladas, é preciso destacar também que não há praticamente até hoje nenhum estudo no Brasil que, por exemplo, analise em profundidade o papel da comunicação e da cultura na produção musical ou que avalie a importância dessa "indústria cultural" no desenvolvimento regional sustentável do país ou de regiões com vocação para o desenvolvimento dessa indústria, tais como o Estado do Rio de Janeiro.

Evidentemente, no Brasil, há alguns trabalhos de economia política da comunicação que avaliam de forma indireta e/ou periférica os níveis de concentracionismo e internacionalização do setor audiovisual dentro de um contexto mais amplo das indústrias culturais (Bolaño et al., 2005; Bolaño e Brittos, 2005; Jambeiro et al., 2004; Capparelli et al., 1999; Earp e Kornis, 2005; Prestes Filho e outros, 2004; Herscovici, 1995), mas a maior parte destes estudos vem sendo realizada em outros países. Assim, importantes levantamentos e pesquisas vêm tentando mapear as indústrias culturais em diferentes localidades do contexto ibero-americano (Mastrini, 2005; Albornoz, 2006; Burnett, 1996; Calvi, 2004; Bustamante e Zallo, 1988; Bustamante, 2001, 2002, 2003, 2006b; Gárcia Gracia e outros, 2000; Rama, 1994; Miguel de Bustos, 1993; Canclini e Moneta, 1999; Zallo, 1988; Negus, 2005; Rutten, 1996; Yúdice, 2004; Getino, 1995 e 2006; Bonet e outros, 1992; Bisbal e outros, 1998; Barrios e outros, 1999; Gusmán Cárdenas, 2003) e estão dando uma importante contribuição ao debate. Infelizmente, apesar do esforço desses pesquisadores e da própria Unesco em demonstrar a importância econômica das indústrias culturais, pouco tem sido feito no terreno das políticas públicas.

> Ocorrem novidades na cultura e nas comunicações, mas não são assumidas por outros atores políticos que integram os Estados [da América Latina]. Os informes da Unesco, da União Européia e de outros organismos, por exemplo, demonstram que as práticas culturais deixaram de ser atividades suntuosas e, graças às indústrias audiovisuais e de informática, estão abarcando de 3% a 6% do PIB em muitos países. Na América Latina, uns poucos estudos argentinos, brasileiros, mexicanos e do Convênio Andrés Bello na área de políticas culturais seguem ainda restritos a museus, à literatura e à música clássica (Canclini, 2004c, p. 58).

Difícil tarefa de expandir uma agenda de pesquisa

O meu objetivo neste livro certamente não foi o de produzir um diagnóstico detalhado sobre a indústria da música brasileira, mas trazer alguns elementos que subsidiem a construção de uma análise – da perspectiva da economia política da comunicação e dos estudos culturais – que permita uma melhor compreensão da crise vivida atualmente por essa indústria de grande importância para o desenvolvimento do país.

Talvez o conceito de *mapa* explique melhor a proposta deste livro do que a noção de *diagnóstico,* ressaltando, porém, que não pretendo produzir um mapa-síntese, do tipo moderno, que reduz ou filtra a realidade. Na linha do que sugere Martín-Barbero, busco aqui construir um mapa cognitivo do tipo "arquipélago":

> Atravessando duas figuras modernas – a do universo de Newton e dos continentes (da história) de Marx e a do inconsciente de Freud –, nossos mapas cognitivos chegam hoje a outra figura, a do *arquipélago*, pois, desprovido de fronteira que o una, o continente se desagrega em ilhas múltiplas e diversas, que se interconectam (Martín-Barbero, 2004, p. 12).

A elaboração desses novos tipos de mapa evidentemente implicará uma mudança de discurso e escrita (Canclini, 2000), para com isso elaborar um "mapa noturno" que seja provocativo, que não perca de vista a sua aplicação política, ou seja, que esteja comprometido com os problemas enfrentados no contexto latino-americano (Martín-Barbero, 2004, p. 17):

> (...) [Em outras palavras, o mapa noturno seria capaz de] indagar a dominação, a produção e o trabalho, mas a partir do outro lado: o das brechas, o do prazer. Um mapa não para a fuga, mas para o reconhecimento da situação desde as mediações e os sujeitos, para mudar o lugar a partir do qual se formulam as perguntas, para assumir as margens não como tema, mas como enzima. Porque os tempos não estão para síntese, e são muitas as zonas da realidade cotidiana que estão ainda por explorar, zonas em cuja exploração não podemos avançar senão apalpando (...) (Martín-Barbero, 2004, p. 18).

Assim, para a realização desse *mapa* procurei articular, em alguma medida, a economia política da comunicação e os estudos culturais, isto é, procurei recuperar o legado (a *agenda ampla de pesquisa*) dos estudos propostos por Williams, Thompson, Hoggart e Hall (Williams, 1980 e 1983; Hoggart, 1972; Thompson, 1984; Hall, 2003c; Jones, 2004). Como argumenta de forma contundente Kellner (1998), é preciso construir sólidas articulações entre essas tradições, pois o benefício é mútuo e pode proporcionar um salto qualitativo para as pesquisas.

> Algumas das primeiras propostas dos estudos culturais britânicos sublinhavam a importância de um enfoque transdisciplinar nos estudos de cultura, que analisassem sua economia política, o processo de produção e distribuição, os produtos textuais e a recepção e a audiência. Por exemplo, o clássico artigo programático "Codificar/Decodificar", de Stuart Hall, inicia sua análise utilizando *Grundisse* de Marx como modelo para traçar as articulações de um circuito contínuo que englobe a "produção-distribuição-consumo-produção". Hall concretiza seu modelo preocupado com a forma pela qual as instituições dos

meios de comunicação produzem significados, como circulam e como as audiências utilizam ou decodificam os textos para produzir significados. (...) Creio que este modelo define o enfoque mais produtivo para os estudos culturais, mas que raras vezes foi retomado (Kellner, 1998, p. 187-188).

A construção de uma aliança entre a economia política da comunicação e os estudos culturais, portanto, pode permitir que as investigações consigam, em alguma medida, produzir análises mais detalhadas, densas, e articular micro e macroquestões e/ou contextos. Segundo Garnham, a reconciliação entre essas correntes de estudos permitiria que os investigadores de estudos culturais dessem uma importante contribuição para a compreensão da natureza e do impacto das atuais mudanças na forma de produção da cultura.

> Essas mudanças implicam três processos inter-relacionados: a reestruturação da produção cultural e o intercâmbio em escala global, em parte associado aos avanços radicais dos meios de produção com as novas tecnologias de informação e comunicação; a reestruturação das relações da produção cultural que estão associadas a um reposicionamento social e econômico dos intelectuais, dos especialistas da representação simbólica; a reestruturação da relação entre poder político e cultural, que implica uma redefinição potencial do papel e dos poderes potenciais, tanto do Estado quanto do cidadão (Garnham, 1998, p. 122).

Como ressalta Kellner, se, por um lado, os estudos de economia política sempre mostraram grande competência em analisar os sistemas de produção e distribuição e suas articulações e tensões com o poder e o capital, por outro lado, os desenvolvidos pelos estudos culturais sempre se mostraram hábeis em analisar os processos culturais de recepção e de construção de sentido na audiência (e no consumo). O autor, portanto, defende a construção de uma agenda transdisciplinar que construa o que ele chama de uma "economia política da cultura":

> (...) Durante a década passada ocorreu uma clara separação da economia política e dos estudos culturais, ficando cada vez mais os últimos centrados na audiência e no consumo. (...) o esquecimento da economia política atrapalha os estudos culturais, e defendo sua importância, não só por favorecer uma compreensão geral da cultura dos meios de comunicação, senão também porque contribui para analisar os textos e o uso da audiência dos artefatos dos meios de comunicação. Postulo que a construção dos textos dos meios de comunicação e sua recepção pelas audiências estão profundamente influenciadas pelo sistema de produção e distribuição nos quais os produtos dos meios de comunicação circulam e são recebidos. Por conseguinte, contra a separação da economia política dos estudos culturais, postulo que é importante situar as análises dos tex-

tos culturais em um sistema de produção e distribuição, em resumo, é preciso realizar uma economia política da cultura (Kellner, 1998, p. 188-189).

A maioria dos pesquisadores de estudos culturais se centrou nos artefatos dos meios de comunicação ou nos processos de recepção. Passou-se a dar atenção exclusivamente ao postulado de Williams, que defendia a necessidade de se focarem os produtos, deixando-se de analisar as condições das práticas que envolvem esses produtos (Williams, 1980, p. 48). Segundo Ferguson e Golding (1998), a estrutura de produção foi perdida de vista pelos pesquisadores até o ponto em que, nos anos 1990, Frith afirma com grande pesar que os estudos de música popular unicamente floresciam por causa dos subsídios da antropologia e da sociologia, um trabalho cuja importância se deve e se centra em uma área e um tema, de forma sistemática, mas esquecido pelos estudos culturais: a base da produção cultural, o lugar e o pensamento dos produtores culturais (Frith, 1992). Assim, na maioria das investigações de estudos culturais as atividades culturais se converteram mais em *textos* do que em *instituições* e *atos* para serem analisados. A *recepção* e não a *produção da cultura* chegou a ocupar um lugar muito preponderante no conjunto das pesquisas (Ferguson e Golding, 1998).

Mattelart e Niveu aumentam o coro das críticas aos estudos culturais vigentes, enfatizando que essa corrente teórica vem produzindo em seus trabalhos "(...) uma visão da sociedade reduzida a um caleidoscópio de fluxos culturais, até esquecer que nossas sociedades também se regem mediante relações econômicas e políticas, uma estrutura social que não se reduz às séries televisivas de êxito e nem ao impacto social dos *realityshows*" (Mattelart e Niveu, 2004, p. 18).

Além disso, os autores acrescentam que, lamentavelmente, os estudos culturais "(...) têm uma obsessão pelo pequeno objeto, pela trivialidade das pequenas histórias, em contrapartida há uma amnésia dos mecanismos sociais que determinam a sua produção" (Mattelart e Niveu, 2004, p. 148).

Entretanto, apesar das duras críticas, boa parte dos teóricos de comunicação de tradição marxista acredita que os estudos culturais podem contribuir para a renovação do pensamento crítico. Como enfatiza Hall, está na hora "(...) de devolver ao projeto dos estudos culturais (...) o ar límpido do significado, da textualidade e da teoria (...) algo sujo, bem mais embaixo" (Hall, 2003c, p. 202).

Isso seria possível desde que os pesquisadores de estudos culturais se reconciliassem com

> (...) o materialismo cultural explorado por E. P. Thompson e R. Williams, que articulam as sutilezas das tipologias do simbólico com os princípios de realidade que são o sociológico e o econômico. [É preciso que rompam também] com todos os pós-academicismos, que aceitem a meta da ruptura com as modas teóricas e os objetos rotinizados. E, por último, seria necessário que se abrissem ao

aggionarmento das linhas e fronteiras disciplinares que requerem tanto a evolução do mundo como a dos territórios universitários (Mattelart e Niveu, 2004, p. 161-162).

Talvez as críticas contidas no início deste livro tenham desagradado tanto aos pesquisadores da economia política da comunicação quanto àqueles que trabalham com os estudos culturais. Ao realizar essas críticas, a intenção aqui, em vez de questionar a importância e a qualidade das contribuições dadas por essas correntes da teoria da comunicação, foi justamente enfatizar o quanto ambas as correntes teóricas poderiam se favorecer com uma articulação de suas agendas tradicionais de investigação. Assim, tentei aqui realizar uma importante tarefa com a qual os pesquisadores deveriam estar comprometidos: a da busca e atualização dos instrumentos e ferramentas de investigação freqüentemente empregados.

Negus, autor de um dos estudos mais provocativos e interessantes sobre a indústria da música mundial e que vem trabalhando há vários anos com Du Gay e Hall com o conceito de *circuitos culturais*, postula que é preciso construir uma agenda de investigação e desenvolver uma metodologia de pesquisa que possibilite dar conta da complexidade da realidade social, que permite analisar articuladamente vários momentos cruciais, tais como: o da produção, o do consumo, o da regulação, o da representação e o da construção da identidade. Como já assinalado anteriormente, só assim seremos capazes de compreender não só como a indústria produz a cultura, mas também como a cultura produz a indústria (Negus, 2005, p. 33).

É possível afirmar que, extraindo aquilo que a economia política da comunicação e os estudos culturais podem oferecer de melhor, isto é, empregando-se uma perspectiva transdisciplinar (e procedimentos metodológicos adequados que permitam articular essas correntes de estudos), talvez sejamos capazes de decifrar melhor esse axioma desafiador proposto por Negus, tão revelador da dinâmica econômica, comunicacional e cultural do mundo de hoje.

Percurso de uma investigação

Volto à dificuldade de instituir uma prática cultural e crítica genuína que tenha como objetivo a produção de um tipo de trabalho político-intelectual orgânico, que não tente inscrever-se numa metanarrativa englobante de conhecimentos acabados de instituições. Volto à teoria e à política da teoria. Não a teoria como vontade de verdade, mas a teoria como um conjunto de conhecimentos contestados, localizados e conjunturais, que têm de ser debatidos de um modo dialógico. Mas também como prática que pensa sempre a sua intervenção num mundo em que faria alguma diferença, em que surtiria algum efeito. Enfim, uma prática que entende a necessidade da modéstia intelectual. Acredito haver toda a diferença no mundo entre a compreensão da política do trabalho intelectual e a substituição da política pelo trabalho intelectual (Hall, 2003c, p. 217).

Canclini ressalta a importância de se retomar um traço histórico dos estudos culturais que seria o de realizar uma "(...) teoria sociocultural com suportes empíricos a fim de compreender criticamente o devir capitalista" (Canclini, 2004a, p. 125). Nota que alguns livros que permitem uma leitura totalizadora do mundo contemporâneo, como *Império* (Hardt e Negri, 2000) e *Sem logo* (Klein, 2002), têm conseguido grande êxito de público, e que isso vem ocorrendo porque em grande medida a produção do pensamento pós-moderno tem oferecido aos leitores interpretações apenas fragmentárias, não atendendo à demanda de uma sociedade que vive num contexto em que há uma totalização dos mercados econômicos e simbólicos transnacionais. Canclini afirma que a ciência neste momento não pode eximir-se de buscar leituras mais estruturais, ou seja, menos textuais e fragmentárias (Canclini, 2004a, p. 142).

O intento, portanto, da investigação que foi realizada na Lapa foi o de assumir o risco de produzir algum nível de *totalidade*, buscando subsidiar – por meio de um trabalho de ciência aplicada – políticas públicas regionais. Cabe ressaltar que estamos considerando a *região* ao mesmo tempo como parte do Estado do Rio de Janeiro e em um âmbito mais amplo, no contexto latino-americano e, mesmo, ibero-americano. Obviamente, não se trata de acreditar numa unidade *natural* macrorregional (Canclini, 1999a), contudo parto do pressuposto aqui de que as experiências que alcançaram algum sucesso – como a da Lapa – podem subsidiar tomadas de decisão importantes hoje em diferentes âmbitos e escalas. Canclini parece estar convencido de que este seria o papel estratégico do cientista no contexto latino-americano:

> A convergência histórica da região pode ser ainda um projeto sociopolítico desejável, e certamente mais praticável do que em épocas anteriores, graças aos serviços de comunicação que permitem incrementar intercâmbios e acordos econômicos, políticos e culturais. Uma tarefa possível dos cientistas sociais é proporcionar conhecimentos sobre a diversidade e a unidade da região que contribuam para a tomada de decisões (Canclini, 2004a, p. 144).

É necessário destacar ainda que a investigação que originou este livro se inscreve em uma tradição de estudos latino-americanos de comunicação que estão bem distantes de uma postura catastrofista e/ou conformista. Aliás, a maior parte desses estudos enquadra-se em uma *tradição culturológica* (Lopes, 2003; Santaela, 2001), mantendo como temas constantes apropriações, expropriações, mimetismos, identidade, resistência, hibridação, modernidade alternativa, mestiçagem, mediações, regulação e políticas culturais e de desenvolvimento regional (Santaela, 2001).

Em geral, a questão da adequação teórico-metodológica se apresenta sempre como um grande desafio aos pesquisadores, e não foi distinto com este trabalho de pesquisa, ora convertido em livro. E isso é justamente um sinal positivo, pois é um forte indicativo de que o método científico não é apenas um princípio formal, e de que o investigador está comprometido em buscar permanentemente a atualização de seu instrumental teórico.

Costuma-se afirmar que é o problema de comunicação, sua situação específica, que constitui o elemento determinante da opção metodológica. É preciso criticar essa *ilusão empirista* do objeto de estudo, pois a ciência não lida com o objeto percebido, mas com o objeto construído. É nesse aspecto que a teoria guia, seleciona e recorta o fenômeno ou objeto real para constituí-lo em problema ou objeto de pesquisa. Quando este é formulado no início de um projeto, ele já não é do plano "real", mas do plano do discurso. (...) Portanto, o objeto de estudo já é desde o início uma construção teórica, e a opção pelos métodos é imposta antes pela teoria que pelos fatos da realidade. (...) Por isso, planejar e realizar uma pesquisa crítica não é apenas uma questão de seleção do tema: exige-se o domínio crítico da metodologia. A ênfase na primazia do critério epistemológico da opção e do uso de determinados métodos e técnicas ressalta a importância do exercício e vigilância e da atitude crítica (Lopes, 2003, p. 104).

O discurso científico, obviamente, deve estar regido por três princípios: o da coerência interna (do tempo lógico em que o discurso se inscreve, não produzindo uma contradição interna), o da externa (dando conta do tempo histórico presente na obra) e o da responsabilidade científica. Nesse sentido, o investigador enfrenta não apenas os desafios colocados pela tensão/articulação entre teoria e prática. Deve se preocupar não só com os destinatários e com os usos que serão feitos com a investigação, mas também com as limitações de recursos (material, financeiro e pessoal) e de tempo para execução do seu ofício (Lopes, 2003, p. 110-111).

Assim, ao realizar esta *pesquisa aplicada* e trabalhar com dados quantitativos, mas especialmente *qualitativos,* tentei não perder uma perspectiva bastante autocrítica quanto ao potencial e às limitações da investigação. Segundo Santaela, a principal motivação das pesquisas aplicadas "(...) está na sua contribuição para resolver um problema. Para tal, ela aplicará conhecimentos já disponíveis, mas das aplicações podem resultar não apenas a resolução do problema que a motivou, mas também a ampliação da compreensão que se tem do problema, ou ainda a sugestão de novas questões a serem investigadas" (Santaela, 2001, p. 139-140).

Já as pesquisas de caráter mais qualitativo exigem um cuidado redobrado, pois, segundo a mesma autora, a abertura da pesquisa qualitativa não pode nos levar a supor que deixam de existir as exigências e os critérios que devem regular uma investigação.

Embora com características próprias, as pesquisas qualitativas também obedecem a certos protocolos, tais como a delimitação e a formulação claras de um problema, sua inserção em um quadro teórico de referência, a coleta escrupulosa de dados, a observação, as entrevistas, quando necessárias, a determinação de um método, a análise dos dados, o teste das hipóteses, a necessidade de generalização das conclusões, etc. Enfim, o recurso ao qualitativo não pode servir para o pesquisador se abrigar confortavelmente na rejeição aos métodos com a desculpa de que estes são rígidos e castradores da inspiração criativa (Santaela, 2001, p. 143).

Na difícil tarefa de realização desta pesquisa aplicada – que trabalha a partir de dados quantitativos e qualitativos – e buscando conhecer a dinâmica da indústria musical independente (alternativa) do Rio de Janeiro na Lapa, apropriei-me do conceito de "circuito cultural" cunhado por Hall, que o considerava como um conceito que permitia analisar de forma articulada vários momentos importantes e não permanecer engessado em um deles, seja na produção, na circulação ou mesmo no consumo (Hall, 2003a, p. 356).

Esse conceito na verdade derivou-se do seu modelo de investigação de trabalho, preocupado com as codificações e decodificações, que foi inspirado nas pesquisas sobre televisão desenvolvidas por Dave Morley (1986). O esforço de Morley em construir outro modelo de pesquisa para a comunicação que não fosse linear como o tradicional modelo emissor-mensagem-receptor foi crucial para a renovação dos estudos na área da comunicação. No caso da pesquisa relatada neste livro, foi útil para pensar os vários processos que envolviam essa indústria da música *independente* que articula

> (...) momentos distintos, mas interligados – produção, circulação, distribuição/ consumo e reprodução. [Permitiu] (...) pensar o processo como uma "complexa estrutura de dominância", sustentada através da articulação de práticas conectadas, em que cada qual, no entanto, mantém sua distinção e tem sua modalidade específica, suas próprias formas e condições de existência (Hall, 2003b, p. 387-388).

Em outras palavras, nessa difícil missão de entender a dinâmica da indústria da música e escapar de uma perspectiva reducionista, a *observação de campo* e as entrevistas estruturadas com os atores sociais foram importantes aliados para entender os códigos e as decodificações ali presentes.

Como já comentamos anteriormente, numa linha de trabalho que se aproxima também da proposta metodológica de Martín-Barbero para os estudos culturais, procurei aqui realizar – como já foi mencionado antes – uma espécie de *mapa noturno* das mediações socioculturais,

(...) sem renunciar à ancoragem crítica e estrutural do conceito de mediação – dos mapas sobre mediações socioculturais a partir dos quais operam e são percebidos os meios, para cartografar as mediações comunicativas da cultura –, socialidade, institucionalidade, tecnicidade e ritualidade – que, ao tornar-se lugar antropológico da mutação cultural que introduz a espessura comunicacional do social, reconfiguram, hoje, as relações entre sociedade, cultura e política (Martín-Barbero, 2004, p. 19).

Arquipélago pesquisado

A pesquisa que alicerçou os argumentos desenvolvidos aqui foi realizada ao longo de 2005 e 2006 e em três etapas: a) na primeira etapa, realizada no Brasil, foi efetuado um levantamento preliminar, com observações de campo, entrevistas com os atores sociais e análise de fontes primárias e secundárias; b) na segunda etapa, realizada em Madri, que diz respeito a um estágio pós-doutoral realizado na Universidade Complutense, houve o aprofundamento da análise do material coletado no trabalho de campo, a reavaliação crítica do marco teórico-metodológico empregado, o levantamento e a análise de estudos similares que vêm sendo realizados na Espanha e na Europa, além do início da elaboração do texto que compõe este livro; c) e, finalmente, na terceira etapa, no meu retorno ao Brasil, foram não só coletadas mais algumas informações, mas também finalizado o texto e executada uma revisão cuidadosa do conteúdo deste livro.

Em outras palavras, no esforço de construir um mapa cognitivo (Martín-Barbero, 2004) do circuito cultural do samba e choro na Lapa, o "arquipélago" desta investigação consistiu, primeiramente, em um levantamento e análise da mídia impressa no período entre 2000 e 2006 dos principais jornais do país – *O Globo, Jornal do Brasil* e *Folha de S. Paulo* – e da literatura especializada em música e temáticas afins; e de um esquadrinhamento preliminar e coleta de dados de fontes secundárias que vêm armazenando, de forma dispersa, informações referentes à indústria da música e às indústrias culturais no Brasil e no exterior. Foram levantadas as informações disponíveis nos acervos das seguintes universidades: Pontifícia Universidade Católica do Rio de Janeiro (PUC-RJ), Universidade Federal Fluminense (UFF), Universidade Federal do Rio de Janeiro (UFRJ), Universidade de São Paulo (USP), Universidade Autônoma de Barcelona e Universidade Complutense. Além disso, foram pesquisados os acervos da Biblioteca Nacional, da Biblioteca Pública do Estado do Rio de Janeiro e de instituições relacionadas às políticas públicas para o setor cultural desenvolvidas no país, tais como, por exemplo, a Fundação Nacional de Arte (Funarte) e o Ministério da Cultura (MinC). Foram também investigados acervos de associações e entidades empenhados em fomentar o desenvolvimento econômico, especialmente o regional, das PMEs), e de instituições responsáveis por reunir dados estratégicos para o Brasil, tais como: Secretaria de Desenvolvimento Econômico do Estado do Rio de Janeiro, do Instituto Brasileiro de Geografia e Estatística (IBGE), do Serviço Brasileiro de Apoio às Micro e Pequenas Empresas (Sebrae), da Secretaria de Planejamento do Estado do Rio de Janeiro, a Federação do Comércio do Estado do Rio de Janeiro (Fecomércio-RJ), Arquivos da Federação de Indústrias do Rio de Janeiro (Firjan), Instituto de Pesquisas Econômicas Aplicadas (Ipea), Instituto Gênesis da PUC-Rio e da Associação do Comércio do Centro do Rio Antigo (Accra).

Foram pesquisados também os dados disponíveis em instituições importantes ligadas à atividade musical no Brasil e no exterior, tais como o Escritório Central de Arrecadação e Distribuição (Ecad), a Associação Brasileira de Produtores de Discos (ABPD), o Sindicato dos Músicos do Estado (SindMusi), Arquivos da União Brasileira dos Compositores, a Associação Brasileira de Música Independente (ABMI), da Associação Protetora dos Direitos Intelectuais Fonográficos (Apdif), a International Federation of Phonographic Industry (IFPI) e a Sociedad General de Autores de España (SGAE).

Um importante trabalho de campo foi organizado e executado também ao longo desta investigação, o qual implicou várias conversas com os atores sociais e visitas ao bairro da Lapa e seus arredores. Nelas, foram avaliadas a dinâmica desta região e as atividades socioeconômicas e culturais que gravitam ali em torno da música. Além do trabalho de campo, foram elaboradas 21 entrevistas semi-estruturadas com importantes atores sociais da indústria musical do Rio de Janeiro e do Brasil e que atuam como músicos, produtores, editores e profissionais das *indies* e *majors*; lideranças de associações da Lapa e do setor musical; comerciantes e vendedores de música; empresários das casas de espetáculo da Lapa e arredores; historiadores, críticos musicais e especialistas; coordenadores de portais de venda e divulgação de samba e choro e de música brasileira; jornalistas que trabalham em mídias tradicionais e alternativas; profissionais que atuam em rádios; e autoridades responsáveis pela política cultural e/ou de desenvolvimento no estado do Rio de Janeiro.

Como base para as reflexões desenvolvidas aqui, foram empregados também os dados e resultados obtidos por uma pesquisa que foi encomendada em 2003 e 2004 pela Associação do Comércio do Centro do Rio Antigo (Accra) e pelo Sebrae-RJ ao Núcleo de Investigação do Data-UFF, da Universidade Federal Fluminense.[76]

O objetivo da investigação do Data-UFF, segundo o relatório apresentado à Associação e ao Sebrae, foi conhecer a influência que a Lapa e seus arredores tiveram nos

---

[76] Estas instituições gentilmente permitiram que se utilizassem esses dados neste trabalho e que se divulgassem os resultados da investigação (Data-UFF, 2004).

últimos dez anos como espaço que vem promovendo cultura e importantes atividades econômicas na cidade. Segundo o relatório do Data-UFF, foram realizadas duas investigações complementares baseadas em 400 entrevistas e questionários aplicados a diferentes atores sociais. Primeiramente, elaboraram-se entrevistas com pessoas que detêm profundo conhecimento na área de cultura e trabalham na Lapa (ou na região chamada de Rio Antigo) há pelo menos dois anos, tais como donos de antiquários, cantores e produtores musicais, atores e produtores teatrais, donos de bares e restaurantes antigos na região e produtores de cinema e vídeo. Em segundo lugar, foram aplicados questionários aos consumidores, buscando avaliar o seu perfil e o tipo de consumo promovido pelos mesmos na região. Apesar do sucesso da Lapa, esta pesquisa pretendia avaliar melhor o potencial econômico-cultural e os problemas que a região vem enfrentando e que estão dificultando um desenvolvimento maior daquele território (Data-UFF, 2004).

Como tivemos oportunidade de analisar até aqui, os atores sociais envolvidos com a região da Lapa e do Rio Antigo realizaram essa pesquisa com o apoio do Sebrae-RJ, num momento-chave em que claramente estão se organizando, em que eles vêm conseguindo adensar aquele território. Na realidade, pelo que foi possível atestar, as lideranças locais vêm conseguindo adensar um território, consolidado hoje na forma de um pólo cultural – batizado como *Pólo Cultural Histórico Gastronômico do Novo Rio Antigo* – que foi lançado no final de 2005[77]. Ao longo da investigação que realizei na Lapa, pude perceber que vem crescendo a consciência, entre eles, de que a indústria cultural local – do setor da música – é peça fundamental para a atividade econômica na região, capaz de alavancar o desenvolvimento nesse espaço urbano e, com isso, gerar emprego, renda e ampliação de cidadania[78].

Entretanto, há certo consenso entre os atores sociais envolvidos neste circuito cultural direta e indiretamente de que faltam políticas públicas que auxiliem no incremento e fomento dos empreendimentos já existentes na localidade. Mais do que isso: este estudo de caso da Lapa sugere que tanto a indústria da música quanto outras localidades de grande "vocação cultural" do país (que poderiam utilizar a cultura como fator alavancador de desenvolvimento) continuam carecendo da elaboração e efetivação de novas políticas culturais/desenvolvimento estratégicas, democráticas e capazes de enfrentar os desafios colocados pelo capitalismo atual.

---

[77] A Prefeitura, através de sua Secretaria Especial de Desenvolvimento Econômico, Ciência e Tecnologia (Programa Ruas Comerciais da Cidade do Rio) oficializou no dia 27 de janeiro (decreto número 26.200) a criação deste pólo na Lapa e arredores.

[78] A consolidação do circuito cultural da Lapa na forma de pólo indica que a música está integrada também a outras cadeias produtivas, como a do turismo, dos antiquários e da gastronomia, mas que infelizmente não serão tratados em profundidade neste livro.

Capítulo 5

Repensando as políticas públicas dirigidas ao campo da comunicação e da cultura

Neste capítulo pretendo reavaliar o papel do Estado hoje junto aos setores de comunicação (incluindo o de informação) e de cultura do país, repensando a necessidade premente de ele realizar alguma intervenção e regulação, a fim de, na medida do possível, não repetir os erros do passado e, portanto, tentar gerar políticas públicas que sejam mais eficazes e democráticas.

Tendo em vista os processos de "mundialização da cultura" (Ortiz, 1988) e de globalização econômica que vêm permitindo a conformação de oligopólios transnacionais e uma crescente desregulação das indústrias culturais, de comunicação e entretenimento, hoje, não só é imperativo que reconheçamos a importância da economia da cultura, mas também é fundamental que redesenhemos as políticas culturais e comunicacionais que fomentarão a produção e comercialização de cultura em diferentes mercados.

Além disso, quero também analisar nesta parte final do livro a importância de se construírem alianças microrregionais (entre atores sociais, organizações e entidades locais) e macrorregionais (entre os países latinos e ibero-americanos), concentrando-me principalmente nesses setores considerados estratégicos e cruciais no plano econômico e no sociocultural, como alternativa ao preocupante quadro atual. Pretendo, portanto, subsidiar a elaboração de novas políticas públicas, analisando a trajetória das políticas implantadas nas últimas décadas no Brasil e avaliando de forma destacada a contribuição que a literatura de desenvolvimento local – em especial aquela voltada para as PMEs – pode oferecer para a renovação das mesmas.

Parto do pressuposto de que, apesar de não serem políticas públicas coincidentes, as políticas culturais podem estar mais integradas ou fazer parte da agenda de desenvolvimento do país.

Durante muito tempo, a cultura foi considerada um *gasto* e não uma *oportunidade*, isto é, era vista como um campo de investimento, de circulação de capital e geração de empregos. Contudo, isso vem gradativamente mudando. Como argumenta Gusmán Cárdenas:

> (...) a cultura e a comunicação aparecem como um apreciável terreno da *inovação* e da *competitividade*. As indústrias culturais da nova economia – que incluem as indústrias culturais e comunicacionais – são referências obrigatórias na hora de medir o grau de avanço de qualquer país. (...) Não obstante, as tendências atuais apontam na direção da compreensão da cultura como uma parte central do *capital social* (...). De fato, evidencia-se que os países que souberam apoiar-se nela [cultura] têm gerado a partir dela modelos de organização inéditos, conhecimentos novos, redes de cooperação interna, criação de fontes diretas de emprego (...) entre outros benefícios (Gusmán Cárdenas, 2003, p. 44-45).

Um dos principais desafios que este livro se propôs a defrontar foi o seguinte: como elaborar políticas públicas que sejam eficientes, endógenas e democráticas se, na verdade, pouco se conhece das indústrias culturais e especificamente da indústria da música brasileira?

Infelizmente, estudos de caso como o que descrevo neste livro não são ainda muito recorrentes no âmbito acadêmico-científico. No mundo atual, marcado pela grande concentração empresarial e pela forte presença das indústrias culturais transnacionais ou de grandes conglomerados de entretenimento em diferentes localidades do globo, pesquisar e propor alternativas para a elaboração de um novo conjunto de políticas públicas deveria ser considerado como prioritário na agenda de investigadores e autoridades, especialmente em países em desenvolvimento.

Como foi possível constatar pelo que relatei aqui, não basta "defender" a pluralidade/diversidade cultural e de informações (adotar medidas protecionistas ou paliativas); é preciso construí-la e torná-la sustentável, apoiando principalmente o empreendedorismo criativo dos atores sociais e o desenvolvimento da indústria cultural regional, em particular as PMEs (e não só grandes empresas nacionais, líderes dos seus respectivos setores).

A relevância da construção de alianças micro e macrorregionais

Antes de seguir analisando os possíveis subsídios que o caso do circuito cultural da Lapa ofereceria à reformulação de políticas públicas regionais e nacionais, é importante refletir e analisar um pouco mais as políticas públicas que vêm sendo implementadas nos últimos anos, no Brasil e na América Latina (e mesmo nos países ibero-americanos).

Depois dos anos 1990 – período marcado por tendências liberais[79] – começaram a aflorar novas perspectivas conceituais na sociedade civil que tentaram superar a visão instrumental, exclusivamente mercantilista, da cultura. Geralmente, os defensores da diversidade cultural argumentam que isso deveria ocorrer de forma articulada com os meios de comunicação, uma vez que esses últimos se constituíram nos principais canais de circulação de conteúdos. Nessa perspectiva, a pluralidade de informações nos veículos de comunicação, bem como a diversidade cultural, tornou-se um direito universal, isto é, vital para a preservação da identidade cultural, do desenvolvimento cultural e da democracia. A bandeira defendida por alguns atores sociais e por entidades empenhados na defesa da diversidade cultural inclui: a luta pela preservação da diversidade das fontes de informação e dos meios de acesso a elas; a mobilização para garantir que todos os setores e grupos sociais possam ser ouvidos; o apoio ao serviço público e às mídias livres e independentes; e o incremento de políticas de comunicação e de cultura democráticas (Mattelart, 2006, p. 154).

> (...) junto aos valores atribuídos à cultura em si e ao lado econômico da cultura, solapam-se outros pontos de vista: seu caráter central para a identidade de um país, nação ou região; seu prestigioso papel como fator de integração social; sua condição de conformadora de uma imagem identificatória no âmbito internacional; sua divulgação e articulação com políticas tecnológicas e de telecomunicações na condição de um conteúdo e de um valor agregado, convertendo-se em um fator central para o próprio desenvolvimento. É em razão disso que se começa a protestar por políticas culturais comunicativas e globais que corrijam as políticas culturais atualmente empregadas, na direção de um princípio democratizador, diversificador e de gestão mista, com a ampla participação de distintos setores da sociedade civil, animando também a evolução de um novo modelo que vai do modelo de subsídio ao de incitação e co-participação. Paralelamente, consistiria em ajudar a dar densidade à rede comunicativa da sociedade civil como condição mesma para a assimilação coletiva das mudanças (Álvarez Monzoncillo e Zallo, 2002, p. 2).

Essa busca de equilíbrio entre o campo da cultura e o da economia está presente na agenda das autoridades, fato que foi confirmado na 33ª Conferência Geral da Unesco, na qual se defendeu a necessidade de se produzirem acordos que protejam a diversidade cultural local. Nesse encontro enfatizou-se um quadro de *desequilíbrio* com a globalização e de mercantilização excessiva da cultura, reiterando-se o diagnóstico que já tinha sido feito, nos anos 1980, pelo notabilizado Informe MacBride (Zallo,

---

[79] Estas tendências culminaram, entre outras coisas, com o fato de que em 1995 a cultura passou a fazer parte do Acordo Geral para o Comércio de Serviço (Gats) da Organização Mundial do Comércio. Isto é, a partir daí a cultura começou oficialmente a ser tratada como uma mercadoria qualquer no mercado internacional.

2005b).[80] Segundo Delgado, parece estar cada vez mais na ordem do dia a necessidade de se considerar a pluralidade como diversidade cultural e que deve ser incessantemente fomentada (Delgado, 2004).

Mesmo constatando que vem crescendo o consenso em torno da necessidade de se defender a diversidade, é possível atestar também, analisando o debate internacional sobre políticas culturais, que persiste a tensão entre os interesses e concepções daqueles que defendem que a *cultura é uma mercadoria como qualquer outra* e os daqueles que postulam que a *cultura é um direito universal*, uma parte fundamental da identidade social dos indivíduos e suas coletividades. A questão de fundo é a seguinte: é possível a produção cultural local ser plural, sustentável e mesmo competitiva sem uma atuação reguladora do Estado? Ao que tudo indica, as possibilidades são escassas. Um número expressivo de autores acredita que, mesmo com a regulação, o desafio da sustentabilidade é grande e exige o desenvolvimento de novas estratégias.

Assim, transpondo essas questões para o universo da indústria cultural no Brasil e para a experiência do circuito cultural da Lapa, volto a indagar: em que medida essas atividades econômicas locais ou regionais que giram em torno da música em países em desenvolvimento poderiam ser competitivas em um mundo globalizado? Será que a indústria da música local no Brasil é uma exceção no mundo globalizado e vive – comparativamente a outros países – em uma "bolha" de prosperidade (ou em um contexto em que há maior equilíbrio entre PMEs e *majors*)? E se vive, por que não aproveitar as oportunidades oferecidas pelo nosso contexto, pela nossa especificidade cultural e pela configuração de nosso mercado?[81] Em que medida essa experiência de êxito não sinaliza pistas para outras iniciativas no contexto ibero-americano?

Neste sentido, Mattelart e Piemme sugerem que, mesmo com a transnacionalização do mundo, é preciso apostar na *especificidade* e na competitividade das indústrias locais, pois a

> (...) especificidade auspiciosa não consiste simplesmente em ocupar um setor economicamente livre no qual se poderia ser competitivo. Trata-se mais de encontrar uma especificidade na produção de setores da economia em que o mo-

---

[80] Esse informe realizado nos anos 1980 pela Comissão MacBride fez um importante diagnóstico e propôs onze medidas que tiveram efeito mais de ordem educativa: "(...) sua pretensão de eliminar os desequilíbrios da informação; o reconhecimento do direito das coletividades de participar nos fluxos comunicativos ou a restrição dos efeitos dos monopólios da informação; a defesa simultânea de um fluxo mais livre e equilibrado de informação e dos programas, bem como a pluralidade das fontes; a defesa da liberdade de imprensa, de liberdades gerais para a profissão de jornalista; a necessidade de desenvolvimento de infra-estruturas comunicativas e de indústrias culturais próprias dos países em vias de desenvolvimento; o respeito à identidade cultural de cada povo e seu direito à informação a partir de seus próprios parâmetros (...)" (Zallo, 2005b; MacBride, 1980).

[81] Stolovich ressalta que o grau de abertura ou fechamento da cultura e o tamanho do mercado estabelecem limites e perspectivas de crescimento para os criadores culturais de um país (Stolovich, 2002, p. 8).

delo transnacional não pode ser competitivo, seja por razões econômicas, seja porque há obstáculos à sua racionalidade ou aos seus pressupostos ideológicos (Mattelart e Piemme, 1986, p. 98-99).

Entretanto, como recorda Bustamante, não é fácil que as políticas culturais se traduzam em um "(...) conjunto integrado, explícito e duradouro de políticas parciais, organizadas de forma coerente por princípios de atuação e normas aplicáveis a processos ou atividades de comunicação [e cultura] em um país" (Bustamante, 1986, p. 126). Sobre a dificuldade de gerar novas políticas públicas, Yúdice também faz o seguinte comentário:

> É isso justamente o que está em risco com a transnacionalização promovida pelos conglomerados do entretenimento. Daí a necessidade de políticas culturais, não só nacionais, mas também regionais e supranacionais, que facilitem a criação de mercados onde circule os produtos de agentes culturais residentes em diversos países. Mas esta integração cultural não pode se limitar à lógica do comércio que deriva da globalização liderada pelos Estados Unidos. O que se propõe aqui é outro tipo de intercâmbio: de valores e experiências que se comunicam melhor nas artes e nas indústrias culturais que qualquer outro meio. A organização e a integração são em si mesmas um ato criativo e que requer a elaboração de políticas públicas que ponham em diálogo agências de cooperação internacionais, ministérios de cultura, acadêmicos, intelectuais e interlocutores que em geral ficam de fora dos fóruns de interlocução: desde atores da sociedade civil – empresários, criadores e outros – até diversos agentes governamentais, por exemplo, diplomatas e gestores da economia (Yúdice, 2002, p. 2).

Canclini, aliás, registra como uma das principais dificuldades para se produzirem políticas públicas macrorregionais hoje o fato de que os governos e as empresas locais lidam com a forte presença das empresas transnacionais em seus respectivos países.

> As indústrias comunicacionais se converteram em uma das zonas de maior competitividade e de conflitos entre interesses públicos e privados, entre países desenvolvidos e periféricos, e ainda entre modalidades diversas de desenvolvimento cultural como, por exemplo, o anglo-saxão e o latino. (...) As grandes empresas privadas [transnacionais vêm se apropriando] (...) da maior parte da vida pública (...). Não nos servem os esquemas conceituais empregados na época em que as relações internacionais se entendiam em termos de imperialismo, dependência e culturas nacionais com relativa autonomia (Canclini, 2004c, p. 55).

Getino ressalta outra grande dificuldade: a ineficácia das políticas públicas, pois são em grande medida pensadas setorialmente. As atividades econômicas estão todas integradas e, de modo geral, infelizmente, não são analisadas dessa maneira:

> Tudo isso obriga a desenvolver estudos e políticas públicas e privadas capazes de costurar o campo dessas indústrias, concebendo-as como um universo de produção de serviços culturais, dentro do qual coexistem e se complementam distintas constelações com suas características e lógicas particulares, mas integrantes de uma poderosa teia em que a existência de uma está condicionada por suas inter-relações com as outras (Getino, 2004b, p. 55).

Mas, efetivamente, no que consistiriam hoje as políticas comunicacionais e culturais que, de alguma forma, este livro poderia subsidiar? Na realidade, como observa Sierra Caballero – fazendo uma síntese da tipologia proposta por Bustamante (2005, p. 253-255) –, seria possível identificar cinco modelos básicos de políticas de comunicação e cultura que foram aplicados desde os anos 1950 até hoje.

1) O *modelo liberal*: nele as políticas públicas em comunicação e cultura são originariamente concebidas como estratégias subsidiárias de correção de erros ou desequilíbrios na dinâmica do mercado, assumindo os poderes públicos uma função de regulação e de reequilíbrio do jogo livre da oferta e demanda.

2) O *modelo estatizante*: são políticas públicas que concebem o Estado como árbitro e garantia de desenvolvimento cultural, segundo três papéis fundamentais: a) gestor da produção e difusão de produtos culturais em um ambiente de monopólio ou de competição; b) promotor de atividades do mercado e da sociedade civil; c) regulador para fixar condições de concorrência e atuação dos agentes sociais.

3) O *modelo híbrido*: a maior parte dos governos aposta hoje (...) em modelos mistos de iniciativa estatal e participação do setor privado, sob a liderança deste último, seguindo uma tradição norte-americana.

4) O *modelo cultural*: (...) trata de articular a democratização cultural, promovendo a participação da cidadania como receptora ativa dos produtos comunicativos de acordo com uma visão social e eqüitativa do campo informativo.

5) O *modelo mercantil*: (...) se distingue em exploração intensiva das indústrias culturais e uma concepção de políticas públicas completamente instrumental, em razão das necessidades comerciais das indústrias de comunicação e das exigências de valoração do capital (Sierra Caballero, 2005, p. 37-38).

Tendo em vista os modelos adotados no passado, cabe perguntar: Que modelo de políticas públicas deveria ser adotado hoje, a fim de favorecer a democracia, a diversidade cultural e o desenvolvimento local? Ao que tudo indica, nenhum desses assinalados anteriormente. Obviamente, hoje, já não é possível ressuscitar um Estado promotor direto dos serviços, nem impor medidas de um "despotismo ilustrado" sobre a sociedade. Bustamante recorda-nos que, apesar de alguns destes modelos estarem mais engajados com a manutenção do Estado de Bem-Estar Social, em geral, todos estiveram "(...) marcados por concepções elitistas da produção cultural, bastante distantes da cultura nacional em suas dimensões popular e regional (...)" (Bustamante, 2005, p. 255-256).

Esta talvez seja a grande dificuldade hoje: o desafio de encontrar um modelo de políticas públicas democráticas adequadas e capazes de trazer desenvolvimento para as regiões, isto é, um modelo que seja endógeno aos interesses públicos dos atores sociais de um determinado território. Nesse contexto, portanto, torna-se fundamental uma presença efetiva, mas ao mesmo tempo distinta, do Estado. Seria fundamental que o Estado implementasse políticas culturais e de integração que contrabalançassem o processo de privatização e de "concentração internacional empresarial e tecnológico" a que assistimos hoje no mundo globalizado (Galvão, 1998). É crucial que se repense o Estado, o mercado e a relação de ambos com a criatividade cultural, especialmente em países com graves problemas socioculturais e econômicos como os da América Latina.

> O abandono dos Estados – de sua responsabilidade pelo destino público – e o acesso aos produtos culturais, sobretudo as inovações tecnológicas e artísticas, estão no cerne da exclusão, da reestruturação desregulada transnacional da produção e difusão da cultura hoje. Essa reestruturação tende a neutralizar o sentido público da criatividade cultural, bem como o intercâmbio entre os países europeus e latino-americanos. O volume do intercâmbio que historicamente tiveram os países latinos se empobreceu quando cedeu a gestão dos mercados audiovisuais às empresas de origem norte-americana (Canclini, 2004b, p. 49).

A tarefa de elaborar novas *políticas públicas mais integradas ao território* e dedicadas à *comunicação* e *cultura*, evidentemente, não é nada simples, pois há uma série de tendências no mundo globalizado que ameaçam os interesses e as possibilidades de desenvolvimento local e a ecologia tradicional de cada setor cultural e comunicativo hoje: a) a forte presença nos mercados e o rápido avanço da concentração não só de grupos transnacionais como também de grandes empresas nacionais; b) a intensa financeirização dos setores com o crescimento rápido baseado em mercado de capitais, o que implica uma busca imperiosa por parte dos financiadores de taxas de rentabilidade de curto prazo; c) o grande emprego do marketing e das promoções, além da necessidade da exploração intensiva do tempo; d) a expansão desigual de uma cultura global com maiores ou menores tendências de interesse pela cultura local (...) (Bustamante, 2005, p. 255-256).

> As autoridades públicas devem regular os mercados culturais de tal maneira que a diversidade de autores e obras artísticas distribuídos e intercambiados não esteja destruída pela forças que controlam o mercado cultural. Devemos contemplar a variedade nos conteúdos e regular a propriedade dos mesmos. Abrir o espaço cultural para promover a diversidade implica a normalização do mercado cultural (Smiers, 2004, p. 8).

Em outras palavras, para não se cair nos impasses gerados por uma política apenas protecionista, é necessário fomentar as indústrias culturais locais/nacionais, principalmente as PMEs.

> Trata-se principalmente de fomentar e acrescentar capacidades próprias a uma realidade concreta – que não é a que desejaríamos e muito menos a que controlamos – em vez de colocar a ênfase na limitação ou restrição ao *estrangeiro*. [Deve-se ir buscando tornar] cada vez mais desnecessária a presença do Estado no que se refere a subsídios e ajudas econômicas, salvo nos países que pelas limitações dos seus mercados internos ou ausência de indústrias audiovisuais requerem ainda apoio para seguir produzindo suas próprias imagens. Tal alternativa de desenvolvimento não depende somente (...) das políticas específicas para o campo das indústrias culturais (...). [Devem-se introduzir mudanças] nas políticas nacionais mais amplas (...) reformulando programas e estratégias multissetoriais e a implantação de atividades interdisciplinares para promover nossas próprias capacidades, o que requer políticas e estratégias simultâneas em diversas frentes (...). Resumindo: entendemos que toda política cultural que fica limitada a concepções protecionistas e defensivistas no sistema das indústrias culturais (...) terá muito pouco futuro se não se empenhar em finalidades mais ambiciosas como são as de *promover* e *potencializar*, segundo as circunstâncias de cada região, os recursos econômicos, humanos e técnicos existentes para equilibrar forças e serem capazes de crescer em termos locais ou regionais na competição com as empresas transnacionais que hoje têm a hegemonia ou o domínio do sistema (Getino, 2003, p. 9-10).

Como contrapartida aos efeitos "nocivos" da globalização, Zallo nota que há um impulso humano ao localismo, um desejo de fazer a gestão sobre o próximo, sobre a sua identidade e bem-estar que, quando articulado às políticas públicas endógenas, é capaz de proporcionar desenvolvimento e vantagens competitivas aos territórios. Zallo ressalta que se, por um lado, é verdade que a maioria dos territórios está marcada pelo clientelismo e/ou pelas disparidades econômicas e sociais, por outro, em alguns casos, a intervenção pode trazer efeitos mais negativos que positivos, especialmente naqueles que estão bem organizados e integrados, dispondo de um potente sentimento comunitário e de solidariedade (Zallo, 2005a, p. 233).

Zallo considera crucial para as políticas públicas hoje o desenvolvimento das indústrias culturais dos próprios territórios, pois só assim será possível, segundo ele, garantir a diversidade cultural: "(...) não se trata de defender a diversidade, mas sim de construí-la. Essa responsabilidade não é transferível aos outros, nem aos países dominantes. Trata-se de apostar na própria indústria cultural como um eixo central das políticas territoriais e industriais" (Zallo, 2005a, p. 239).

Certamente, hoje, a nova utopia das políticas públicas dirigidas ao campo da comunicação e da cultura passa pela construção de alianças e pela coordenação de esforços estatais, associativos, envolvendo iniciativas públicas e privadas. Porém, é necessário que essas iniciativas sejam pleiteadas de uma perspectiva que privilegie os interesses públicos sobre o mercado, enraizados em uma intensa participação da sociedade civil (Bustamante, 2005).

Zallo lista algumas ferramentas que podem subsidiar a elaboração dessas novas políticas públicas hoje e que favoreceriam o território e sua integração: livros brancos sobre a cultura regional ou sobre um setor; planos plurianuais de infra-estrutura que prevejam orçamento para projetos culturais estratégicos; aplicação de medidas de fomento econômico ao âmbito cultural, privilegiando a formação de *clusters* e práticas associativas; aplicação de medidas financeiras com a abertura de novas linhas de crédito; aplicação racional das leis de incentivo e mecenato cultural; planos estratégicos que visem não só modernizar a cultura de um território, mas também estimular as energias criativas; desenvolvimento de observatórios especializados em comunicação e cultura; criação, incremento e atuação em rede de órgãos mistos (públicos e privados), como mecanismos de co-participação e de co-gestão das ações direcionadas ao território; implementação de parques industriais e incubadoras dedicados ao setor cultural como parte de novas experiências de intervenção pública no setor, integrando o setor produtivo, universidades/centros de pesquisa e Estado; novas modalidades de serviços e de formas de gestão dos meios de comunicação públicos tradicionais (sua transformação em pólos alternativos da produção e consumo audiovisual) (Zallo, 2005a, p. 245-247).

Passada a década de 1990, período em que os postulados neoliberais foram mais consensuais, vem crescendo o número de pesquisadores, lideranças e autoridades que defendem algum tipo de intervenção/regulação no mundo capitalista atual: "(...) é possível concluir que nem a tecnologia e nem o mercado por si mesmos podem garantir [a construção de um regime democrático,] a consolidação de indústrias culturais equilibradas na era digital. Não conciliarão a perspectiva econômica com a diversidade criativa e ideológica própria de uma sociedade democrática" (Albornoz, 2005, p. 320).

Mas, tendo em vista isso, poderíamos nos perguntar: como auxiliar a sustentabilidade das PMEs e da indústria local/nacional?

Canclini argumenta que, para incrementar a produção cultural local dos países em desenvolvimento e políticas públicas voltadas para a identidade local, seria preciso elaborar uma política que atuasse sobre as indústrias culturais (e comunicacionais), articulando um projeto macrorregional que construísse, por exemplo, alianças entre os países latino-americanos (ou mesmo ibero-americanos). O autor, portanto, ressalta que é necessário criar um mercado alternativo que favoreça o desenvolvimento desses países (Canclini, 1999b).

Sua proposta, que, em linhas gerais, está mais direcionada à América Latina, consiste na criação de um conjunto de políticas públicas para a macrorregião e que teriam como objetivo a elaboração do que ele denomina de um "federalismo regional" (Canclini, 1999b) e que implicaria: a) a criação de um sistema latino-americano de informações culturais – no qual teríamos dados públicos com mapeamentos das indústrias culturais dos países; b) a construção de diagnósticos socioculturais – de modo a criar dispositivos endógenos para articular os setores estatal e privado; c) a elaboração de estudos comparativos sobre as estratégias de financiamento cultural vigentes em vários países; d) o lançamento de fundos privados e públicos para financiar projetos com menor retorno comercial (como, por exemplo, bibliotecas, escolas ou recuperação de atividades étnicas); e) a criação de formas de integração cultural e científica envolvendo cidades e diferentes regiões – por meio de grandes projetos e convênios artísticos (Canclini, 2004c, p. 51-52).

Entretanto, Canclini enfatiza que o debate sobre a sustentabilidade das indústrias culturais locais/nacionais e a defesa da identidade e da pluralidade na América Latina, com freqüência, emerge muito defasado: está alicerçado em idéias protecionistas, essencialistas/ históricas[82] e enfrenta de forma desigual a ação do mercado que tende a homogeneizar as culturas. Ele previne sobre os riscos de se continuar cometendo certos erros nos países da América Latina, tais como o de se entrincheirar no fundamentalismo protecionista, de se aceitar que estes países são exportadores de melodrama ou mesmo aceitar a hibridação do tipo "glocal" como condição irreversível dos países em desenvolvimento no contexto atual (Canclini, 2000).

Canclini ressalta também que há inúmeras premissas equivocadas orientando as políticas culturais implantadas. Elas parecem não tocar no cerne dos problemas, e é muito recorrente se traduzirem em medidas da seguinte natureza: a) criação de cotas

---

[82] Segundo Canclini, essas políticas culturais não podem ter como base uma identidade da América Latina. O perfil identitário da macrorregião é fracionado, existe uma história mais ou menos comum, mas isso não garante nenhuma unidade. A integração latino-americana, portanto, não seria uma essência histórica ou um projeto do passado que fracassou (como o de Bolívar e Che Guevara), mas um projeto a ser colocado em prática hoje, de cooperação político-cultural, de formação de um mercado comum (Canclini, 2004b).

de produção; b) contenção de investimentos estrangeiros; c) geração de produção endógena apenas com a preocupação de restaurar tradições ensimesmadas; d) imposição de estéticas para os mercados comuns. Segundo Canclini, para se concretizarem políticas culturais democráticas, seria necessário investir basicamente em: renovação da legislação; profissionalização dos gestores culturais; elaboração de mecanismos de participação dos criadores e do público nas decisões dessas políticas; criação de estratégias de fomento para os setores culturais historicamente minoritários e/ou menos competitivos (Canclini, 2004b, p. 49).

Balanço das políticas públicas desenvolvidas no Brasil: em busca de medidas dinamizadoras e democráticas

A trajetória das políticas públicas dirigidas ao campo da comunicação e da cultura no Brasil demonstra que inúmeras delas foram "desastrosas", ainda que produzissem temporariamente alguns resultados interessantes.

Poder-se-ia afirmar que elas iniciaram de forma efetiva em 1970 – com a criação das secretarias estaduais de cultura, e, em 1985, com a criação do Ministério da Cultura (separado do setor Educacional) – e que a partir daí o Estado, seja em um regime autoritário ou democrático, vai emergindo, através da implementação de diferentes programas, premiações e leis de incentivo à cultura, como tendo um papel crucial na difusão e na valorização da produção regional e nacional (Reis, 2003, p. 160-164)[83].

Segundo Reis e Urani (2004), o Estado brasileiro foi, historicamente, não só o grande protagonista das políticas públicas – dentre elas as culturais –, mas também foi tradicionalmente identificado como grande orquestrador do processo de desenvolvimento do Brasil. Sobre as suas costas reacaía a responsabilidade não apenas de investir diretamente (em infra-estrutura e em setores considerados estratégicos) como a de atrair investimentos (por meio de incentivos fiscais, crédito subsidiado, regimes tarifários diferenciados, intervenção no mercado de trabalho, etc.) e de prover, de modo geral, proteção à sociedade.

Este modelo implodiu, por esbarrar em seus próprios limites, há mais de duas décadas [ainda nos anos 1980]. A distorção generalizada de preços relativos levou a desequilíbrios macroeconômicos que inviabilizaram a continuidade do

---

[83] Antes de 1970, grande parte das políticas culturais que foi implementada era dirigida para a educação formal ou para a preservação de manifestações culturais consideradas folclóricas e/ou canônicas na cultura brasileira. A vida cultural do país – na área musical, teatral, artes visuais, etc. – dependia do financiamento e do apoio, na forma de mecenato, praticado por membros da elite econômica brasileira (como o realizado por Matarazzo, Chateaubriand, Zampari ou Freitas Valle ao longo de boa parte do século XX) (Reis, 2003, p. 160-162).

crescimento; o país mostrava-se incapaz de financiar, interna e externamente, os investimentos necessários à continuidade do ciclo de desenvolvimento iniciado após a Segunda Guerra Mundial. O modelo favoreceu a formação de monopólios e, ao proteger a empresa nacional da concorrência estrangeira, acabou perdendo a funcionalidade, ao torná-la menos competitiva e incapaz de produzir com a qualidade requerida em um mercado cada vez mais exigente e concorrencial (Reis e Urani, 2004, p. 9).

Reis e Urani ressaltam que é preciso redefinir o papel do Estado – principalmente sua relação com os diferentes setores da sociedade –, mas que a solução não é desmantelá-lo ou reduzi-lo ao tamanho mínimo. Entretanto, enfatizam que é preciso reconhecer que a superação do Estado que existia anteriormente no Brasil trouxe alguns benefícios, tais como: a diminuição dos gastos públicos em proporção ao PIB nacional; a recuperação da capacidade de planejamento proporcionada pela estabilidade macroeconômica; o desenvolvimento de políticas setoriais; e o aumento nos desembolsos do Banco Nacional de Desenvolvimento Social (BNDES).

Segundo Urani (2004), o modelo de desenvolvimento econômico que hoje se faz necessário implicaria a criação de ambientes favoráveis às PMEs e necessitaria de uma reorientação do Estado, que passaria a atuar de forma mais descentralizada e em parceria com a sociedade civil e a própria iniciativa privada. Seria preciso, segundo ele, superar especialmente o modelo ou uma perspectiva *desenvolvimentista*.

> Na lógica desse modelo [desenvolvimentista], a pobreza se reduziria com o crescimento econômico, na medida em que todos os setores dinâmicos da economia se mostrassem capazes de absorver todos aqueles que se aglomeravam em suas obras. O modelo, entretanto, implodiu (...) na virada da década de 1970 para a de 1980. A partir de então, fomos incapazes de retomar uma trajetória sustentável de desenvolvimento. O que talvez seja pior é que o debate sobre o tema ainda gira em torno da reedição do modelo esgotado há mais de duas décadas, o que é explicado, pelo menos em parte, pelo peso exercido sobre a opinião pública pelos grupos sociais que mais se beneficiaram pelo nacional-desenvolvimentismo. A aliança entre tecnoburocracia estatal e a grande empresa forjada em torno do projeto engendrado no Estado Novo floresceu com JK se consolidou durante o regime militar e sobrevive, trôpega, até hoje – pelo menos em nosso imaginário coletivo. Não foi só no Brasil que o planejamento centralizado e tecnocrático deixou de ser eficaz como política de desenvolvimento. Mundo afora, em compensação, as estratégias de desenvolvimento local foram se afirmando, cada vez mais, como uma alternativa para a reconstituição dos vínculos produtivos entre agentes, comunidades e instituições do governo. O desempenho competitivo

dos sistemas industriais passou a ser pensado, desde os anos 1980, a partir de fatores extrafirma: as externalidades. Uma série de noções surgiu para explicar os determinantes da competitividade: dinâmicas regionais, proximidade espacial, sistemas locais ou nacionais de inovação, formas de coordenação institucional, ambiente industrial, redes. Além do capital físico e do capital humano, o desenvolvimento começou a ser explicado também por outras formas de capital: o social, o intangível, o cognitivo. Os vínculos sociais, a confiança nas instituições locais, a constituição de um ambiente favorável à inovação e ao empreendedorismo, uma melhor qualidade de vida para todos, passaram a ocupar um lugar prioritário nas agendas políticas, antes organizadas em cima das orientações estritamente econômicas e/ou setoriais. No antigo paradigma industrial, de cunho fordista, as PMEs, ao se organizarem como unidades de produção isoladas, reproduziram formas de funcionamento de grandes empresas, mas sem suas principais vantagens: a capacidade de gerar economias de escala, de investir em inovação produtiva e gerencial e de contar com profissionais qualificados (Urani, 2004, p. 507-508).

Urani postula que, com os benefícios da aglomeração e da proximidade proporcionados pelos territórios, as redes de PMEs podem tornar-se competitivas e até obter vantagens dessa ordem sobre as grandes empresas. Para isso, seria necessário desenvolver uma política de desenvolvimento capaz de ampliar o potencial competitivo das PMEs. Segundo o autor, só assim se poderá desenvolver um processo que a médio e longo prazos conduza ao crescimento econômico acompanhado da redução da desigualdade social.

Em outras palavras, o debate efetivamente contemporâneo em torno do desenvolvimento não passa, hoje, por uma perspectiva desenvolvimentista (Fischer, 2002) – que durante muitos anos mobilizou o imaginário de técnicos e intelectuais brasileiros –, mas sim pelas discussões associadas ao desenvolvimento *local*,[84] bem como por aquelas referentes à necessária articulação entre os *diversos atores* envolvidos no processo de desenvolvimento. No contexto do debate atual sobre desenvolvimento (e tendo em vista experiências bem-sucedidas em algumas regiões do planeta),[85] alguns autores vêm considerando o trabalho realizado com "aglomerações produtivas" (representados por conjuntos de micro e pequenas empresas) como um campo privi-

---

[84] Quando nos referimos ao desenvolvimento local não estamos considerando o local em oposição ao nacional ou ao global. Apesar das tensões entre essas esferas, para que as regiões prosperem são necessárias articulações de políticas em escala micro e macro, traçando estratégias integradas que contemplem também o âmbito nacional e/ou supranacional (Franco, 1998).

[85] Para mais informações sobre as experiências bem-sucedidas de *clusters* e distritos industriais, tais como os da Terceira Itália e do *Silicon Valley* (Cassarotto e Pires, 1999).

legiado para pensar estratégias de gestão eficientes, capazes de integrar o território e de produzir desenvolvimento local sustentável (Cocco e outros, 2003).[86]

Analisando o debate recente sobre desenvolvimento local/regional, Klink identifica quatro importantes correntes de estudo:

> 1) a chamada nova ortodoxia econômica, comandada particularmente por autores como Paul Krugman (...), que conseguiu modelar economias regionais baseadas nos sistemas endógenos de agrupamentos de empresas no espaço; 2) a literatura da administração de empresas, liderada por Michael Porter (...), na qual se reconhece a dimensão mesoeconômica da gestão empresarial. Essa literatura aborda o tema das vantagens comparativas dos empresários que conseguem ter um enfoque que ultrapassa os limites estreitos da própria empresa. Porter enfatiza as vantagens competitivas induzidas pelas relações horizontais e verticais que ocorrem na proximidade espacial do *cluster* (...); 3) a própria ciência regional, na qual surge um novo interesse pelo fenômeno dos distritos marshalianos e pelas relações não mercantis, refletido, por exemplo, nos trabalhos de autores como Storper, Salais, Sabel, Cocco, Liepietz, Boschman, Lambooy e Garafoli; 4) a literatura sobre sistemas de inovação, que enfatiza a relação entre a proximidade espacial, sistemas de aprendizagem regionalizados e difusão de inovações (Klink, 2001, p. 28-29).

A literatura especializada, principalmente a que se debruçou sobre aglomerações de PMEs (Kishner e outros, 2002; Lastres, 2002; Guimarães e Martin, 2001), infelizmente apenas menciona a "cultura", quase sempre sem se aprofundar na temática. Esses textos não se dedicam a analisar o lugar estratégico da cultura local (do entorno sociocultural) na "atmosfera industrial" como fator determinante que escapa às interpretações das teorias econômicas tradicionais, e que seriam capazes de explicar, em grande medida, o sucesso ou o fracasso de regiões que desfrutariam aparentemente de condições de desenvolvimento similares. Em suas reflexões, no limite, esses autores enfatizam a importância das heranças histórico-culturais das populações de cada região e das práticas ou hábitos no setor produtivo (e das culturas organizacionais) internalizados como elementos que condicionariam as relações de empresários e/ou trabalhadores com o território.

Em geral, o debate contemporâneo e democrático a respeito do crescimento equilibrado das regiões passa, hoje, necessariamente, pelas discussões referentes ao de-

---

[86] Entretanto, autores como Sobreira ressaltam que nem sempre os *clusters* trazem benefícios para áreas carentes, podendo inclusive acentuar a desigualdade entre as regiões. Em geral, isso ocorre porque as políticas direcionadas aos *clusters* são focadas em territórios com grande potencial e não em áreas estagnadas ou decadentes (Sobreira, 2005).

senvolvimento *local*, bem como exige uma reflexão que avalie a importância da necessária articulação entre os *diversos atores* envolvidos no processo de desenvolvimento. Nesse aspecto, se destacariam: as organizações produtivas (muito freqüentemente privadas), as instituições públicas e de fomento (prefeituras, governos estaduais e federal ou mesmo entidades de apoio e estímulo às políticas públicas) e acadêmicas (universidades, institutos de pesquisa, etc.), responsáveis diretos pela produção de inovação tecnológica em geral e/ou de ferramentas de gestão em particular. É da correta e adequada (portanto *eficiente*) articulação entre esses atores (cujos interesses imediatos não são necessariamente convergentes) que pode resultar o desenvolvimento de estratégias de ação social capazes de concretizar tanto a *sustentabilidade* quanto a *inclusão social*, reforçando assim a cidadania das populações localizadas nas regiões produtivas (Guimarães e Martin, 2001; Fischer, 2002).

Em outras palavras, a articulação entre o setor produtivo, as instituições de ensino e pesquisa e os órgãos de fomento e políticas públicas, portanto, seria essencial para alcançar o desenvolvimento. A articulação desses três conjuntos de instituições constituiria o que se considera como sendo "as pás" que compõem a "hélice tripla" que seria capaz de fazer alavancar – "decolar" – o desenvolvimento de uma determinada região ou localidade. Portanto, caberia às instituições de ensino e pesquisa auxiliar o setor produtivo, atuando na educação continuada; na formação de empreendedores e lideranças; na transferência de tecnologia e inovação (ampliando as externalidades locais); e na organização de incubadoras e parques industriais. E, por sua vez, as instituições de fomento e políticas públicas contribuiriam da seguinte maneira: na formulação de políticas para a área socioeconômica; facilitando a aglutinação e as trocas entre os vários atores com as instituições, subsidiando a criação de um ambiente de "governança"; na organização de cooperativas e associações; no apoio ao desenvolvimento de várias iniciativas de interesse para a comunidade local, na liberação de recursos financeiros e na disponibilização de consultorias; e, finalmente, na recapacitação e no treinamento de pessoal (Dagnino, 2003).

Assim, da boa articulação entre essas empresas e as instituições públicas governamentais (e/ou de fomento) e centros acadêmicos de pesquisa/produção de conhecimento, poderiam resultar políticas de desenvolvimento socialmente includentes e sustentáveis. Entretanto, alguns pesquisadores da temática do desenvolvimento ressaltam a necessidade de os processos transcorrerem de forma democrática, elaborando-se projetos que não sejam a transposição de modelos/"receitas prontas", mas sim projetos endógenos construídos conjuntamente com os atores sociais do território (Lastres e outros, 2005).

Em outras palavras, um número significativo de teóricos do desenvolvimento acredita que as PMEs podem ter um papel fundamental no desenvolvimento local sustentado, desde que demonstrem efetiva capacidade de enfrentar com sucesso as situações de alta competitividade dos mercados contemporâneos (Fischer, 2002). Consideram que estas organizações são ágeis, flexíveis e integradas ao ambiente local, dependem de *articulações* que as fortaleçam e as façam adentrar círculos mais amplos de relações (podendo, por exemplo, chegar até o mercado internacional em situação competitiva). Diante das complexas interações entre forças locais e globais no mundo contemporâneo, apostam que as pequenas empresas podem cumprir uma função vital, pois se encontram fortemente impregnadas de *cultura local*, a qual contribui, em grande medida, por exemplo, para a produção de *inovação* (Casarotto e Pires, 1999).

Poderia inicialmente ser contraditório imaginar que as PMEs possam ser promotoras de inovação, uma vez que possuem pouca capacidade de investir em tecnologia de ponta. Entretanto, têm um importante trunfo: o capital inovador das PMEs que é não só a proximidade de atores sociais e empresas, mas também a capacidade de articulação dessas pequenas companhias com a cultura local.

Assim, quando os proprietários das casas de espetáculo da Lapa, juntamente com os artistas – que tocam samba e choro – e donos de estabelecimentos da região (ligados, por exemplo, ao ramo de gastronomia, turismo e antiquários), realizam suas atividades de forma *associada* (tomando como pano de fundo o centro histórico da Lapa e os seus arredores), estão inovando e obtendo grande êxito, pois vêm produzindo e vendendo uma experiência musical – ao vivo e do tipo *soundscape* – muito demandada hoje, sintonizada com a cultura local (de altíssimo valor agregado e que dá importância à identidade local). Em razão disso, consegue-se a fidelização do público, mobilizando-o a consumir as atividades culturais que ali são realizadas e os produtos que são ofertados. Na verdade, esta localidade todos os dias da semana converte-se numa espécie "parque temático", oferecendo aos seus visitantes uma "experiência de imersão" (Pine e Gilmore, 2001) de alto valor agregado que envolve sons, luzes, cores em uma paisagem identificada profundamente com a história da cidade e do país.

Evidentemente, a Lapa não é um caso isolado na América Latina. Analisando uma outra experiência exitosa na macrorregião, Ochoa avalia o sucesso dos circuitos culturais independentes que se formam associados aos festivais anuais de música folclórica da Colômbia e ressalta que esse empreendimento vem obtendo resultados expressivos, pois é também conseqüência de um processo associativo que envolve diferentes atores sociais em torno da atividade musical (Ulhôa e Ochoa, 2005).

Mesmo sem fazer uma apologia da comunicação e das novas tecnologias, é preciso reconhecer e ressaltar que ambas podem ter um importante papel na compensação dos desequilíbrios produzidos pela globalização, ampliando a competitividade dos territórios e ajudando a promover seu desenvolvimento local – desde que estejam relacionados a aspectos e vocações culturais locais de grande potencial de mobilização do público.

A eficiente gestão dos processos contemporâneos de comunicação pode contribuir para a boa articulação entre a cultura organizacional e a cultura local dos diferentes territórios (Guimarães e Martin, 2001). Entretanto, o grande desafio é permitir que os hábitos e valores presentes na "cultura organizacional"[87] sejam otimizados e não constituam empecilho para a integração com os atores sociais e com a cultura local de um determinado território. Essa integração com o território é fundamental para as organizações – sejam elas públicas ou privadas – que procuram, hoje, fidelizar consumidores crescentemente conscientes das oportunidades do mercado local e global (Barbosa, 2002).

Assim, não basta agregar novas tecnologias e *know how* aos territórios e acreditar que se produzirá de forma inequívoca o desenvolvimento: este é um mito produzido e reproduzido hoje com grande freqüência. O contraste entre os altos investimentos dos governos FHC e Lula em novas tecnologias e a permanência dos baixos investimentos nas áreas da educação e da cultura revelam claramente a reprodução deste mito: a aposta na "redenção" pela via tecnológica. Gorz observa que a base tecnológica é importante, mas que o "capital humano" é crucial para o capitalismo hoje, e afirma também que a inovação e geração de valor resultariam da articulação do saber, da inteligência e da imaginação, isto é, não seria mais a ciência ou o conhecimento atuando de forma isolada, mas a inteligência, a imaginação e o saber que, juntos, constituiriam o que ele denomina *capital humano*, epicentro do capitalismo atual (Gorz, 2003).

A questão fundamental para o desenvolvimento hoje, portanto, é descobrir de que maneira é possível se produzir inovação e disseminá-la no território. Depois de décadas de políticas públicas equivocadas, constata-se que a inovação não é necessariamente o resultado da aplicação de modelos exógenos ou de alta tecnologia, mas também o aperfeiçoamento de "conhecimentos tácitos"[88] e soluções locais, isto é, implica em grande medida a aplicação e renovação do capital sociocultural, da apropriação das externalidades positivas dos territórios.

> O processo de inovação é cumulativo, depende de capacidades endógenas e baseia-se em conhecimentos tácitos. A capacidade inovativa de um país ou região decorre das relações entre os atores econômicos, políticos e sociais. Reflete con-

---

[87] A cultura organizacional pode representar um *handicap* ou um obstáculo para a empresa. Por um lado, a empresa tem funcionários altamente capacitados, por outro, seus valores e mentalidades podem ser compatíveis ou não-compatíveis com a cultura da região em que atuam. Evidentemente, também há a necessidade de promover alterações no sentido de acompanhar os constantes processos de mudança social nos territórios. Essa tarefa não é nada simples para as lideranças da organização, pois podem ocorrer movimentos de resistência dentro dos quadros da organização (Barbosa, 2002; Pereira e Herschmann, 2002).

[88] A inovação não é gerada apenas pelas novas tecnologias, mas também pode derivar do conhecimento – tácito – que advém da realização de tarefas rotineiras realizadas por um grupo social ou uma sociedade e que não necessariamente se traduz em uma atividade econômica. Isto é, pode estar relacionada a costumes e tradições de um determinado território (Polanyi, 1958).

dições culturais e institucionais historicamente definidas. Nesse sentido, a abordagem de sistemas nacionais de inovação reforça a tese de que a geração de conhecimentos e tecnologias está localizada e restrita às fronteiras nacionais e regionais, o que se contrapõe à idéia de um suposto tecnoglobalismo. A pretensa globalização do novo paradigma tecnoeconômico mascara a existência de uma grande diversidade mundial de soluções locais e nacionais para problemas econômicos e sociais (Lastres, 2005, p. 32).

Assim, diferentes lideranças e autoridades vêm se empenhando em identificar os conhecimentos tácitos e as vocações de diferentes localidades do Brasil.[89] Diferentes atores sociais e autoridades se empenham em conhecer as vocações regionais dos vários territórios, ou seja, os fatores que podem impulsionar não só a dinâmica das organizações, permitindo que produzam sinergias com o território, potencializando atividades ou práticas socioeconômicas e culturais já presentes na região, mas também o desenvolvimento regional e, mesmo indiretamente, do país (Franco, 1998). É possível, portanto, constatar que as nações crescentemente estão empenhadas na busca de "inovação" através do incentivo às vocações regionais que propiciam não só desenvolvimento local, mas também a valorização da identidade local e/ou nacional.

Por exemplo, segundo uma pesquisa promovida pela Prefeitura, o Centro do Rio de Janeiro (microrregião em que está localizado o bairro da Lapa) teria uma pluralidade de vocações, tais como: pólo financeiro e de referência em educação; centro comercial, habitacional e de serviços; e pólo para o turismo e atividades histórico-culturais. Dentre as atividades histórico-culturais mais importantes foram identificadas as seguintes: escolas e rodas de samba, eventos de artes plásticas, concertos de música, apresentações de teatro e feiras de artesanato e de antiguidades.[90]

Assim, pode-se afirmar que no mundo atual, em grande medida "desterritorializado", os movimentos de "reterritorialização" (Deleuze e Guattari, 1995) ou *localismos* (Bhabha, 2003; Featherstone, 1991) emergem não apenas como necessidades simbólicas frente ao processo de globalização, mas também como um "bom negócio", capaz de gerar concretamente sustentabilidade aos atores sociais e seu território.

A valorização do local como antídoto compensatório e como fator complementar de equilíbrio está supondo que a territorialidade se reafirma como um valor emergente. Portanto, pode-se dizer que a globalização implicou também uma valorização

---

[89] Projetos como "Cara Brasileira", desenvolvido com grande destaque pelo Sebrae, indicam uma preocupação por parte das lideranças e autoridades em identificar potencialidades e vocações locais/regionais visando à promoção de DLS (Braga, 2003).

[90] Para mais informações, ver site da Prefeitura do Rio, na seção Plano Estratégico da Cidade do Rio de Janeiro.

territorial do local. É a este processo que temos denominado o "paradoxo da territorialidade", porque é o excesso de abstração e de deslocamento que tem permitido voltar o olhar e o pensamento ao que é variável espacial, subsidiando a correção do processo de globalização (...) (Ledo, 2004, p. 14-15).

Nesse contexto, portanto, o investimento no território e o possível desenvolvimento descentralizado poderiam compensar os impactos produzidos pela concentração das riquezas e do poder: um dos efeitos negativos e mais graves produzidos pela globalização. A questão, portanto, é como descentralizar, utilizando os recursos – conhecimentos e novas tecnologias – em favor dos territórios, do desenvolvimento local (Gutiérrez, 2001).

Em resumo, o desenvolvimento equilibrado dos territórios pode ser alcançado pela convergência da dinâmica espontânea dos atores locais combinada com políticas *induzidas* por entidades que compõem a hélice tripla. Em outras palavras, as políticas de desenvolvimento local podem ser resultado da combinação de estratégias realizadas de "(...) *baixo para cima* e de *cima para baixo*, pois estas não são excludentes, ao contrário, são características fundamentais de dinâmicas territoriais bem-sucedidas" (Urani, 2004, p. 512). Nesses processos, articulados em diversos níveis, os fatores comunicacionais e culturais desempenham um importante papel na efetivação de políticas públicas integradas de desenvolvimento.

O circuito cultural independentemente do samba e do choro atingiu certo nível de associativismo entre os atores, produzindo, inclusive, como pudemos ver ao longo do livro, alguns graus de adensamento no território da Lapa ou na localidade denominada Novo Rio Antigo (levando à criação de um Pólo Cultural, Histórico e Gastronômico na área). O caso da área da Lapa, bem como o da cidade de Conservatória,[91] chama a atenção no Estado do Rio de Janeiro, por se tratar de áreas que conseguiram, explorando um circuito cultural que gira em torno da música – especialmente a transmitida ao vivo –, atingir patamares de desenvolvimento local sustentável, muito embora ainda falte muito para caracterizá-los propriamente como aglomerações produtivas bem estruturadas (na forma de pólos e *cluster* respectivamente).

Apesar de ter alcançado certo estágio de sustentabilidade, esse circuito cultural precisa de maior apoio do Estado, não só porque o resultado pode ser muito mais vantajoso se houver o tipo de apoio que áreas como, por exemplo, o Pelourinho (Sal-

---

[91] Conservatória é um distrito do município de Valença, localizado ao sul do Estado do Rio de Janeiro. Cidade de clima ameno e com arquitetura colonial, tem nas atividades musicais o principal atrativo para alavancar seu crescimento. Ali, a prática da seresta e da serenata – estilo musical que marcou fundamentalmente a primeira metade do século XX no país – foi não só preservada, como estimulada. Conservatória se tornou comumente conhecida como a "cidade dos seresteiros" ou a "capital da serenata". Isso representou a criação de externalidades que permitem à cidade se desenvolver explorando atividades ligadas ao turismo e ao lazer (Aranha e outros, 2003; Zardo, 2006).

vador) ou o bairro de Reviver (São Luís) recebem, mas também porque ele pode sinalizar um caminho para a reformulação e integração das políticas culturais e de desenvolvimento. O Estado precisa se fazer mais presente: a) induzindo e apoiando as propostas endógenas; b) promovendo políticas nacionais e internacionais integradas às locais e a regulação como forma de garantir espaços para a diversidade cultural, possibilitando principalmente que as PMEs sejam competitivas no mundo globalizado.

É verdade que a Lapa é hoje uma área que dá sinais de que se está constituindo em um território mais adensado e/ou integrado, mas há riscos de se produzirem desequilíbrios nessa área que começa a ganhar mais sustentabilidade. Por um lado, nota-se que os empresários locais, representados por algumas lideranças, estão buscando integrar seus negócios (com apoio do Sebrae e outras entidades) e tentando estabelecer como meta o incremento de um pólo turístico-gastronômico-cultural; e, por outro lado, é possível constatar também que os níveis de representação e integração dos músicos e das *indies* nesse processo de adensamento do território são ainda bastante precários. Tanto os músicos quanto os donos das pequenas gravadoras reconhecem que ganharam com o crescimento da Lapa, mas não parecem suficientemente satisfeitos. Em seu discurso, os músicos se queixam da desorganização da categoria e de alguns abusos cometidos por alguns donos de casas de show. Ao mesmo tempo, os donos das *indies* dizem que gostariam de encontrar nos donos das casas de espetáculo importantes parceiros, pois – como foi assinalado neste livro – possuem parcos recursos para realizarem investimentos em novos artistas e projetos culturais. Um argumento similar é também desenvolvido pelos donos de casas de shows. Além disso, o nível de articulação entre as principais cadeias produtivas – turística, gastronômica e cultural – ocorre ainda muito mais porque os empresários da região têm negócios nesses ramos de atividade do que propriamente por um planejamento estratégico que as integre.

A proposta, por exemplo, de criação de um selo e/ou marca para a microrregião da Lapa ou Rio Antigo poderia ser incentivada pelo Estado e pelas entidades de fomento e políticas públicas como uma importante estratégia de adensamento da localidade. Em outras palavras, a marca Rio Antigo poderia estar presente em todos os produtos e serviços oferecidos pelo território – incluída nas campanhas publicitárias de marketing territorial[92], no material promocional e na sinalização da região – e se constituir, junto com o trabalho de formação associativa dos empresários e atores sociais que lá atuam

---

[92] O *marketing territorial* é um instrumento de apoio às estratégias de desenvolvimento das cidades e das regiões. Ele permitiria a planificação e execução de processos concebidos pelos atores de um território – de forma mais ou menos articulada e institucionalizada – a fim de melhorar a competitividade de uma região da cidade e do território adjacente. Esse tipo de estratégia de marketing, se aplicado em prol dos interesses coletivos e democráticos, pode ser uma forma de potencializar o desenvolvimento local, incentivando a confiança mútua, parcerias, participação social e cidadania. Pode se constituir em um forte indutor de identidades e do sentido de pertencimento a um determinado território (Noisette e Vallerugo, 1996).

(através de cursos, consultorias e *workshops*) como uma medida decisiva na criação de uma região sustentável, democrática e equilibrada.

Ao contrário de ações muito pontuais já realizadas no passado na localidade – como os projetos "Corredor Cultural" e "Rio Cidade" (Instituto Pereira Passos, 1993; Prefeitura Municipal do Rio de Janeiro, 1979) –, o Estado precisa efetivamente *fomentar* essas PMEs culturais, possibilitando que essas indústrias culturais locais possam promover DLS. É preciso incentivar a criação de um ambiente de governança em que todos os atores sociais estejam representados e em diálogo; oferecer consultorias e apoio para a recapacitação dos profissionais que atuam nas PMEs; criar benefícios fiscais e mecanismos para a captação de recursos públicos e privados (mecenato e leis de incentivo) que favoreçam as pequenas empresas, os interesses culturais e os coletivos de modo geral; estabelecer linhas de microcrédito e crédito para apoiar iniciativas dos atores sociais e das PMEs; estimular projetos culturais supranacionais e as exportações, especialmente com os países latinos e ibero-americanos; reforçar o mercado interno, criando mecanismos que facilitem a divulgação, circulação e distribuição dos seus produtos e serviços, utilizando os canais e estruturas tradicionais, mas também as alternativas abertas pelas NTICs; a promover mais transparência e visibilidade com a criação de índices para o setor cultural; e, finalmente, desenvolver uma reflexão crítica com a mobilização e o incentivo à participação da comunidade acadêmico-científica na realização de estudos que auxiliem na reformulação de políticas públicas.

A experiência analisada neste livro – a partir do estudo de caso desse circuito cultural da Lapa – talvez seja muito pontual e "ilumine" pouco este debate tão crucial hoje para o Brasil e para os países ibero-americanos em geral. A aposta aqui foi a de que, com a mobilização social, essa débil iluminação pudesse se converter em uma luz de um potente farol capaz de indicar caminhos neste momento tão turbulento e de tantas incertezas.

Subsidiando novas políticas públicas culturais e de desenvolvimento

Assim, tendo em vista o objeto de estudo aqui analisado – o circuito cultural do samba e do choro da Lapa e os problemas enfrentados pela indústria da música brasileira hoje –, gostaria de finalizar propondo algumas medidas de políticas públicas que tenderiam a favorecer o desenvolvimento das PMEs culturais locais/nacionais (associadas direta e indiretamente ao universo da música) e o adensamento do território da Lapa.

Trata-se de sugestões para subsidiar a renovação das políticas *culturais* e de *desenvolvimento* existentes; elas deveriam ser implementadas sempre de forma endógena, incentivando-se a construção e a consolidação de um ambiente de governança e mais democrático.

a) Subsidiando políticas públicas para a região da Lapa e seus arredores

- Reconhecer a representatividade das associações e cooperativas dos atores sociais e das PMEs da região. Fomentar e apoiar a criação de um pólo cultural na localidade, através de *workshops*, cursos e consultorias. Buscar especialmente recapacitar os profissionais que trabalham na região e oferecer treinamento para que se desenvolva um maior espírito associativo entre as lideranças das PMEs.
- Criar linhas de crédito para as PMEs da região e realizar investimentos para melhoria da infra-estrutura. Esses investimentos se destinariam à criação de estacionamentos subterrâneos e banheiros públicos, a disponibilização de um policiamento mais efetivo (melhoria na segurança pública), à recuperação do patrimônio arquitetônico danificado, à melhoria da qualidade dos transportes públicos e à criação de ruas de pedestres e de uma iluminação especial para a área do Rio Antigo.
- Oferecer consultorias de apoio (em marketing, publicidade e design) às PMEs para gestão do capital simbólico da região. Auxiliar especialmente na criação de estratégias de marketing territorial.
- Incentivar o emprego mais significativo, por parte das PMEs, das ferramentas de comunicação e, em especial, da internet, como instrumento capaz de permitir não só a integração dessas organizações entre elas mesmas, mas também do conjunto das PMEs com os consumidores e freqüentadores do território.
- Apoiar a troca de informações e conhecimento entre as PMEs da região e as universidades, incentivando a entrada de algumas PMEs em incubadoras dedicadas ao setor cultural.
- Apoiar as associações e fomentar a governança e a articulação da *hélice tripla* – com a criação de fóruns permanentes entre entidades e instituições-chave – sempre na perspectiva dos interesses coletivos e dentro de um espírito democrático e, evidentemente, sempre visando ao desenvolvimento local sustentável.
- Regular a competição entre as empresas presentes na região e as relações entre empresários das casas de shows e das *indies* com os músicos. Desenvolver mecanismos de regulação que permitam preservar a diversidade cultural da microrregião, garantindo assim o equilíbrio e a sustentabilidade do território.
- Incentivar a integração equilibrada das mais importantes cadeias produtivas da região que compõem o pólo cultural, histórico e gastronômico. Apoiar o reconhecimento público da microrregião como uma das áreas estratégicas para o desenvolvimento da cidade do Rio de Janeiro.

- Criar um observatório das indústrias culturais do Estado do Rio de Janeiro do tipo "*think tank*"[93] (Albornoz e Herschmann, 2006). A função desse observatório seria não só elaborar diagnósticos sobre os diferentes setores da indústria cultural do estado, mas também a avaliação e o planejamento de políticas públicas culturais e de desenvolvimento. Essa entidade colaboraria na articulação entre distintos agentes setoriais, o setor acadêmico, os criadores culturais e os órgãos estatais. O monitoramento da indústria da música do Rio de Janeiro se constituiria em uma espécie de projeto piloto deste observatório.

b) Subsidiando políticas públicas para a indústria da música brasileira

- Presença mais efetiva do Estado no mercado fonográfico através da regulação não só de práticas monopolistas, mas também da concentração dos canais de distribuição, difusão e comercialização dos produtos musicais. Apoiar a criação de novos canais de distribuição e comercialização de produtos musicais das PMEs do setor.
- Desenvolvimento – por parte do Estado – de uma profunda avaliação e reflexão com o objetivo de criar um novo benefício fiscal para a indústria da música – sejam as empresas *majors* ou *indies* –, de modo a favorecer o investimento constante na diversidade cultural local. Os incentivos dever-se-iam apoiar especialmente na elaboração de produtos de menor interesse comercial, mas de reconhecido valor cultural.
- Fomentar a constituição de associações que representem os interesses das PMEs e os atores sociais envolvidos no setor musical.
- Incentivar a exportação de produtos musicais brasileiros e o estabelecimento de acordos bi e/ou multilaterais de produção conjunta e distribuição entre as PMEs (envolvendo especialmente os países do Mercosul, da América Latina e ibero-americanos).
- Garantir acesso das PMEs aos meios de comunicação – especialmente os de massa e de grande audiência (como televisão e rádio) – através do estabelecimento de cotas obrigatórias de difusão dos seus repertórios (seja na mídia pú-

---

[93] Os observatórios *think tank* – diferentemente dos observatórios *fiscais* (em geral da imprensa e da mídia) bastante difundidos no mundo todo como, por exemplo, os organismos organizados em torno do projeto internacional do *Media Global Watch* ou o longevo Observatório de Imprensa (do Brasil) – são organismos com capacidade de intervir na elaboração das políticas públicas direcionadas a questões que dizem respeito aos setores da informação, comunicação e/ou cultura. Poderíamos citar como exemplos de observatórios *think tank*: o Observatório das Indústrias Culturais da Cidade Autônoma de Buenos Aires e o Observatório del Mercosur de Audiovisual (OMA) (Albornoz e Herschmann, 2006).

blica ou privada). Coibir também de forma mais efetiva a prática do "jabá" no mercado fonográfico.

- Implementar políticas de investimento que auxiliem as PMEs a desenvolverem novos negócios digitais.
- Promover o debate democrático e as parcerias entre as várias instituições do setor musical com os órgãos empenhados na valorização da diversidade cultural local.
- Apoiar as associações do setor, fomentar a governança e a articulação da *hélice tripla* através da criação de fóruns permanentes entre entidades, instituições-chave e representantes/lideranças do setor. Apoiar a troca de informações e conhecimento entre as PMEs da música e as universidades, incentivando a entrada das PMEs em incubadoras dedicadas ao setor cultural.
- Criar um Observatório das Indústrias Culturais no Estado do Rio de Janeiro e, posteriormente, elaborar uma rede de Observatórios em âmbito nacional, integrando informações estratégicas de outros estados do país.

Considerações Finais

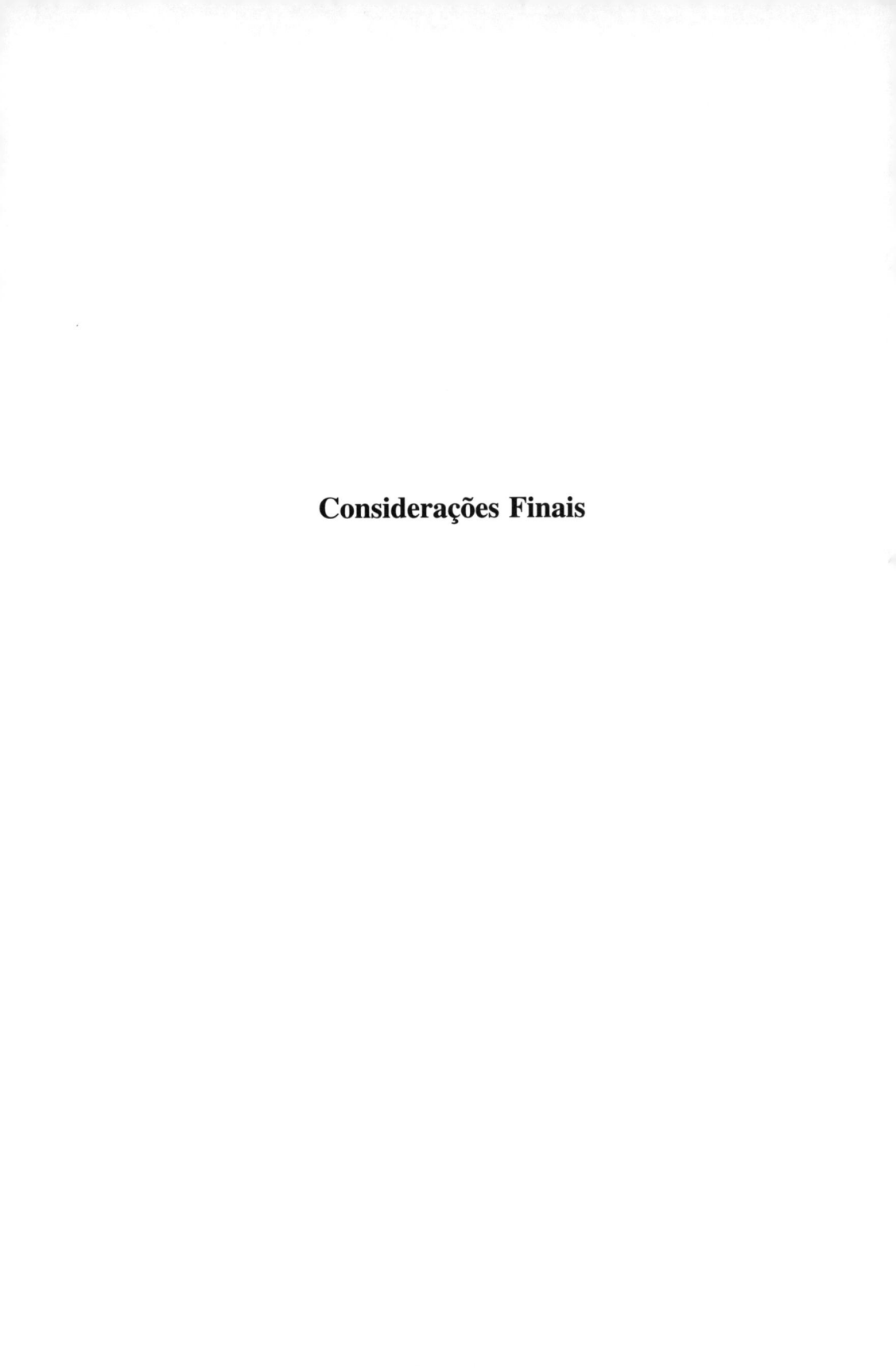

Circuitos culturais *independentes* e desenvolvimento local sustentável

A partir do estudo de caso da Lapa e empregando o marco teórico oferecido pela economia política da comunicação e pelos estudos culturais, busquei aqui incorporar a proposta de alguns estudos recentes – que vêm sendo realizados na Inglaterra e que afirmam a necessidade de examinarmos a *produção da cultura e a cultura da produção* – para compreender de forma menos reducionista a complexidade do mundo contemporâneo. Pelo que foi possível constatar na investigação realizada, esta proposta efetivamente contribui para o entendimento da dinâmica econômica, comunicacional e cultural atual.

Em outras palavras, o campo da comunicação tem uma relevante contribuição a dar para o enfrentamento e a análise da mutante realidade social de hoje, permitindo avaliar como a cultura pode ser fundamental na geração de desenvolvimento local sustentável. Ao ampliar a agenda de investigação para a realização da pesquisa que deu base a este livro – contemplando a perspectiva da economia política e dos estudos culturais –, procurei atualizar os instrumentos e ferramentas de comunicação para a avaliação desse tipo de estudo capazes de subsidiar políticas culturais e de desenvolvimento. Ou melhor, este livro, ao reconhecer que as políticas culturais podem ter interseções com as políticas de desenvolvimento – apesar de reconhecer que são linhas de políticas públicas que possuem diferenças fundamentais entre elas –, dá um importante passo para uma compreensão mais clara das "vocações" dos territórios, do potencial socioeconômico e cultural das localidades, construindo uma análise que vai da produção da cultura à cultura da produção.

Poder-se-ia afirmar que no mundo atual há grandes oportunidades e desafios para a música brasileira, mesmo a regional/local que não seja exatamente uma expressão cultural massiva. O Brasil tem dois trunfos na mão que poucos países no mundo possuem – à exceção dos Estados Unidos e da Inglaterra: o alto consumo de música local (cerca de 70%) e o reconhecimento global de que a produção do país é diversa e de "alta qualidade". Assim, a indústria da música (juntamente com a do audiovisual) pode ter um importante papel no desenvolvimento regional do Rio de Janeiro ou mesmo agregar valor à economia nacional. Essa indústria (da música) híbrida – tanto fordista quanto pós-fordista –, ao lado de outras indústrias culturais, pode gerar inovação e externalidades positivas, tornando diferentes territórios do país atraentes (a investimentos), sustentáveis e mais equilibrados.

Evidentemente, é preciso reforçar o mercado interno e adotar medidas de regulação e apoio à produção local a fim de minimizar as distorções e os desequilíbrios que vêm ocorrendo em razão da concentração (vertical e horizontal) e da internacionalização das empresas de comunicação, cultura e entretenimento. No mercado fonográfico, tanto no âmbito nacional quanto no internacional – e não muito diferente da situação em que se encontram outros setores das indústrias culturais –, um pequeno número de empresas, organizadas em estruturas oligopólicas, controlam em grande medida a oferta, a promoção, a distribuição e a comercialização dos produtos e serviços. Daí a importância de circuitos independentes como o da Lapa: eles permitem a avaliação de alternativas de mercado para a economia da cultura nacional em tempos de intensa globalização.

Portanto, é vital que se construam estratégias de visibilidade para os produtos das indústrias culturais regionais e nacionais nas mídias tradicionais e alternativas. Além disso, é preciso que se fomente e elabore o desenvolvimento de novas estratégias de atuação em um mundo globalizado, especialmente voltadas para as PMEs.

Assim, por exemplo, é fundamental promover exportações regulares, o que, para muitos empresários, é ainda visto como um sonho, um "mito". Mas por que isso ocorre? Por que nunca se teve na produção brasileira um fenômeno mundial como o sucesso latino do disco *Buena Vista Social Club*? Certamente a música cubana e a brasileira possuem capacidade similar de sensibilizar grandes segmentos de público. Como explicar, então, este enigma? Evidentemente, enfrenta-se no Brasil a "barreira da língua" – a pouca internacionalização do português, se comparado com o espanhol – e o isolamento do país num continente que fala uma língua diversa. Mas como superar esses obstáculos e transformar as exportações em práticas também corriqueiras do setor?

Talvez promovendo integração macrorregional do Brasil junto a outros países ibero-americanos, isto é, formando-se um "federalismo regional" (Canclini, 1999), se possam derrubar barreiras, expandindo assim as possibilidades de troca de experiências socioculturais e a constituição de um mercado cultural mais próspero ou mesmo, quem sabe, a consolidação de um "mercado comum" entre os países de língua portuguesa e hispânica.

No cenário mundial de hoje, o Brasil é basicamente conhecido por suas *commodities* de qualidade (tais como café, açúcar e carne bovina), mas também por indústrias de grande potencial como as do setor da música, da televisão e do futebol. Destes exemplos citados, infelizmente, as exportações do país têm se concentrado nas *commodities* e no futebol. O futebol, aliás, deveria ser, infelizmente, considerado também como uma *commoditie*, visto que a imensa maioria dos jogadores exportados é vendida por uma ninharia, pois saem do país ainda adolescentes, antes de terem idade para desenvolver suas habilidades físicas, e, conseqüentemente, antes de serem devidamente valorizados como craques.[94]

Como mudar este quadro em que o país aparece como um produtor de *commodities*? Como permitir que a indústria do audiovisual – especialmente a da música e a televisiva – prospere de forma mais equilibrada e descentralizada? Talvez se possa começar a mudar este quadro reavaliando as dificuldades e as potencialidades da economia da cultura de cada região do país.

Evidentemente, a diversidade cultural é inquestionavelmente um direito universal e deve ser colocada acima dos interesses mercantis: ainda que se reconheça que a esfera da cultura e a da economia não são coincidentes, é preciso ressaltar que elas devem atuar de forma mais integrada do que ocorre atualmente. Assim, por um lado, se expressões culturais de pequeno perfil comercial ou pouca capacidade de sustentabilidade devem ser apoiadas pelo Estado, atendendo assim a interesses coletivos dos respectivos territórios, por outro, as medidas adotadas pelo poder público e pelos atores sociais locais não devem ser orientadas por um fundamentalismo protecionista (ou elitista) do setor cultural que balizou freqüentemente as políticas públicas do passado. É preciso colaborar na "preservação" de manifestações culturais minoritárias regionais, mas, acima de tudo, é necessário fomentar a sustentabilidade das indústrias culturais locais – principalmente as PMEs –, por meio de políticas públicas democráticas (co-participativas e dirigidas à inclusão social e à geração de novos empregos) que articulem comunicação, cultura e desenvolvimento local.

Tomemos como exemplo as indústrias audiovisuais nacionais, por exemplo, do Estado do Rio de Janeiro. Se, por um lado, reconhecidamente são de grande capacidade competitiva tanto no cenário nacional quanto no internacional, por outro, nota-se que poderiam ser mais bem "capitalizadas" pelos indivíduos e autoridades do estado. Assim, apesar de potencialmente poderem contribuir de forma marcante para a promoção de desenvolvimento regional, os resultados estão ainda aquém dos esperados. Constata-se, aliás, com grande preocupação, que o Rio vive há décadas um processo de decadência, imerso em dívidas e políticas públicas ineficazes.

Como isso é possível? Certamente é um território desequilibrado, mas algumas questões deveriam ser urgentemente debatidas: Como se chegou a este ponto tão crítico? Seria o resultado de gestões equivocadas e/ou corruptas? Ou o resultado de uma percepção errônea da vocação do estado? Será que isso ocorre pela incapacidade das

---

[94] Em 2006, havia aproximadamente quatro mil jogadores de futebol atuando no exterior e cerca de 800 deles vinham sendo exportados anualmente nos três anos anteriores (Gueiros, 2006). Além disso, cabe ressaltar que exportamos nos jogadores "promissores" praticamente como "*commodities*" (por preços irrisórios) e importamos a "peso de ouro" os direitos para o Brasil de retransmissão dos jogos dos principais campeonatos europeus, onde jogam com grande destaque os craques brasileiros.

lideranças e autoridades locais em identificar a cultura como uma atividade estratégica e vital para a região?

Lamentavelmente, talvez as respostas a todas estas perguntas sejam em algum grau afirmativas e expliquem como chegamos ao contexto atual de crise tanto no Rio de Janeiro como em outras localidades do país.

Este livro pretende contribuir, ainda que de forma modesta, para a reversão desse quadro desafiador. Em linhas gerais, o intento aqui foi subsidiar a construção e renovação das políticas públicas aplicadas no país, de modo que seja possível elaborar ações que não só reduzam a influência produzida pelos conglomerados comunicacionais e culturais (das empresas transnacionais multimídia de entretenimento), mas que também fomentem a inovação, a competitividade, a sustentabilidade e a inclusão social.

Ensaio Fotográfico sobre a Lapa — 1

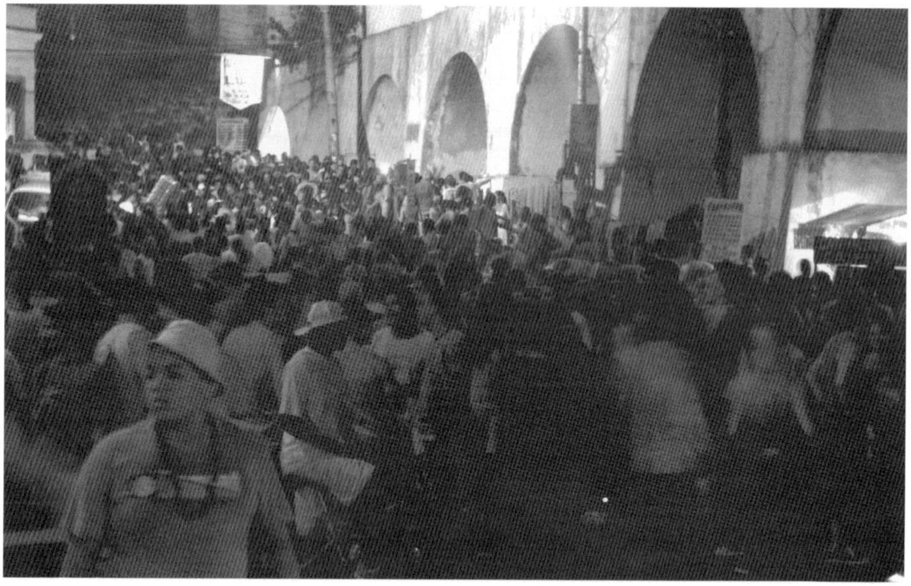

2 — Antonio Fatorelli e Victa de Carvalho

Ensaio Fotográfico sobre a Lapa — 3

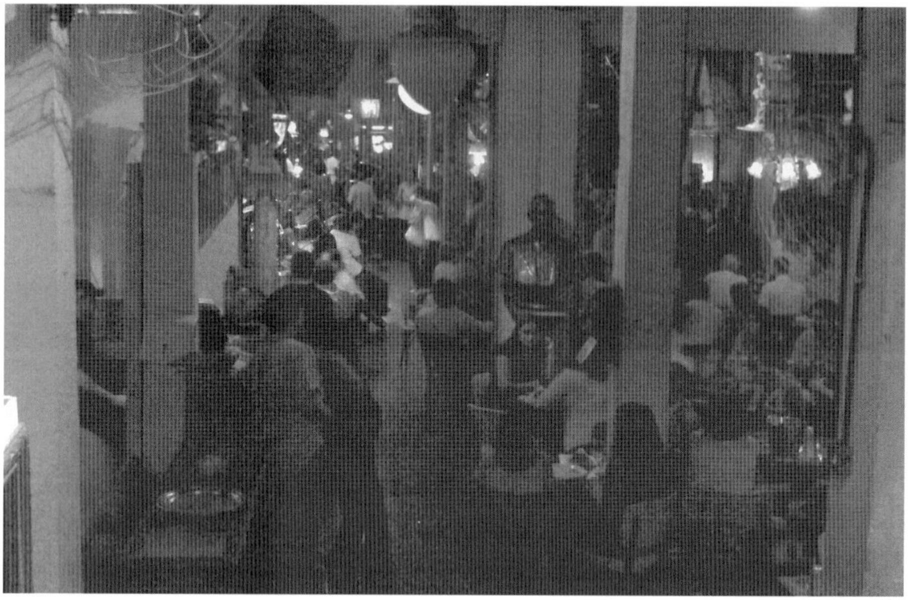

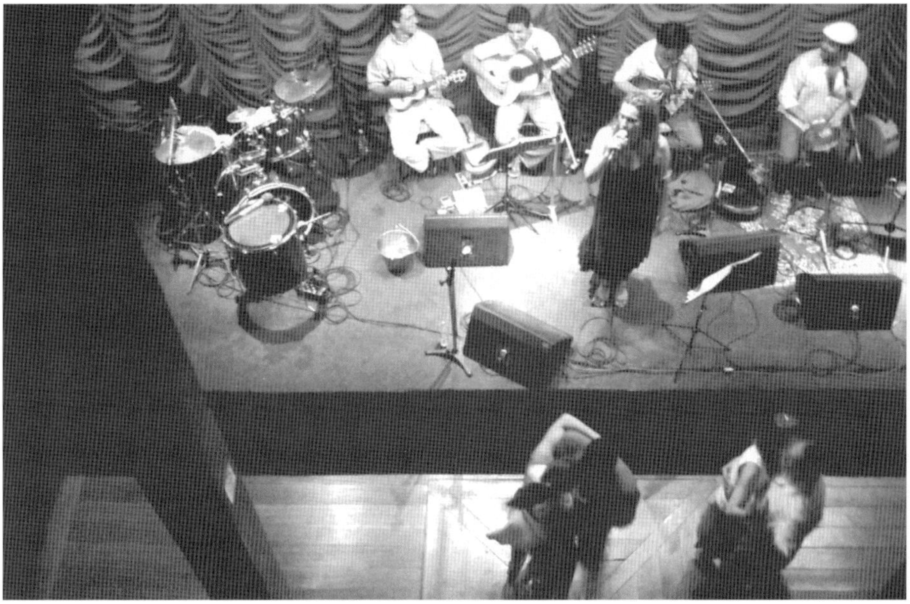

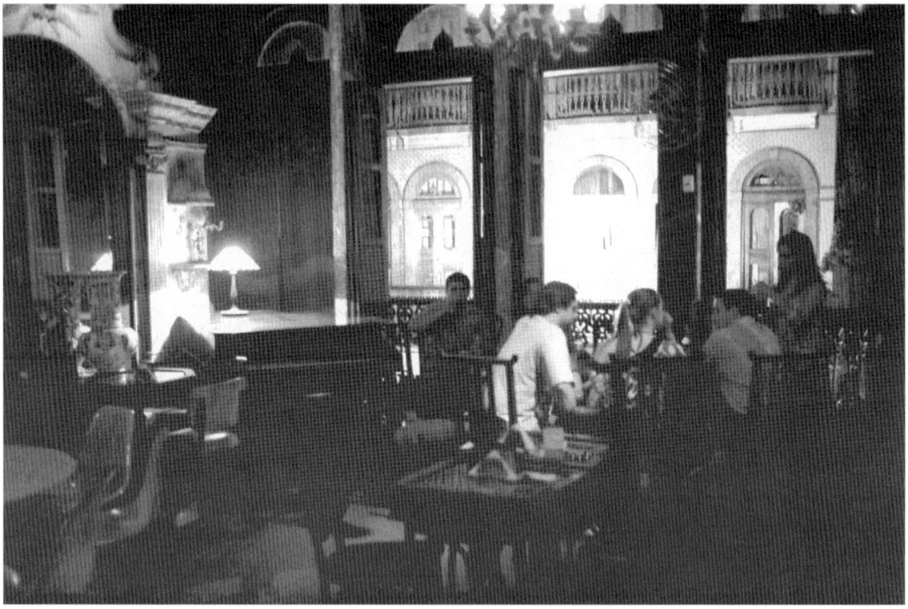

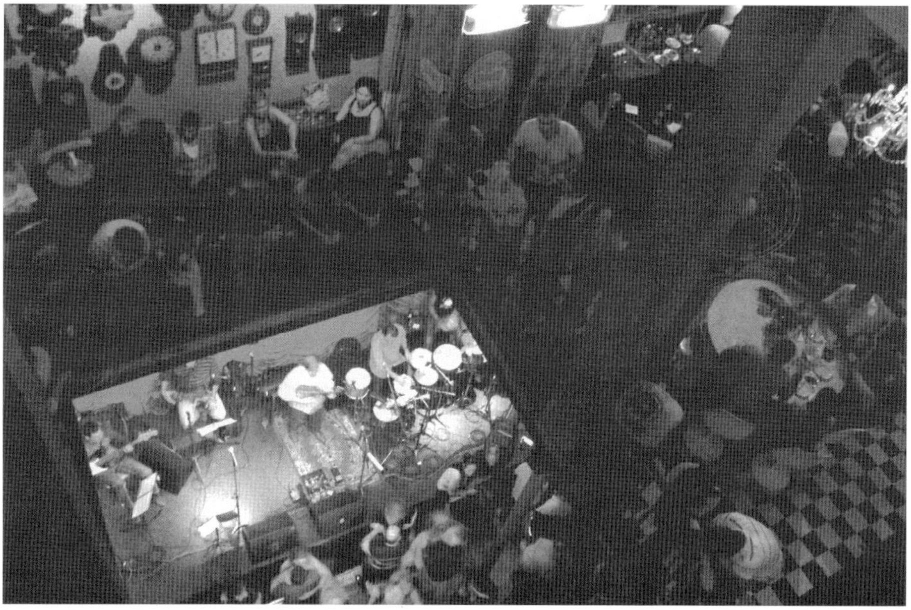

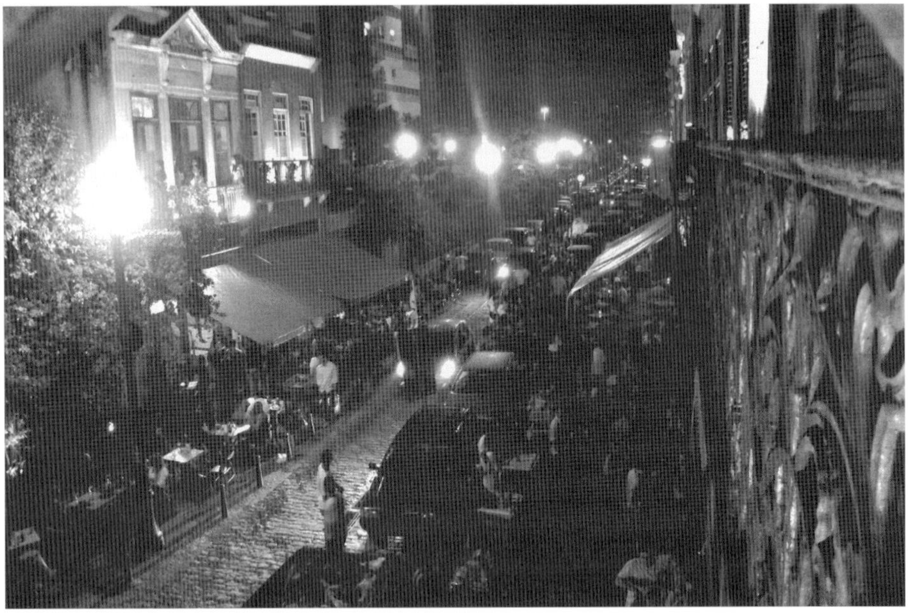

Agradecimentos

Como quase sempre ocorre numa publicação desse tipo, a lista de agradecimentos é bastante longa e, em geral, quase sempre acaba se cometendo alguma injustiça. Peço aos que colaboraram que me perdoem por qualquer esquecimento. Inicialmente, gostaria de agradecer à Coordenação de Aperfeiçoamento de Pessoal de Nível Superior (Capes) e ao Conselho Nacional de Desenvolvimento Científico e Tecnológico (CNPq) pelo apoio que concederam a esta investigação e que foi fundamental para realização deste trabalho. Queria expressar também a minha gratidão a vários colegas e amigos que acompanharam a realização dessa pesquisa em si e a elaboração deste livro, ou seja, que estiverem presentes em diferentes momentos e que de alguma maneira contribuíram para o resultado deste trabalho, tais como: Luís A. Albornoz, Juan Calvi, Daniel Jones, Hector Fouce, Lorraine Leu, Ramón Zallo, Gerardo Silva, Giuseppe Cocco, Carlos Alberto Messeder Pereira, Jeder Janotti Jr. e Julia Zardo. Um agradecimento especial a Enrique Bustamante, que supervisionou sempre de forma cuidadosa a elaboração deste trabalho, durante meu pós-doutorado na Universidad Complutense de Madri, durante 2005 e 2006. Evidentemente, as considerações e os equívocos produzidos aqui são de minha inteira responsabilidade.

Gostaria de deixar aqui registrado também o meu agradecimento carinhoso à equipe de pesquisa do Núcleo de Estudos e Projetos em Comunicação da Escola de Comunicação da Universidade Federal do Rio de Janeiro (Nepcom/ECO/UFRJ), em especial a João Freire Filho, Ana Paula G. Ribeiro e Beatriz Magalhães. Gostaria de expressar também de forma enfática meu reconhecimento à ajuda inestimável fornecida tanto pela minha assistente de pesquisa Beatriz Buarque quanto pela minha orientanda de mestrado, Claudia Góes.

Evidentemente, quero deixar registrado também a importância de trabalhos elaborados em parceria com Felipe Trotta e Marcelo Kishinhevsky durante o tempo que realizava a minha pesquisa e escrevia este livro. Argumentos elaborados a quatro mãos ao longo de artigos – realizados entre 2005 e 2007 – subsidiaram alguns tópicos tratados nesta publicação.

Agradeço imensamente também a Antônio Fatorelli e a Victa de Carvalho por terem realizado, em 2007, este belíssimo e sensível ensaio fotográfico para esta publicação. O meu agradecimento especial também a Rubens Gerchman pela maravilhosa imagem elaborada para a capa deste livro.

Meu reconhecimento também ao apoio dado pelos meus colegas da Escola de Comunicação da UFRJ, em especial a Paulo Vaz, Raquel Paiva e Muniz Sodré, por terem atuado sempre de forma favorável no meu afastamento por um ano da universidade para a realização do meu pós-doutorado, o que, sem dúvida nenhuma, proporcionou-me condições para a organização deste livro.

Queria expressar ainda o meu agradecimento à Associação dos Comerciantes do Centro do Rio Antigo (Accra), ao Sebrae-RJ e ao Núcleo de Investigação do Data-UFF, da Universidade Federal Fluminense, por terem gentilmente permitido divulgar os resultados do Relatório da Pesquisa de Avaliação Cultural e Socioeconômica elaborada pelo Data-UFF em 2004. Deixo registrado também meu agradecimento à Internacional Federation of Phonographic Industry (IFPI) por ter cedido dados recentes da indústria fonográfica mundial, em especial o meu muito obrigado a Gabriela Lopes, que trabalha nesta instituição.

O meu profundo agradecimento também a Plínio Fróes, Luís Carlos Prestes Filho, Felippe Llerena, André Midani, Pena Schmidt, Jerôme Vonk e a todas as pessoas que se dispuseram a dar depoimentos à investigação que foi realizada[95]. Os depoimentos e informações concedidos foram fundamentais para o desenvolvimento das reflexões contidas neste livro.

Evidentemente, gostaria de deixar registrada também a minha absoluta gratidão aos meus familiares, que me ajudaram a enfrentar os momentos de grande solidão voluntária e involuntária. E, finalmente, o meu muito obrigado aos meus alunos e a todos aqueles com os quais tive alguma oportunidade de discutir, mesmo que superficialmente, os temas tratados neste livro.

---

[95] Gostaria de advertir ao leitor que os depoimentos dos atores sociais apresentados aqui – quando não identificados como retirados de alguma matéria jornalística, artigo ou livro – foram concedidos ao autor deste livro durante a pesquisa empírica que se realizou entre 2005 e 2006.

Lista de Siglas

AAIM – Association of American Independent Music
ABPD – Associação Brasileira dos Produtores de Disco
Accra – Associação dos Comerciantes do Centro do Rio Antigo
ABMI – Associação Brasileira de Música Independente
AIM – Association of Independent Music
AIR – Australian Association of Independent Records Label
Apex – Agência de Promoção de Exportações e Investimentos
APLs – Arranjos Produtivos Locais
BM&A – Brasilian Music & Arts
BNDES – Banco Nacional de Desenvolvimento Social
Capes – Coordenação de Aperfeiçoamento de Pessoal de Nível Superior
Cirpa – Canadian Independent Record Production Association
CNPq – Conselho Nacional de Desenvolvimento Científico e Tecnológico
CPI – Comissão Parlamentar de Inquérito
DLS – Desenvolvimento Local Sustentável
DRM – Digital Rights Management
Ecad – Escritório Central de Arrecadação e Distribuição
FTC – Federal Trade Comissions
Gats – Acordo Geral para o Comércio de Serviço
IBGE – Instituto Brasileiro de Geografia e Estatística
ICMS – Imposto Sobre Circulação de Mercadorias e Serviços
Impala – Independent Music Companies Association
IMNZ – Independent Music New Zealand Incorporated
IFPI – Internacional Federation of Phonographic Industry
IVA – Imposto sobre o Valor Agregado
Ipea – Instituto de Pesquisas Econômicas Aplicadas

Mercosul – Mercado Comum do Sul

MinC – Ministério da Cultura

NTICs – Novas Tecnologias de Informação e Comunicação

OMC – Organização Mundial do Comércio

P2P – *Peer to peer*

PI – Propriedade Intelectual

PIB – Produto Interno Bruto

PMEs – Pequenas e Médias Empresas

Sebrae – Serviço Brasileiro de Apoio às Micro e à Pequenas Empresas

Senac – Serviço Nacional de Aprendizagem Comercial

SCN – Sistema de Contas Nacionais

SDMI – Secure Digital Music Initiative

UFI – Unión Fonográfica Independente

Unesco – Organização das Nações Unidas para a Educação, a Ciência e a Cultura

Fontes

Referências bibliográficas

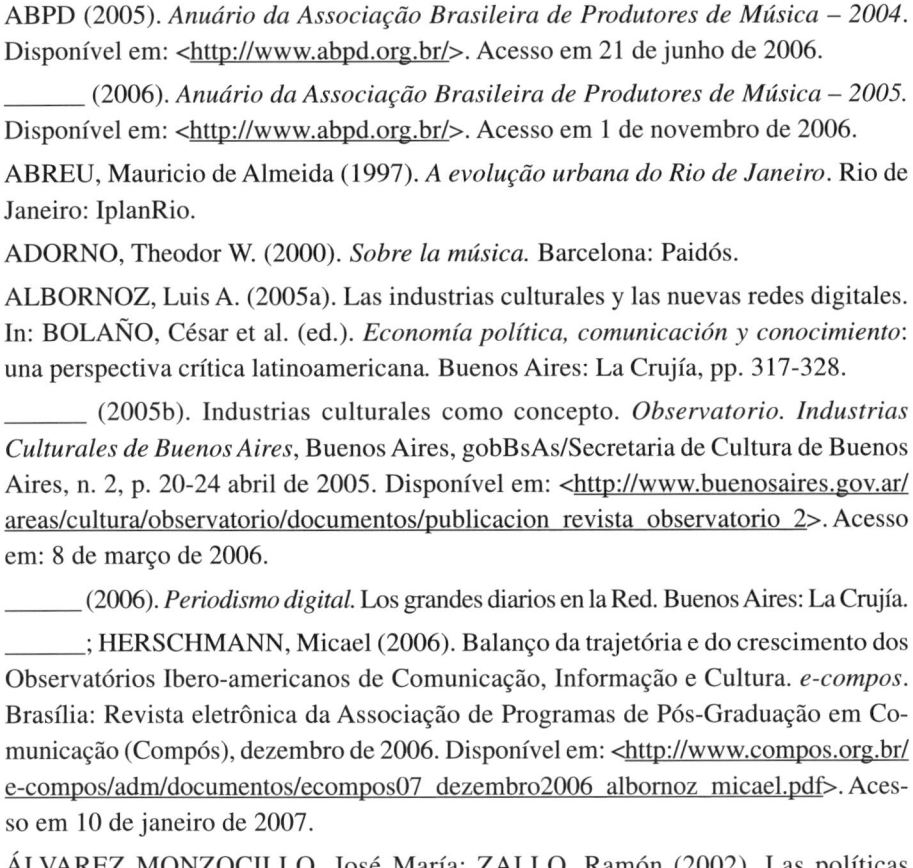

ABPD (2005). *Anuário da Associação Brasileira de Produtores de Música – 2004*. Disponível em: <http://www.abpd.org.br/>. Acesso em 21 de junho de 2006.

_____ (2006). *Anuário da Associação Brasileira de Produtores de Música – 2005*. Disponível em: <http://www.abpd.org.br/>. Acesso em 1 de novembro de 2006.

ABREU, Mauricio de Almeida (1997). *A evolução urbana do Rio de Janeiro*. Rio de Janeiro: IplanRio.

ADORNO, Theodor W. (2000). *Sobre la música*. Barcelona: Paidós.

ALBORNOZ, Luis A. (2005a). Las industrias culturales y las nuevas redes digitales. In: BOLAÑO, César et al. (ed.). *Economía política, comunicación y conocimiento*: una perspectiva crítica latinoamericana. Buenos Aires: La Crujía, pp. 317-328.

_____ (2005b). Industrias culturales como concepto. *Observatorio. Industrias Culturales de Buenos Aires*, Buenos Aires, gobBsAs/Secretaria de Cultura de Buenos Aires, n. 2, p. 20-24 abril de 2005. Disponível em: <http://www.buenosaires.gov.ar/areas/cultura/observatorio/documentos/publicacion_revista_observatorio_2>. Acesso em: 8 de março de 2006.

_____ (2006). *Periodismo digital*. Los grandes diarios en la Red. Buenos Aires: La Crujía.

_____; HERSCHMANN, Micael (2006). Balanço da trajetória e do crescimento dos Observatórios Ibero-americanos de Comunicação, Informação e Cultura. *e-compos*. Brasília: Revista eletrônica da Associação de Programas de Pós-Graduação em Comunicação (Compós), dezembro de 2006. Disponível em: <http://www.compos.org.br/e-compos/adm/documentos/ecompos07_dezembro2006_albornoz_micael.pdf>. Acesso em 10 de janeiro de 2007.

ÁLVAREZ MONZOCILLO, José María; ZALLO, Ramón (2002). Las políticas culturales y las comunicación para el desarrollo de los mercados digitales: un debate necesario. *Zer. Revista de Estudios en Comunicación*. Bilbao: Facultad de Ciências Sociales y de Comunicación/UPV, n. 13, nov. 2002. Disponível em: <http://www.ehu.es/zer/zer13/politica13.htm>. Acesso em: 29 de maio de 2006.

ANDRADE, Moacyr (1998). *Lapa – alegre trópico*. Rio de Janeiro: Relume-Dumará.

ARANHA, José A. et al. (2003). *Música como fator de desenvolvimento*. Rio de Janeiro: Incubadora Cultural Gênesis-PUC-Rio/Sebrae RJ/UBC.

ARON, Raymond (1986). *Paz e guerra entre as nações*. Brasília: Editora UnB.

ASCELARD, Henri (2002). Território e poder – a política das escalas. In: FISCHER, Tânia (org.). *Gestão do desenvolvimento e poderes locais*. Salvador: Casa da Qualidade. pp. 33-44.

BARBOSA, Lívia (2002). *Cultura e empresas*. Rio de Janeiro: Zahar.

_____ (2004). *Sociedade de consumo*. Rio de Janeiro: Zahar.

BARRIOS, Leôncio et al. (1999). *Industria cultural. De la crisis de la sensibilidad a la seducíon massmediática*. Caracas: Litterae Eds.

BARROS, Ricardo; CARVALHO, Mirela (2004). Desafios para a política social brasileira. In: GAMBIAGI, Fabio et al. *Reformas no Brasil*: balanço e agenda. Rio de Janeiro: Nova Fronteira. pp. 433-456.

BAUMAN, Zygmunt (1998). Imortalidade, na versão pós-moderna. In: _____. *O mal-estar na Pós-Modernidade*. Rio de Janeiro, Jorge Zahar Editora, pp. 190-204.

BAUMOL, William; BOWEN, William (1993). *Perfoming Arts*: the economic dilemma. A study of problems common to theatre, opera, music and dance. Londres: Ashgate Publishing.

BARTHES, Roland Barthes (1987). *O rumor da língua*. Lisboa: Edições 70.

BELL, Daniel (1976). *Las contradiciones culturales del capitalismo*. Madri: Alianza, Editorial.

BHABHA, Homi K. (2003). *O local da cultura*. Belo Horizonte: Editora UFMG.

BISBAL, Marcelino et al. (1998). *El consumo cultural del venezolano*. Caracas: Fundación Centro Gumilla/Cosejo Nacional de la Cultura.

BLÁNQUEZ, Javier; FREIRE, Juan Manuel (coord.) (2004). *Teen Spirit*. De viaje por el pop independente. Barcelona: Reservoir Books.

BOLAÑO, César (2000). *Indústria cultural, informação e capitalismo*. São Paulo: Hucitec.

_____ et al. (org.) (2005). *Economía política, comunicación y conocimiento*: una perspectiva crítica latino americana. Buenos Aires: La Crujía.

_____; BRITTOS, Valério (org.) (2005). *Rede Globo*: 40 anos de hegemonia e poder. São Paulo: Paulus.

BONET, Lluis et al. (2002). *Libro blanco de las industrias culturales de Cataluña*. Píntese y conclusiones. Barcelona: Universidade Autônoma de Barcelona.

_____ (2004). Una reflexión en clave latinomaericana. *Observatorio. Industrias Culturales de Buenos Aires*, Buenos Aires, gobBsAs/Secretaria de Cultura de B. Aires, n. 1, pp. 38-43, nov. 2004. Disponível em: <http://www.buenosaires.gov.ar/areas/cultura/observatorio/documentos/publicacion_revista_observatorio_1.pdf>. Acesso em: 8 de março de 2006.

BOURDIEU, Pierre (1991). *La distinción.* Criterio y bases sociales del gusto. Madri: Taurus.

BOULAY, Marinilda B. (coord.) (2004). *Guia do mercado brasileiro de música.* São Paulo: Imprensa Oficial/ABMI.

BORJA, Jordi; CASTELLS, Manuel (1997). *Local y global. La gestión de las ciudades em la era de la información.* Madri: Taurus.

BRAGA, Cristiano (2003). A cultura nas políticas e programas do Sebrae. In: Unesco: *Políticas para o desenvolvimento*: uma base de dados para a cultura. Brasília: Unesco Brasil. pp. 51-60.

BUARQUE, Sérgio C. (2002). *Construindo o desenvolvimento sustentável.* Rio de Janeiro: Garamond.

BUQUET, Gustavo (2002). La industria discográfica: un reflejo tardío y dependencia del mercado internacional. In: BUSTAMANTE, Enrique. (org.). *Comunicación y cultura en la era digital.* Barcelona: Gedisa. pp. 67-106.

BURNETT, Robert (1996). *The global jukebox.* Londres: Routledge.

BUSTAMANTE, Enrique (1986). Políticas de comunicación: un reto actual. In: MORAGAS, Miquel (ed.). *Sociología de la comunicación de masas.* Barcelona: Gustavo Gili. v. 1, pp. 124-142.

_____; ZALLO, Rámon (1988). *As indústrias culturais de España.* Madri: Akal.

_____ (2001). *La televisión económica.* Barcelona: Gedisa.

_____ (2000). Limites de l'analyse latino-américaine sur la communication. Revista *Hermès. Cognition, communication, politique. Amérique Latine: Culture et communication*, Paris, CNRS Édition, pp. 53-62, n. 28.

_____ (coord.) (2002). *Comunicación y cultura en la era digital.* Barcelona: Gedisa.

_____ (coord.) (2003). *Hacia un nuevo sistema mundial de comunicación.* Barcelona: Gedisa.

_____ (2005). Políticas de comunicación y cultura: nuevas necesidades estratégicas. In: BOLAÑO, César et al. (ed.). *Economía política, comunicación y conocimiento*: Una perspectiva crítica Latinoamericana. Buenos Aires: La Crujía. pp. 251-268.

_____ (2006a). Comunicación y cultura en la era digital. Construir el espacio iberoamericano. *e-compos*, Brasília: Revista eletrônica da Associação de Programas de Pós-Graduação em Comunicação (Compós), nov. 2006. Disponível em: <http://www.compos.org.br/e-compos/adm/documentos/ecompos07_dezembro2006_bustamante.pdf>. Acesso em: 29 de novembro de 2006.

BUSTAMANTE, Enrique (2006b). *Rádio y televisión en España.* Historia de una asignatura pendiente de la democracia. Barcelona: Gedisa.

CABRAL, Sérgio (1974). *As escolas de Samba*: o quê, quem, como e por quê. Rio de Janeiro: Fontana.

CAIAFA, Janice (1995). *Movimento punk na cidade*. A invasão dos bandos sub. Rio de Janeiro, Jorge Zahar.

CALVI, Juan Carlos R. (2004). *Los sistemas de intercambio de usuário a usuário (P2P) em Internet*. Madri: Tese (Doutorado em Ciência da Informação) – Faculdade de Ciência da Informação, Universidad Complutense de Madri.

_____ (2005a). La circulación de productos audiovisuales en Internet. *Telos. Cuadernos de comunicación, tecnología y sociedad*, Madri: Fundación Telefónica, n. 65, out.-dez. 2004. Disponível em: <http://www.campusred.net/telos/home.asp?idRevistaAnt=65&rev=64>. Acesso em: 26 de maio de 2006.

_____ (2005b). Hacia un nuevo régimen de regulación y explotación de productos culturales en Internet. In: BOLAÑO, César et al. (ed.). *Economía política, comunicación y conocimiento*: una perspectiva crítica Latinoamericana. Buenos Aires: La Crujía. pp. 329-344.

CANCLINI, Néstor G. (1994). *El consumo cultural em México*. México: Consejo Nacional para la Cultura y las Artes/Instituto Mexicano de Cinematografia.

_____ (1995). *Consumidores e Cidadãos*. Rio de Janeiro: Editora UFRJ.

_____ (1997). *Culturas híbridas*. Estratégias para entrar e sair da modernidade. São Paulo, Edusp.

_____ (1999a). Introducción. Sobre estudios insuficientes y debates abiertos. In: _____; MONETA, Carlos Juan. (coord.) *Las industrias culturales en la integración latinoamericana*. Buenos Aires: Eudeba, pp. 9-18.

_____ (1999b). Políticas culturales: de las identidades nacionales al espacio. In: _____; MONETA, Carlos Juan. (coord.) *Las industrias culturales en la integración latinoamericana*. Buenos Aires: Eudeba. pp. 33-56.

_____ (2000). *La globalización imaginada*. México: Paidós.

_____ (2004a). *Diferentes, desiguales y desconectados*. Mapas da interculturalidad. Barcelona: Gedisa

_____ (2004b). Los países latinos en la esfera pública transnacional. *Observatorio. Industrias Culturales de Buenos Aires*, Buenos Aires: gobBsAs/Secretaria de Cultura de Buenos Aires, n. 1, p. 44-49, nov. 2004. Disponível em: <http://www.buenosaires.gov.ar/areas/cultura/observatorio/documentos/publicacion_revista_observatorio_1.pdf>. Acesso em: 8 de março de 2006.

_____ (2004c). Ante la sociedad del conocimiento. Últimos desafíos de las políticas culturales. *Telos. Cuadernos de comunicación, tecnología y sociedad*. Madri: Fundación Telefónica, n. 61, pp. 58-61, outubro a dezembro.

CAPPARELLI, Sergio et al. (1999). *Enfim sós*: a nova televisão no Cone Sul. Porto Alegre: L&PM/CNPq.

CASAROTTO, Nelson Filho; PIRES, Luiz Henrique (1999). *Rede de pequenas empresas e desenvolvimento local*. São Paulo: Atlas.

CASTELLS, Manuel (1999). *A sociedade em rede*. Rio de Janeiro: Paz e Terra.

_____ (2001). *La galaxia de Gutemberg*. Barcelona: Arete-Plaza & Jamás.

CASTORIADIS, Cornelius (1982). *A instituição imaginária da sociedade*. 3. ed. Rio de Janeiro: Paz e Terra.

CASTRO, Ruy (2001). *Chega de saudade*. São Paulo: Cia. das Letras.

CASTRO, Celso (1999). *Narrativas e imagens do turismo no Rio de Janeiro*. In: CAVALCANTI, Maria Laura Viveiros de C. (1995). *Carnaval carioca*: dos bastidores ao desfile. Rio de Janeiro: Editora UFRJ/ MinC-Funarte. (Segunda ed. revista e aumentada: Rio de Janeiro: Editora UFRJ, 2006.)

CAVALCANTI, Marcos et al. (2001). *Gestão de empresas na sociedade do conhecimento*. Rio de Janeiro: Campus.

CAZES, Henrique (1998). *Choro – do quintal ao Municipal*. São Paulo. Editora 34.

CHAMBERS, Ian (1993). *Migrancy, Culture and Identity*. Londres: Routledge.

CHARTIER, Roger (1990). *A história cultural*. Entre práticas e representações. Lisboa: Difel.

COCCO, Giuseppe (1996). As dimensões produtivas da comunicação. *Comunicação & Política*, Rio de Janeiro: Cebela, v. 3, n. 1.

_____ (2000). *Trabalho e cidadania*. São Paulo: Cortez.

_____ et al. (org.) (2003). *Capitalismo cognitivo*. Rio de Janeiro: DP&A.

CONNOR, Steven (1993). *Cultura pós-moderna*. Introdução às teorias do contemporâneo. 2. ed. São Paulo: Loyola.

CONVENIO ANDRÉS BELLO (2000). *Economía y Cultura*: la tercera cara de la moneda. Colombia: Convenio Andrés Bello.

COOPER, Jon; HARRISON, Daniel (2001). The social organization of audio piracy on the internet. *Media, Culture and Society*, Londres: Sage, v. 23, pp. 71-89.

CORSANI, Antonella (2003). Elementos de uma ruptura: a hipótese do capitalismo cognitivo. In: COCCO, Giuseppe et al. (org.). *Capitalismo Cognitivo*. Rio de Janeiro: DP&A. pp. 15-32.

DAGNINO, R. (2003). A relação universidade-empresa no Brasil e o argumento da hélice tripla. *Revista Brasileira de Inovação*. Rio de Janeiro: Finep, v. 2, n. 2, jul./dez.

DAMATA, Gasparino (1978). *Antologia da Lapa*. Vida boêmia no Rio de ontem. Rio de Janeiro: Codecri.

DATA-UFF (2004). *Relatório da pesquisa de Avaliação Cultural e Socioeconômica – Lapa/Rio Antigo*. Rio de Janeiro: Universidade Federal Fluminense.

DELEUZE, Giles (1985). *Cinema, imagem-tempo*. São Paulo: Brasiliense.

_____ (1995). *Mil platôs*. Capitalismo e esquizofrênia. Rio de Janeiro: Editora 34. v. 1 e 2.

DELGADO, Eduardo (2004). Hacia una nueva articulación de los espacios lingüísticos y culturales. *Pensar Iberoamérica*. Madri: OEI, n. 6. Disponível em: <http://www.campus-oei.org/pensariberoamerica/ric06a04.htm>. Acesso em: 31 de agosto de 2006.

DE MARCHI, Leonardo G. (2005). Indústria fonográfica independente brasileira: debatendo um conceito. In: INTERCOM. *Anais do XXVIII Congresso Brasileiro de Ciências da Comunicação – INTERCOM 2005*. (GT Rádio e Mídia Sonora). Rio de Janeiro: Sociedade Brasileira de Estudos Interdisciplinares de Comunicação.

DINIZ, André (2003). *Almanaque do choro*. Rio de Janeiro: Jorge Zahar.

DIAS, Márcia T. (2000). *Os donos da voz*: indústria fonográfica brasileira e mundialização da cultura. São Paulo: Boitempo Editorial.

DOSI, Giovanni et al. (1989). *Technical Change and Economic Theory*. Cambridge: Cambridge University Press.

DU GAY, Paul (org.) (1997). *Production of culture, culture of production*. Londres: Sage.

DU GAY, Paul et al. (org.) (1997). *Doing Cultural Studies*: the story of the Sony Walkman. Londres: Sage.

EARP, Fabio Sá; KORNIS, George (2005). *A economia da cadeia produtiva do livro*. Rio de Janeiro: BNDES.

ECO, Umberto (1991). *Viagem na irrealidade cotidiana*. Rio de Janeiro: Nova Fronteira.

ESSINGER, Silvio (1999). *Punk – Anarquia Planetária e a Cena Brasileira*. São Paulo: Editora 34.

ESSINGER, Silvio (2005). *Batidão – uma história do funk*. Rio de Janeiro: Record.

ETHOS/Instituto Ethos de Empresas e Responsabilidade Social (2002). *Responsabilidade social das empresas*. São Paulo: Fundação Peirópolis. v. 1.

FEATHERSTONE, Mike. (org.) (1991). *Global culture*: Nationalism, Globalization and Modernity. Londres: Sage.

FERGUSON, Marjorie; GOLDING, Peter (1998). Los estudios culturales en tiempos cambiantes: introdução. In: _____; _____ (org.). *Economia política y estudios culturales*. Barcelona: Bosch. pp. 15-37.

FISCHER, Tânia (org.) (2002). *Gestão do desenvolvimento e poderes locais*. Salvador: Casa da Qualidade.

FOUCAULT, Michel (2001). *Vigiar e punir.* Petrópolis: Vozes.

FOUCAULT, Michel (2004). *Microfísica do poder.* 20ª ed., Rio de Janeiro: Graal.

FRANCO, Augusto de (1998). Dez consensos sobre o desenvolvimento local integrado e sustentável. *Cadernos Comunidade Solidária.* Brasília: Ipea, n. 6, Disponível em: <www.desenvolvimentolocal.org.br/imagens/mapeamento/PDL053.doc>. Acesso em: 31 de agosto de 2006.

FREEMAN, Chris. (1974). *The Economics of Industrial Innovation.* Harmondsworth: Penguim.

FREIRE FILHO, João (2001). *A elite ilustrada e "os clamores anônimos da barbárie":* Gosto Popular e Polêmicas Culturais no Brasil do Início e do Final do Século XX. Rio de Janeiro: Tese/Dissertação (Doutorado/Mestrado em Letras) – Departamento de Letras da Pontifícia Universidade Católica do Rio de Janeiro.

_____; FERNANDES, Fernanda M. (2006). Jovens, espaço e identidade. In: FREIRE FILHO, João e JANOTTI, Jeder. *Comunicação & música popular massiva.* Salvador: Edufba. pp. 25-40.

_____; HERSCHMANN, Micael (2003). Debatable tastes! Rethinking hierarchical distinctions in Brazilian music. *Journal of Latin American Cultural Studies*, Londres: Carfax Publishing, v. 12, n. 3, pp. 347-358.

FRITH, Simon (1981). *Sound Effects*: Youth, Leisure and the Politics of Rock n' Roll. Nova York: Pantheon Books.

_____ (1992). The cultural study of popular music. In: GROSSBERG, Lawrence et al. (eds.). *Cultural Studies.* Londres: Routledge. pp.174-182.

_____ (1998). *Performing Rites*: on the value of popular music. Cambridge/Massachusets: Havard University Press.

_____ (2006a). La industria de la música popular. In: _____ et al. (orgs.). *La otra historia del Rock.* Barcelona: Ediciones Robinbook. pp. 53-86.

_____ (2006b). La música Pop. In: _____ et al. (orgs.). *La otra historia del Rock.* Barcelona: Ediciones Robinbook. pp. 135-154.

FUJITA, Masahisa; THISSE, Jacques-Françoise (2002). *Economics of aglomeration*: cities, industrial location and regional growth. Cambridge: Cambridge University.

FUNDAÇÃO JOÃO PINHEIRO/MINISTÉRIO DA CULTURA (1998). *Diagnósticos dos investimentos em cultura no Brasil*: 1985-1995. Belo Horizonte: Fundação João Pinheiro.

GABLER, Neal (1999). *Vida, o filme.* Como o entretenimento conquistou a realidade. São Paulo: Cia. das Letras.

GAMBIAGI, Fabio et al. (2004). *Reformas no Brasil*: balanço e agenda. Rio de Janeiro: Nova Fronteira.

GARNHAM, Nicolas (1998). Economía política y las prática de los estudios culturales. In: FERGUNSON, Marjorie; GOLDING, Peter. *Economia politica y estudios culturales*. Barcelona: Bosch, pp. 121-144.

_____ (1990). *Capitalism and Comunication*. Global Culture and the economics of information. Londres: Sage.

GALPERIN, Hernam (1998). *Las industrias culturales en los acuerdos de integración regional*: el caso del NAFTA, la EU y el MERCOSUR. Brasília: Unesco Brasil.

GALVÃO, Alexander P. (1998). *Da convergência tecnológica à convergência empresarial*. Rio de Janeiro: Dissertação (Mestrado em Economia) – Instituto de Economia da Universidade Federal do Rio de Janeiro.

GALLEGO, Noberto (2005). Da amenaza a la oportunidad. El panorama de la musica online. In: *Telos*. Madri: Fundación Telefónica, n. 63, pp. 139-141, abril a junho.

GÁRCIA GRACIA, María Isabel et al. (2000). *La industria cultural y el ócio em España*. Madri: Fundación Autor.

GETINO, Octavio (1995). *Industrias culturales en la Argentina*: dimensión económica y políticas públicas. Buenos Aires: Colihue.

_____ (2003). Las industrias culturales: entre el proteccionismo y la autosuficiencia. *Pensar Iberoamérica*, Madri: OEI, n. 4. Disponível em: <http://www.campus-oei.org/pensariberoamerica/ric07a02.htm>. Acesso em: 30 de agosto de 2006.

_____ (2004). La cultura como capital. *Observatorio. Industrias Culturales de Buenos Aires*. Buenos Aires: gobBsAs/Secretaria de Cultura de B. Aires, n. 1, pp. 50-55, nov. 2004. Disponível em: <http://www.buenosaires.gov.ar/areas/cultura/observatorio/documentos/publicacion_revista_observatorio_1.pdf>. Acesso em: 8 de março de 2006.

_____ (2006). *El capital de la cultura*. Las industrias culturales en Argentina y en la integración del MERCOSUR. Buenos Aires: Dirección de Publicaciones/Senado de la Nación.

GILBERT, Jeremy; PEARSON, Ewan (2003). *Cultura y políticas de la música dance*. Disco, hip-hop, house, techno, drum'n'bass y garage. Barcelona: Paidós.

GOBIERNO DE CHILE (2001). *Impacto de la cultura en la economía chilena*. Santiago do Chile: Departamento de Cultura do Ministério da Educação.

GONÇALVES, Sandra Maria L. (2001). Barbies olímpicas, pitboys e cyborgs. In: INTERCOM (2001). *Anais do XXV Congresso Brasileiro de Ciências da Comunicação Comunicação*. NP Cultura das Minorias. Salvador: Sociedade Brasileira de Estudos Interdisciplinares da Comunicação. Disponível em: <http://reposcom.portcom.intercom.org.br/bitstream/1904/18966/1/2002_NP13GONCALVES.pdf>. Acesso em: 3 de julho de 2006.

GORZ, André (2003). *O imaterial*. Rio de Janeiro: Annablume.

_____ (2005). *Miséria do presente, riqueza do possível*. Rio de Janeiro: Annablume.

GRAMSCI, Antônio (2004). *Escritos políticos*. Rio de Janeiro: Civilização Brasileira. v. 1 e 2.

Guia da Lapa (2006). Rio de Janeiro: Klabin Segall.

GUIMARÃES, Nádya Araújo; MARTIN, Scott (org.) (2001). *Competitividade e desenvolvimento*: atores e instituições locais. São Paulo: Senac.

GUTIÉRREZ, Fermin R. (ed.) (2001). *Nuevas tecnologías de la información para el desarrollo local*. Gijón: Ediciones Trea.

GUSMÁN, CÁRDENAS, Carlos E. (2003). *Políticas y economía de la cultura en Venezuela*. Caracas: Ininco.

_____ (2004). *Las cifras del cine y el video en Venezuela*. Anuário Estadístico Cultural – 1990-2003. Caracas: Fundación Polar.

_____ (1999). Inovación y competitividad de las industrias culturales y de la comunicación en Venezuela. In: BARRIOS, Leôncio et al. (org.) (1999). *Industria Cultural*. De la crisis de la sensibilidad a la sedución massmediática. Caracas: Litterae.

HALL, Stuart (1997). *Identidades culturais na pós-modernidade*. Rio de Janeiro: DP&A.

_____ (2003a). Reflexões sobre o modelo de codificação/decodificação. In: SOVIK, Liv (org.). *Da diáspora*. Identidade e mediações culturais. Belo Horizonte: Editora UFMG. pp. 353-386.

_____ (2003b). Codificação/decodificação. In: SOVIK, Liv (org.). *Da diáspora*. Identidades e mediações culturais. Belo Horizonte: Editora UFMG. pp. 387-406.

_____ (2003c). Estudos culturais e seu legado histórico. In: SOVIK, Liv (org.). *Da diáspora*. Identidades e mediações culturais. Belo Horizonte: Editora UFMG. pp. 199-218.

HARDT, Michael; NEGRI, Antonio (2000). *Império*. Rio de Janeiro: Record.

_____; _____ (2005). *Multidão*. Guerra e democracia na era do Império. Rio de Janeiro: Record.

HARRISON, Lawrence; HUNTINGTON, Samuel (org.) (2002). *A cultura importa*. Rio de Janeiro: Record.

HARTLEY, John (ed.) (2005). *Creative Industries*. Oxford: Blackwell Publishing.

HARVEY, David (1992). *A condição pós-moderna*. São Paulo: Loyola.

HEBDIGE, Dick (2004). *Subcultura*. El significado del estilo. Barcelona: Paidós.

HERSCHMANN, Micael (org.) (1997). *Abalando os anos 90*. Rio de Janeiro: Rocco.

_____ (2000). *O funk e o hip-hop invadem a cena*. Rio de Janeiro: Editora UFRJ.

_____ (2005). Espetacularização e alta visibilidade: a politização da cultura hip-hop no Brasil Contemporâneo. In: FREIRE, João; HERSCHMAN, Micael (org.). *Comunicação, cultura e consumo*. A (des)construção do espetáculo contemporâneo. Rio de Janeiro: E-Papers. pp. 153-168.

_____; PEREIRA, Carlos Alberto M. (org.) (2003). *Mídia, memória & celebridades*. Estratégias narrativas em contextos de alta visibilidade. Rio de Janeiro: E-Papers.

HERSCOVICI, Alain (1995). *Economia da cultura e da comunicação*. Vitória: Fundação Ceciliano Abel de Almeida /Ufes.

HIMANEN, Pekka (2001). *A ética dos hackers e o espírito da sociedade da informação*. Rio de Janeiro: Campus.

HOBSBAWN, Eric (1996). *A era dos extremos*. O breve século XX. São Paulo: Cia. das Letras.

_____; RANGER, Terence (1984). *A invenção das tradições*. Rio de Janeiro: Paz e Terra.

HOFSTADE, Geert (1999). *Culturas organizacionais*. Madri: Alianza.

HOGGART, Richard (1972). *On culture and communication*. Nova York: Oxford University Press.

HOLLANDA, Heloisa Buarque de (1981). *Impressões de viagem*: CPC, vanguarda e desbunde: 1960/70. Rio de Janeiro: Brasiliense.

HUMPHREY, J.; SCHMITZ, H. (1996). The triple C approach to local industrial policy. *World Development*, Elsevier Science, v. 24, n. 12, pp. 1859-1877.

IANNI, Otavio (2001). Nação: província global? In: SANTOS, Milton; SILVEIRA, Maria Laura (org.) *Brasil*: território e sociedade no início do século XXI. Rio de Janeiro: Record.

IFPI (2005). *Commercial Piracy Report – 2004*. Londres: IFPI Market Publication.

_____ (2005). *Global Recording Industry in numbers – 2004*. Londres: IFPI Market Publication.

_____ (2006). *Global Recording Industry in numbers – 2004*. Londres: IFPI Market Publication.

INSTITUTO PEREIRA PASSOS (1993). *Programa Rio Cidade*. Disponível em: <www.rio.rj.gov.br/ipp/riocidade.htm>. Acesso: 3 de setembro de 2006.

JAMBEIRO, Othon et al. (org.) (2004). *Comunicação, informação e cultura*. Salvador: EDUFBA.

JANOTTI Jr., Jeder (2003). *Aumenta que isso aí é rock and roll*. Rio de Janeiro: Ed. E-Papers.

_____ (2004). *Heavy Metal com dendê*. Rio de Janeiro: Ed. E- Papers.

JONES, Daniel (1999). El despliegue transnacional de la industria fonográfica: los casos de América Latina, España y le País Vasco. *Revista Musiker. Cuadernos de Música*, Bilbao: Sociedad de Estudios Vascos, n. 9, pp. 97-115, 2004.

JONES, Paul (2004). *Raymond Williams's Sociology of Culture*: A Critical Reconstruction. Sydney: Palgrave Macmillan.

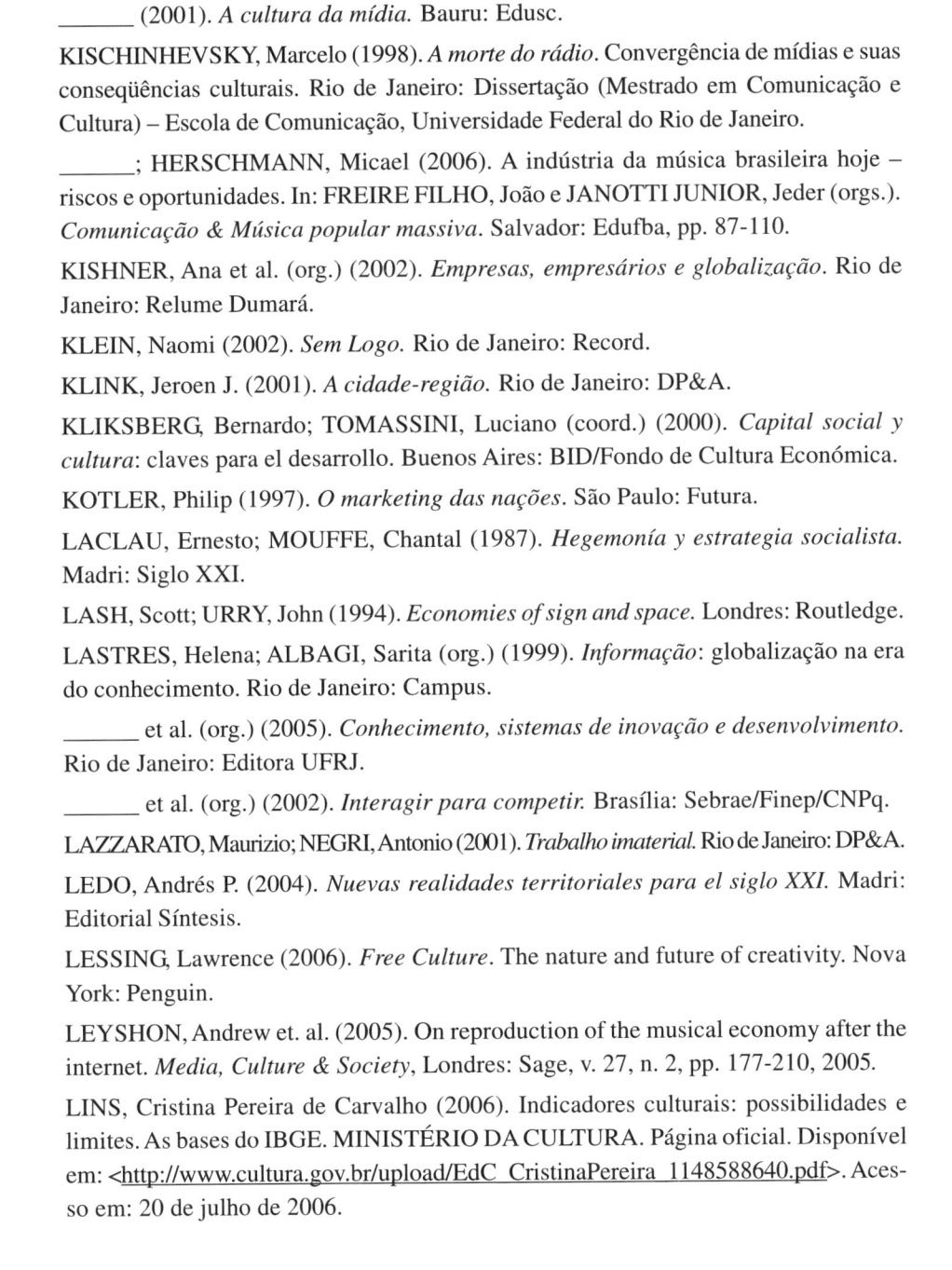

KELLNER, Douglas (1998). Vencer la línea divisoria: estudios culturales y economía política In: FERGUNSON, Marjorie; GOLDING, Meter (org.). *Economia politica y estudios culturales*. Barcelona: Bosch. pp. 185-214.

_____ (2001). *A cultura da mídia*. Bauru: Edusc.

KISCHINHEVSKY, Marcelo (1998). *A morte do rádio*. Convergência de mídias e suas conseqüências culturais. Rio de Janeiro: Dissertação (Mestrado em Comunicação e Cultura) – Escola de Comunicação, Universidade Federal do Rio de Janeiro.

_____; HERSCHMANN, Micael (2006). A indústria da música brasileira hoje – riscos e oportunidades. In: FREIRE FILHO, João e JANOTTI JUNIOR, Jeder (orgs.). *Comunicação & Música popular massiva*. Salvador: Edufba, pp. 87-110.

KISHNER, Ana et al. (org.) (2002). *Empresas, empresários e globalização*. Rio de Janeiro: Relume Dumará.

KLEIN, Naomi (2002). *Sem Logo*. Rio de Janeiro: Record.

KLINK, Jeroen J. (2001). *A cidade-região*. Rio de Janeiro: DP&A.

KLIKSBERG, Bernardo; TOMASSINI, Luciano (coord.) (2000). *Capital social y cultura*: claves para el desarrollo. Buenos Aires: BID/Fondo de Cultura Económica.

KOTLER, Philip (1997). *O marketing das nações*. São Paulo: Futura.

LACLAU, Ernesto; MOUFFE, Chantal (1987). *Hegemonía y estrategia socialista*. Madri: Siglo XXI.

LASH, Scott; URRY, John (1994). *Economies of sign and space*. Londres: Routledge.

LASTRES, Helena; ALBAGI, Sarita (org.) (1999). *Informação*: globalização na era do conhecimento. Rio de Janeiro: Campus.

_____ et al. (org.) (2005). *Conhecimento, sistemas de inovação e desenvolvimento*. Rio de Janeiro: Editora UFRJ.

_____ et al. (org.) (2002). *Interagir para competir*. Brasília: Sebrae/Finep/CNPq.

LAZZARATO, Maurizio; NEGRI, Antonio (2001). *Trabalho imaterial*. Rio de Janeiro: DP&A.

LEDO, Andrés P. (2004). *Nuevas realidades territoriales para el siglo XXI*. Madri: Editorial Síntesis.

LESSING, Lawrence (2006). *Free Culture*. The nature and future of creativity. Nova York: Penguin.

LEYSHON, Andrew et. al. (2005). On reproduction of the musical economy after the internet. *Media, Culture & Society*, Londres: Sage, v. 27, n. 2, pp. 177-210, 2005.

LINS, Cristina Pereira de Carvalho (2006). Indicadores culturais: possibilidades e limites. As bases do IBGE. MINISTÉRIO DA CULTURA. Página oficial. Disponível em: <http://www.cultura.gov.br/upload/EdC_CristinaPereira_1148588640.pdf>. Acesso em: 20 de julho de 2006.

LOPES, Immacolata Vassalo de (2003). *Pesquisa em comunicação*. São Paulo: Loyola.

LUSTOSA, Isabel (2001). *Lapa*: do desterro ao desvario. Rio de Janeiro: Casa da Palavra.

MacBRIDE, Sean (coord.) (1980). *Uno solo mundo, voces múltiples*. México: Unesco.

MADAME SATÃ (1974). *Memórias de Madame Satã*. Rio de Janeiro: Lidador.

MARSHALL, Alfred (1997). *Principles of economics*. Nova York: Prometheus Books.

MARTÍN-BARBERO, José (1984). Desafios à pesquisa em comunicação na América Latina. *Boletim Intercom*, São Paulo, n. 49-50, pp. 18-32, 1984.

_____ (2004). *Ofício de cartógrafo*. São Paulo: Loyola.

_____ (2004). Nuevas tecnicidades y culturas locales. Ejes de una propuesta. *Telos. Cuadernos de comunicación, tecnología y sociedad*. Madri: Fundación Telefónica, n. 61, pp. 54-57, out.-dez. 2004.

_____ et al. (2005). *Cultura e sustentabilidad en Iberoamérica*. Madri: OEI.

MARTINS, Luis (1936). *Lapa*. Rio de Janeiro: Schmidt.

MARX, Karl (1997). *Grundisse*. México: Siglo XXI.

MASTRINI, Guillermo (ed.) (2005). *Mucho ruido, pocas leyes*. Economía y políticas de comunicación en la Argentina (1920-2004). Buenos Aires: La Crujía.

MATOS, Claudia (2005). *Acertei no milhar*. Samba e malandragem no tempo de Getúlio. Rio de Janeiro: Paz e Terra.

DaMATTA, Roberto (1981). *Carnaval, malandros e heróis*. Rio de Janeiro: Zahar.

MATTELART, Armand (2002). *História da sociedade da informação*. São Paulo: Loyola.

MATTELART, Armand (2006). *Diversidad cultural y mundialización*. Barcelona: Paidós.

_____; PIEMME, Jean-Pierre (1986). Veintitrés notas para un debate político sobre la comunicación. In: MORAGAS, Miquel de (ed.). *Sociología de la comunicación de masas*. 2. ed. Barcelona: Editorial Gustavo Gili. v. IV, pp. 25-40.

_____; NEVEU, Eric (2004). *Introducción a los Estudios Culturales*. Barcelona, Paidós.

MAUREIRA, Paula Pobrete (2004). Ponencia presentada en la sección "Observatorios de Políticas Culturales: experiencias locales y regionales". In: II *Encuentro Internacional sobre Diversidad Cultural*. Buenos Aires. Disponível em: <www.buenosaires.gov.ar/areas/cultura/observatório/index.php?menu_id=6933>. Acesso em: 28 de março de 2006.

MÁXIMO, João; DIDIER, Carlos (1990). *Noel Rosa*. Brasília: Editora UnB/Linha Gráfica.

McCOURT, Tom; BURKART, Patrick (2003). When creators, coporation and consumers collide: Napster and development of on-line music distribution. *Media, Culture and Society*, Londres: Sage, v. 25, pp. 333-350.

MCLEAN, Scott et al. (ed.) (2002). *Social Capital.* Nova York: New York University Press.

MIÈGE, Bernard (2000). *Les industries du contenu face à l'ordre informationnel.* Grenoble: Presses Universitaires de Grenoble.

MIGUEL DE BUSTOS, Juan Carlos (1993). *Los grupos multimedia.* Estructuras y estrategias en los medios europeos. Barcelona: Bosch.

_____; ARREGOCÉS, Benjamín (2006). Hacia un nuevo modelo de la industria musical. *Telos. Cuadernos de comunicación, tecnología y sociedad,* Madri: Fundación Telefónica, n. 68, pp. 37-43, jul.-set. 2006.

MORELLI, Gustavo (2002). *Projeto Cara Brasileira.* A brasilidade nos negócios – um caminho para o "made in Brazil". Brasília: Sebrae Nacional. Disponível em: <http://www.iets.inf.br/biblioteca/Cara_brasileira.pdf>. Acesso em: 26 de junho de 2006.

MORLEY, Dave (1986). *Family Television*: Cultural Power and Domestic Leisure. Londres/Nova York: Routledge.

MOURA, Roberto (1983). *Tia Ciata e a Pequena África no Brasil.* Rio de Janeiro: Funarte.

NEGUS, Keith (2005). *Géneros musicales y la cultura de las multinacionales.* Barcelona: Paidós.

NEWELL, Frederic (2000). *Fidelidade.com.* São Paulo: Makron Books.

NOISETTE, Patrice; VALLERUGO, Franck (1996). *Le marketing des villes.* Paris: Les éditions d'Organisation.

OLIVEIRA, Luis Antônio P. As bases de dados do IBGE – potencialidades para a cultura. In: UNESCO. *Políticas para o desenvolvimento*: uma base de dados para a cultura. Brasília: Unesco Brasil, pp. 189-206.

ORLANDI, Eni P. (1993). *Discurso fundador.* A formação do país e a construção da identidade nacional. Campinas: Pontes.

ORTIZ, Renato (1988). *Mundialização da cultura.* São Paulo: Brasiliense.

_____ (1998). *Otro Território.* Santafé de Bogotá: Convênio Andrés Bello.

PEREIRA, Carlos Alberto M. (1993). *Em busca do Brasil contemporâneo.* Rio de Janeiro: Notrya.

_____ (1995). *Reinventando a tradição.* O mundo do samba carioca: o movimento de pagode e o bloco Cacique de Ramos. Tese (Doutorado em Comunicação e Cultura) – Escola de Comunicação, Universidade Federal do Rio de Janeiro. Rio de Janeiro.

_____; HERSCHMANN, Micael (2002). Comunicação e novas estratégias organizacionais na era da informação e do conhecimento. *Comunicação & Sociedade,* São Bernardo, Unesp, n. 32, pp. 27-42.

PINE, B. Joseph; GILMORE, James (2001). *O espetáculo dos negócios*. Rio de Janeiro: Campus.

PIORE, Michael J.; SABEL, Charlies F. (1984). *The second industrial divide*. Nova York: Basic Books.

POLANYI, Michael (1958). *Personal Knowlodge*. Londres: Routledge & Keagan Paul.

POLLAK, Michel (1989). Memória, esquecimento e silêncio. *Estudos Históricos*. Rio de Janeiro: FGV, v. 2, n. 3, pp. 3-15, 1989.

PORTER, Michael E. (1998). *Vantagem competitiva*. Rio de Janeiro: Campus.

PORTER, Michael E. (1980). *Estratégias competitivas e estruturas de mercado*. Rio de Janeiro: Campus.

PREFEITURA MUNICIPAL DO RIO DE JANEIRO (1979). *Corredor Cultural*: projeto básico. Rio de Janeiro: Prefeitura Municipal da Cidade do Rio de Janeiro e Secretaria Municipal de Planejamento e Coordenação Geral.

PRESTES FILHO, Luís Carlos; CAVALCANTI, Marcos do Couto (org.) (2002). *Economia da cultura*: a força da indústria cultural no Rio de Janeiro. Rio de Janeiro: Ed. E-Papers.

PRESTES FILHO, Luís Carlos et al. (2004). *Cadeia produtiva da economia da música*. Rio de Janeiro: Instituto Gênesis-PUC/RJ.

RAMA, Cláudio (coord.) (1994). *Industrias culturales en Uruguay*. Montevideo: Arca.

REBOLLO, Maria A. Paz; DIAZ, Julio Montero (org.) (1995). *Historia y Cine*: realidad, ficcion y propaganda. Madri: Complutense.

REDESIST (2006). *Mobilizando conhecimentos para desenvolver arranjos e sistemas produtivos locais de Micro e Pequenas Empresas no Brasil (Glossário)*. Rio de Janeiro: Rede de pesquisa em sistemas produtivos e inovativos locais do Instituto de Economia/UFRJ-Sebrae. Disponível em: <http://www.sinal.redesist.ie.ufrj.br> Acesso em: 20 de outubro de 2006.

REIS, Ana Carla F (2003). *Marketing Cultural e financiamento da cultura*. São Paulo: Ed. Pioneira Thomson Learning.

REIS, José G.; URANI, André (2004). Uma visão abrangente das transformações recentes no Brasil. In: GAMBIAGI, Fabio et al. *Reformas no Brasil*: balanço e agenda. Rio de Janeiro: Nova Fronteira, pp. 3-24.

RIBEIRO, Ana Paula G. (2005). Mídia e o lugar da história. In: HERSCHMANN, Micael; PEREIRA, Carlos A. Messeder (org.). *Mídia, memória & celebridades*. 2. ed. Rio de Janeiro: E-Papers. pp. 105-130.

RIFKIN, Jeremy (1996). *El fin del trabajo*. Barcelona: Paidós.

_____ (2001). *A era do acesso*. São Paulo: Editorial Presença.

RINCÓN, Omar (2006). *Narrativas mediáticas*: o cómo se cuenta la sociedad del entretenimiento. Barcelona: Gedisa.

ROBERTSON, Roland (1999). *Globalização*: teoria social e cultura global. Petrópolis: Vozes.

ROMERO, Josep M. (2006). *Todo lo que hay que saber del negocio musical*. Barcelona: Alba.

RONCAGLIOLO, Rafael (2003). *Problema de la integración cultural*: América Latina. Buenos Aires: Norma.

RUTTEN, Paul. (ed.) (1996). *Global soundsand local brews*. Londres: Routledge.

SÁ, Simone Pereira de (2003). Música eletrônica e tecnologia: reconfigurando a discotecagem. In: LEMOS, André; CUNHA, Paulo (org.). *Olhares sobre a cibercultura*. Porto Alegre: Sulina. pp. 153-173.

_____ (2005). *O samba em rede*. Rio de Janeiro: Ed. E-Papers.

_____ (2005). Consumo musical na cibercultura – a nova ordem musical. In: *Encontro Latino de Economia Política da Informação, Comunicação e Cultura*, Anais. Salvador: Ulepicc, p. 68-87. Disponível em: <http://www.gepicc.ufba.br/enlepicc/pdf/SimonePereiraDeSa.pdf#search=%22crise%20da%20no%C3%A7%C3%A3o%20de%20autoria%22>. Acesso em: 29 de agosto de 2006.

SANTAELA, Lucia (2001). *Comunicação & Pesquisa*. São Paulo: Hacker.

SANDULLI, Francisco D.; MARTIN BARBERO, Samuel (2006). Crisis en la industria discográfica tradicional. El impacto de la música digital. *Telos. Cuadernos de comunicación, tecnología y sociedad*. Madri: Fundación Telefónica, n. 66, pp. 32-37, jan.-mar. 2006.

SCHAPIRO, Carl; VARIAN, Hal (2000). *El dominio de la información*. Una guía estratégica para la economía de la red. Barcelona: Bosch.

SCHUKER, Roy (2005). *Diccionario del rock y la música popular*. Barcelona: Robinbook.

SCHUMPETER, Joseph A. (1950). *Capitalismo, socialismo, democracia*. São Paulo: Atlas.

SCHUMPETER, Joseph A. (1982). *Teoria do desenvolvimento econômico*: uma investigação sobre lucros, capital, crédito, juro e o ciclo econômico. São Paulo: Editora Abril.

SGAE (2005). *Anuario SGAE de las Artes Escénicas, Musicales y Audiovisuales – 2004*. Madri: Fundación de Autores y Editores de España.

_____ (2006). *Anuario SGAE de las Artes Escénicas, Musicales y Audiovisuales – 2005*. Madrid: Fundación de Autores y Editores de España.

SIERRA CABALLERO, Francisco (2005). *Políticas de comunicación y educación*. Barcelona: Gedisa.

SMIERS, Joost (2004). El copyright y el mundo no occidental. Propiedad creativa indebida. *Telos. Cuadernos de comunicación, tecnología y sociedad*. Madri: Fundación Telefónica, n. 61, out.-dez. 2004. Disponível em: <http://www.campusred.net/telos/articuloPerspectiva.asp?idArticulo=3&rev=61>. Acesso em: 26 de maio de 2006.

SMIERS, Joost (2004). Conglomerados culturais. *Pensar Iberoamérica*. Madri: OEI, n. 7. Disponível em: <http://www.campus-oei.org/pensariberoamerica/ric07a02.htm>. Acesso em: 30 de agosto de 2006.

SOBREIRA, Rogério (2005). Dívida pública federal interna. In: SOBREIRA, Rogério; RUEDIGER, Marco A. (org.) *Desenvolvimento e construção nacional*: política econômica. Rio de Janeiro: FGV. pp. 111-128.

SODRÉ, Muniz (1998). *A verdade seduzida*. 2. ed. Rio de Janeiro: Francisco Alves.

SOUZA, Tarik de (2003). *Tem mais samba*. São Paulo: Editora 34.

STALMANN, Richard M. (1998) The GNU Project. In: GNU PROJECT. Disponível em: <http://www.gnu.org/gnu/thegnuproject.html>. Acesso em: 2 de janeiro de 2006.

STOLOVICH, Luis (2002). Diversidad creativa y restricciones económicas. *Pensar Iberoamérica*. Madri: OEI, n. 1, 2002. Disponível em: <http://www.campus-oei.org/pensariberoamerica/ric01a03.htm>. Acesso em: 1 de setembro de 2006.

STRAW, Will (2006). El consumo. In: FRITH, Simon et al. (org.). *La otra historia del Rock*. Barcelona: Ediciones Robinbook, pp. 87-112.

SUNKEL, Gillermo (coord.) (1999). *El consumo en América Latina*. Santafé de Bogotá: Convenio Andrés Bello.

TAKARASHI, Tadao (org.) (2001). *Sociedade da informação no Brasil. Livro Verde*. Brasília: MC&T.

TINHORÃO, José Ramos (1969). *Música popular*: um tema em debate. Rio de Janeiro: JCM Editora.

THOMPSON, Paul (1992). *A voz do passado*. Rio de Janeiro: Paz e Terra.

THOMPSON, Edward Palmer (1987). *A formação da classe operária inglesa*. 2ª ed. Rio de Janeiro: Paz e Terra.

THORNTON, Sarah (1996). *Club Cultures*: Music, Media and Subcultural Capital. Hanover & London: Weslyan University Press/University Press of New England.

TREMBLAY, Gaëtan (1992). Is Quebec Culture doomed to become american? *Canadian Journal of Communication*, Canadá, v. 17, n. 2, 1992. Disponível em: <http://infowlu.ca/~wwwpress/jrls/cjc/BackIssues/17.2/tremblay.html>. Acesso em: 06 de janeiro de 2006.

_____; LACROIX, Jean-Guy (1991). *Télévision*: deuxième dynastie. Quebéc: Presses de l'Université du Québec.

TROTTA, Felipe da Costa (2006). *Samba e mercado de música nos anos 90*. 2006. Rio de Janeiro: Tese (Doutorado em Comunicação Social) – Escola de Comunicação Social, Universidade Federal do Rio de Janeiro.

TUSHMAN, Michael; NADLER, David (1986). Organizing for innovation. *California Management Review*. Los Angeles, v. 23, n. 3, pp.74-92, primavera 1986.

ULHÔA, Martha; OCHOA, Ana Maria (2005). *Música popular na América Latina*: pontos de escuta. Rio Grande do Sul: Editora UFRGS.

UNESCO (1999). *Informe mundial sobre la cultura*. Cultura, creatividad y mercados. Madri: Unesco/Fundación Santa Maria/Acento.

_____ (2000). *Informe mundial sobre cultura, 2000*: diversidade cultural, conflito e pluralismo. São Paulo: Moderna.

_____ (2005). *Sociedade do conhecimento* versus *economia do conhecimento*: conhecimento, poder e política. Brasília: Uesco Brasil/Sesi.

URANI, André (2004). Construção de mercados e combate à desigualdade. In: GAMBIAGI, Fabio et al. *Reformas no Brasil*: balanço e agenda. Rio de Janeiro: Nova Fronteira. pp. 505-526.

VELHO, Gilberto (org.). *Antropologia urbana, cultura e sociedade no Brasil e em Portugal*. Rio de Janeiro: Jorge Zahar.

VIANNA, Hermano (1988). *O mundo funk carioca*. Rio de Janeiro: Jorge Zahar.

_____ (1999). *O mistério do samba*. Rio de Janeiro: Jorge Zahar Editor/Editora UFRJ.

_____ (2003). De olho nos ritmos em trânsito. *Revista ECO-PÓS*, Rio de Janeiro, Ed. E-Papers, v. 6, n. 2, pp. 135-146, 2003.

VICENTE, Eduardo (2006). A vez dos independentes: um olhar sobre a produção musical independente do país, *e-compós*. Brasília: Revista eletrônica da Associação Nacional dos Programas de Pós-Graduação em Comunicação (Compós). Disponível em: <http://www.compos.org.br/e-compos/adm/documentos/ecompos07_dezembro2006_eduardovicente.pdf>. Acesso em: 24 de janeiro de 2007.

VOGEL, Harold (2004). *La industria cultural y el ocio*: un análisis económico. Madri: Fundación del Autor.

WEBER, Max (1995). *Os fundamentos racionais e sociológicos da música*. São Paulo: Edusp.

_____ (2002). *A ética protestante e o espírito do capitalismo*. São Paulo: Martin Claret.

WILLIAMS, Raymond (1980). *Problems in Materialism and Culture*. Londres: Verso.

WILLIAMS, Raymond (1983). *Culture and Society 1780-1950*. Nova York: Columbia University.

_____ (1983). *Keywords*. Londres: Harper.

WILLIAMS, Raymond (1992). *História da comunicação*. De la imprenta a nuestros dias. Barcelona: Bosch. v. 2.

_____; SILVERSTONE, Roger (2003). *Televisíon – tecnology and cultural form*. Nova York: Routledge.

WOLF, Marcos (1987). *Teorias da comunicação*. Lisboa: Presença.

YÚDICE, George (1999). La industria de la música en la integración América Latina-Estados Unidos. In: CANCLINI, Néstor G.; MONETA, Carlos Juan. (coord.). *Las industrias culturales en la integración latinoamericana*. Buenos Aires: Eudeba.

_____ (2002). Las industrias culturales: más alla de la lógica puramente económica, el aporte social. *Pensar Iberoamérica*, Madri: OEI, n. 1, 2002. Disponível em: <http://www.campus-oei.org/pensariberoamerica/ric01a02.htm>. Acesso em: 1 de setembro de 2006.

_____; DURÁN, Sylvie (2003). Para um banco de dados que sirva. In: UNESCO. *Políticas para o desenvolvimento*: uma base de dados para a cultura. Brasília: Unesco Brasil. pp. 173-188.

_____ (2004). *A conveniência da cultura*. Usos da cultura na Era Global. Belo Horizonte: Editora UFMG.

_____ (2007). "La transformación y diversificación de la industria de la música". In: *Anais do Seminário Internacional La Cooperación Cultura-Comunicación en Iberoamérica*. Madrid: Fundación Alternativas, pp. 1-13.

ZALLO, Ramón (1988). *Economía de la Comunicación y de la cultura*. Madri: Akal.

_____ (1992). *El mercado de la cultura*. Donosita: Gakoa.

_____ (2005a). Nuevas políticas para la diversidad: las culturas territoriales en riesgo por la globalización. In: BOLAÑO, César et al. (ed.). *Economía política, comunicación y conocimiento*: Una perspectiva crítica latinoamericana. Buenos Aires: La Crujía. pp. 229-250.

_____ (2005b). La vuelta de la política cultural y comunicativa. *Telos. Cuadernos de comunicación, tecnología y sociedad*. Madri: Fundación Telefónica, n. 64, julio a setembro de 2005. Disponível em: http://www.campusred.net/telos/editorial.asp?rev=64>. Acesso em: 29 de maio de 2006.

ZARDO, Julia (2006). *Comunicação, cultura e desenvolvimento local*: Conservatória (RJ), um estudo de caso. 2006. Rio de Janeiro: Tese (Doutorado em Comunicação e Cultura) – Escola de Comunicação Social, Universidade Federal do Rio de Janeiro. Disponível em: < http://www.eco.ufrj.br>. Acesso em: 1 de setembro de 2006.

Revistas de música

Enforcement Bulletin/IFPI. Disponível em: <http://www.ifpi.org/content/section_resources/bulletin-archive.html>.

Musicnews. Disponível em: <http://musicnews.art.br>.

Revista Music All. Disponível em: <http://www.musicall.com.br/geral.html>.

Revista Outracoisa. Rio de Janeiro: L&C Editora.

Revista Roda de Choro. Rio de Janeiro: Rio Arte.

Rolling Stone Magazine. Disponível em: <http://www.rollingstone.com>.

Hemerografia

ALBUQUERQUE, Carlos (1996). A revolução eletrônica é o império dos sentidos – A nova música não tem rosto nem egos, mas tem atitude. *O Globo*, Rio de Janeiro, 24 de novembro, Segundo Caderno, p. 1.

ALMEIDA, Lívia et al. (2006). Lapa quente. Bairro boêmio expande fronteiras e aumenta seu público. *Veja Rio*, São Paulo: Abril, pp.10-14, 2 ago. 2006.

ARAÚJO, Bernardo (2000). Onde está o milhão? Marca atingida por muitos artistas nos últimos anos está cada vez mais difícil no mercado brasileiro. *O Globo*, Rio de Janeiro, Segundo Caderno, p. 1, 13 de dezembro 2000.

_____ (2001). Indústria em xeque – Artistas do pop internacional declaram guerra ao poder das grandes gravadoras. *O Globo*, Rio de Janeiro, Segundo Caderno, p. 1, 10 de abril 2001.

_____ (2006a). Eu gravo, tu gravas, ninguém lança. *O Globo*, Rio de Janeiro, Segundo Caderno, pp. 1-2, 25 jun. 2006.

_____ (2006b). Redenção digital. *O Globo*, Rio de Janeiro, Segundo Caderno, p. 1, 31 ago. 2006.

BLOOOMBERG NEWS (1998). Worldwide recording industry announces precedent-setting initiative to adress new digital music opportunities e Music industry seeks secure web distribution by 99" in Bloomber News. Nova York, 15 dez. 1998. Disponível em: <http://www.bloomberg.com/index.html?Intro=intro3>. Acesso em: 15 de novembro de 2005.

_____ (2000). Estados processam cinco gravadoras e lojas por cartel de CDs nos EUA. *O Globo*. Rio de Janeiro, p. 309 ago. 2000.

CALDEIRA, João B. (2005). Vozes femininas da Lapa a Tiradentes. *Jornal do Brasil*, Rio de Janeiro, Caderno B, pp. 1-2, 16 maio 2005.

CASTELO BRANCO, Adriana (2005). Arcos do Triunfo. *O Globo*, Rio de Janeiro, Rio Show, pp. 19-21, 2 dez. 2005.

CELIS, Bárbara (2006). Myspace venderá la música de su caudal en la red. *El País*, Madri, Cultura, p. 42, 3 set. 2006.

CEZIMBRA, Márcia; NEVES, Tânia (2005). Onde o Rio é mais carioca. *O Globo*, Rio de Janeiro, *Revista O Globo*, pp. 16-17, 4 set. 2005.

CLARKE, Don; PEERS, Martins (2000). Gravadoras saberão dançar a música da Web? *The Wall Street Journal Americas*, republicado no *Jornal do Brasil*, p. 21, 21 jun. 2000.

CUBILLO, I.; HIDALGO, L. (2006). La celebración de cinco festivales com más de 100 grupos confirma el buen negocio de la música en vivo. *El País*, Madri, Cultura, p. 49, 14 jul. 2006.

ESCOLAR, Ignácio (2002). Por favor, ¡Pirateen mis canciones! *Baquia*, Madri, 26 abr. 2002. Disponível em: <http://www.baquia.com/noticias.php?idnoticia=00001.20010118>. Acesso em: 17 agosto de 2006.

FINOTTI, Ivan (1998). BMG quer comprar EMI e ser a nº 1 das gravadoras. *Folha de S. Paulo. Ilustrada.* p. 5, 19 dez. 1998.

GANEM, Paula (2006). Em busca da reinvenção – Gravadoras buscam nichos de mercado para crescer e evitar perdas financeiras. *Jornal do Brasil*, Rio de Janeiro, 24 abr. 2006. Disponível em: <http://oglobo.globo.com/jornal/suplementos/segundocaderno/284413771.asp>. Acesso em: 27 de junho de 2006.

GUEIROS, Pedro Motta (2006). Colônia de exportação. Quebrado, futebol brasileiro eleva a exportação e já tem quatro mil jogando fora. *O Globo*, Rio de Janeiro, Esportes, p. 40, 31 de agosto.

LICHOTE, Leonardo (2006). Artistas comentam declarações de Gilberto Gil sobre a criminalização do jabá. *Globo online*, Cultura, Rio de Janeiro, 5 set. 2006. Disponível em: <www.oglobo.globo.com/cultura/mat/2006/09/05/285546106.asp>. Acesso em: 7 set. 2006).

MIGUEL, Antonio Carlos (1997). Independentes, porém pragmáticos — Artistas investem em selos próprios e abrem novas alternativas no cenário musical brasileiro. *O Globo*, Segundo Caderno, p. 1, 26 fev. 1997.

_____; PIMENTEL, João (2004). O começo do fim da velha indústria. *O Globo*, Rio de Janeiro, Segundo Caderno, p. 2, 31 out. 2004.

_____. (1998). O pop em busca do anonimato – Música dos anos 90 troca ídolos duradouros por DJs e máquinas sem rosto. *O Globo*, Rio de Janeiro, Segundo Caderno, p. 1, 5 de julho.

NEGROMONTE, Marcelo (1999). Universal vai revelar novos nomes usando MP3 – Maior gravadora do mundo lança em fevereiro o FarmClub.com". *Folha de S. Paulo*, Ilustrada, p. 3, 13 de novembro.

PIMENTEL, João (2004). Uma parceira que desafinou na Lapa. *O Globo*, Rio de Janeiro, Segundo Caderno, p. 1, 25 de outubro.

RIOTUR (2006). Lapa. Disponível em: <http://www.rio.rj.gov.br/riotur/pt/atracao/?CodAtr=1406>. Acesso em: 14 de julho de 2006.

SEISDEDOS, Iker (2006). La nueva fábrica de estrellas. *El País*, Madri, Suplemento Cultural, pp. 16-17, 6 jan. 2006.

SOLER, Alexandre (2006). O rombo da informalidade. *O Globo. Rio*, Rio de Janeiro, 25 jun. 2006. Disponível em: <http://oglobo.globo.com/jornal/rio/284415620.asp>. Acesso em: 26 de junho de 2006.

SUKMAN, Hugo (2000). A MPB que o Brasil não ouve – Discos brasileiros de qualidade são lançados no exterior, mas permanecem ignorados no país. *O Globo*, Rio de Janeiro, Segundo Caderno, pp. 1 e 3, 20 de fevereiro.

Entrevistas realizadas[96]

André Midani, ex-executivo da Warner no Brasil.

Angela Leal, uma das lideranças importantes da Accra, atriz e proprietária do Teatro Rival.

Antônio Carlos Miguel, crítico musical e jornalista do Segundo Caderno do Jornal *O Globo*.

Carlos Tiago César Alvim, uma das lideranças importantes da Accra e dono da casa de espetáculos Carioca da Gema e ex-proprietário do Empório 100.

Dario Alvarez, editor do Grupo Humaitá e ex-editor da EMI e da Trama.

Eduardo Krieger, músico, compositor e instrumentista que atua no circuito independente da Lapa.

Egeu Laus, presidente do Instituto Jacob do Bandolim.

Felippe Llerena, sócio-diretor do portal do Imúsica e da gravadora indie Nikita Music.

Felippe Trotta, músico e arranjador que atua no circuito independente da Lapa.

Hermínio Belo, historiador, produtor e crítico de música popular.

Jerôme Vonk, especialista em comunicação dirigida, publicidade e showbusiness.

Lefê Almeida, produtor musical que teve uma atuação pioneira na revitalização recente do bairro da Lapa.

---

[96] As entrevistas foram realizadas com os atores sociais do universo da música entre agosto de 2005 e julho de 2006.

Luís Carlos Prestes Filho, professor da Universidade Cândido Mendes e Superintendente de Economia da Cultura da Secretaria de Estado de Desenvolvimento Econômico do Estado do Rio de Janeiro.

Luiz Antônio Mandarino, conhecido vendedor autônomo de CDs do Rio de Janeiro que freqüentemente está presente nos eventos de samba e choro.

Mario Aratanha, proprietário de uma das mais antigas gravadoras *indies* do país, a Kuarup, especializada em música sertaneja e popular.

Mauricio Carrilho, proprietário da gravadora *indie* Acari Records, especializada em choro.

Paulo Neves, coordenador do site Agenda Samba & Choro, principal referência deste circuito cultural na Internet.

Pedro Tibau, proprietário da loja Modern Sound, localizada no Rio de Janeiro.

Pena Schmidt, durante seu mandato como presidente da ABMI.

Plínio Fróes, uma das lideranças importantes da Accra e proprietário das casas de espetáculo RioScenarium e Mangue Seco.

Roberto de Carvalho, proprietário da gravadora *indie*, Rob Digital, especializada em música popular.

Sites consultados

Agência de Promoção de Exportações do Brasil: <http://www.apex.org.br>.
Agência de Promoção de Exportações e Investimentos: <www.apexbrasil.com.br>.
Agenda Samba & Choro: <http://www.samba-choro.com.br>.
Associação Brasileira de Editores de Música: <http://www.abem.com.br>.
Associação Brasileira de Música Independente: <www.abmi.com.br>.
Associação Brasileira de Produtores de Discos: <http://www.abpd.org.br/>.
Associação Protetora dos Direitos Intelectuais Fonográficos: <http://www.desenvolvimento.gov.br/sitio/sti/proAcao/proIntelectual/lin_dirAutDirConexos.php>.
Association of American Independent Music: <http://www.breakingartists.com/american-association-of-independent-music.html>.
Association of Independent Music: <http://www.musicindie.com/>.
Australian Association of Independent Record Labels: <http://www.air.org.au/>.
Banco Nacional de Desenvolvimento Econômico e Social: <www.bndes.gov.br>.
Biblioteca Nacional: <http://www.bn.br/site/default.htm>.

Brazilian Music & Arts: <www.bma.org.br>.
Brazilian Music & Arts: <http://www.bma.org.br>.
Canadian Independent Record Production Association: <http://www.cirpa.ca/>.
Coordenação de Aperfeiçoamento de Pessoal de Nível Superior: <www.capes.gov.br>.
Cultura e Mercado: <www.culturaemercado.com.br>.
Escritório Central de Arrecadação e Distribuição: <http://www.ecad.org.br/ViewController/Publico/intro.htm>.
Federação de Indústrias do Rio de Janeiro: <http://www.firjan.org.br/notas/cgi/cgilua.exe/sys/start.htm?tpl=home>.
Federação do Comércio do Estado do Rio de Janeiro: <http://www.fecomercio-rj.org.br/publique/cgi/cgilua.exe/sys/start.htm?tpl=home>.
Financiadora de Estudos e Projetos: <www.finep.gov.br>.
Fundação João Pinheiro: <www.ujp.mg.gov.br>.
Fundação Nacional de Arte (Funarte): <http://www.funarte.gov.br/>.
iMÚSICA – Distribuição digital: <http://www.imusica.com.br>.
iTunes:<www.apple.com/itunes/affiliates/download/?itmsUrl=itms://ax.phobos.apple.com.edgesuite.net/WebObjects/MZStore.woa/wa/storeFront%3Fignmscache%3D1>.
Independent Music Companies Association: <http://www.impalasite.org>.
Independent Music New Zealand Incorporated: <http://www.indies.co.nz/>.
Instituto Brasileiro de Geografia e Estatística: <http://www.ibge.gov.br>.
Instituto Cultural Cravo Albin: <http://www.iccacultural.com.br/almocinho.asp>.
Instituto Jacob do Bandolim: <http://www.jacobdobandolim.com.br>.
Instituto Pereira Passos: <http://www.rio.rj.gov.br/ipp/riocidade.htm>.
Instituto de Pesquisas Econômicas Aplicadas: <http://www.ipea.gov.br/>.
Internacional Federation of Phonographic Industry: <www.ifpi.org>.
Lá na Lapa: <http://www.lanalapa.com.br>.
Ministério da Cultura: <http://www.cultura.gov.br/ministerio_da_cultura/index.html>.
Organização das Nações Unidas para a Educação, a Ciência e a Cultura: <http://portal.unesco.org/en/ev.php-URL_ID=29008&URL_DO=DO_TOPIC&URL_SECTION=201.html>.
Pesquisa Nacional por Amostra de Domicílios – IBGE: <http://www.ibge.gov.br/home/estatistica/populacao/trabalhoerendimento/pnad2004/default.shtm>.

Portal da Prefeitura da Cidade do Rio de Janeiro: <http://www.rio.rj.gov.br/pcrj/menu/sites_pcrj.htm>.

Rede de pesquisa em sistemas produtivos e inovativos locais (Redesist): <http://www.sinal.redesist.ie.ufrj.br/>.

Revista Marketing Cultural: <www.marketingcultural.com.br>.

Revista Forbes Brasil: <http://forbesonline.com.br>.

Serviço Brasileiro de Apoio às Micro e Pequenas Empresas: <www.sebrae.com.br>.

Secretaria de Desenvolvimento Econômico do Estado do Rio de Janeiro: <http://www.portaldocidadao.rj.gov.br/indice.asp?orgao=120>.

Sociedad General de Autores de España: <http://www.sgae.es/home/es/Home.html>.

The International Music Market (MIDEM):

<http://www.midem.com/App/homepage.cfm?moduleid=399&appname=100508>.

Yahoo Travel:

<http://travel.yahoo.com/p-travelguide-191500002-destination_guides_vacations-i>.

CARACTERÍSTICAS DESTE LIVRO:
Formato: 16 x 23 cm
Mancha: 12 x 19 cm
Tipologia: Times New Roman 10/13,5
Papel: Ofsete 75g/m^2 (miolo)
Caderno de fotos: Couché Brilho 115g/m^2 (miolo)
Cartão Supremo 250g/m^2 (capa)
Impressão: Sermograf
1ª edição: 2007

*Para saber mais sobre nossos títulos e autores,
visite o nosso site:*
www.mauad.com.br